教育部哲学社会科学研究后期资助项目（项目编号：20JHQ098）
中国矿业大学碳中和与能源战略智库资助项目（项目编号：2021WHCC01）

产能调控视阈下矿工生计保障问题研究

王德鲁　毛锦琦◎著

中国经济出版社
CHINA ECONOMIC PUBLISHING HOUSE
北 京

图书在版编目(CIP)数据

产能调控视阈下矿工生计保障问题研究 / 王德鲁，毛锦琦著. --北京：中国经济出版社，2022.8

ISBN 978-7-5136-7026-5

Ⅰ. ①产… Ⅱ. ①王… ②毛… Ⅲ. ①矿工-社会保障-研究-中国 Ⅳ. ①D412.7

中国版本图书馆 CIP 数据核字(2022)第 136062 号

策划编辑 赵静宜
责任编辑 罗 茜
责任印制 马小宾
封面设计 久品轩

出版发行 中国经济出版社
印 刷 者 北京力信诚印刷有限公司
经 销 者 各地新华书店
开 本 710mm×1000mm 1/16
印 张 16.25
字 数 223 千字
版 次 2022 年 8 月第 1 版
印 次 2022 年 8 月第 1 次
定 价 88.00 元
广告经营许可证 京西工商广字第 8179 号

中国经济出版社 **网址** www.economyph.com **社址** 北京市东城区安定门外大街 58 号 **邮编** 100011
本版图书如存在印装质量问题，请与本社销售中心联系调换(联系电话：010-57512564)

前 言

2020年，党中央明确提出2030年"碳达峰"与2060年"碳中和"目标，各行业各部门积极备战，全力以赴提高能效，降低碳排放。煤炭行业作为碳减排的最重要源头，将减量、提质作为行业"信条"，努力向集约化、智能化、无人化、绿色化发展。伴随着煤炭行业低碳转型和去产能工作的深入开展，预计还需安置煤炭行业百万冗余劳动力。然而，由于矿工社会关系单一、技术专用性强、受教育程度低、健康状况不佳、容易产生悲观情绪等，其就业竞争力较弱，生计脆弱性问题十分突出。因此，若煤炭行业职工分流、安置不当，极易影响矿区社会稳定，甚至诱发严重的社会问题。事实上，党中央、国务院多次强调在绿色转型过程中要坚持以人为本，努力实现社会公平正义。在2021年11月11日举行的亚太经合组织工商领导人峰会上，习近平总书记要求准确理解可持续发展理念，坚持以人民为中心，协调好经济增长、民生保障、节能减排三者关系，在经济发展中促进绿色转型、在绿色转型中实现更大发展。因此，解决好矿工生计保障问题不仅是产能调控工作的核心，也是顺利推进减煤降碳工作的关键。

鉴于此，本书遵循"文献分析→实地调研→理论阐释→模型构建→实证分析或模拟仿真→有效性研讨→对策建议"的基本范式，以能源科学、经济学、管理科学和复杂性科学的理论知识为基础，综合运用文献调研、计量统计、运筹优化、数据挖掘、情景分析、模拟仿真等方法，深入开展产能调控视阈下矿工生计保障问题研究。

第一，从行业基本面、供给、需求和绩效四个维度剖析煤炭行业发展的变化趋势、特征和规律，明晰与矿工生计脆弱性密切相关的行业背景，在此基础上，在全国范围内对矿工生计状况进行大样本调查，涵盖不同地区省份(东部地区的山东等、中部地区的山西等、西部地区的陕西等)、不同所有制煤矿(国有重点煤矿、私营煤矿等)、不同规模煤矿(大、中、小型煤矿)，共收回有效问卷15443份，并从矿工基本特征、矿工生计资本、产能调控对其影响等多个层面探究了矿工生计现状和发展趋势，阐明了矿工生计可持续发展面临的主要问题和挑战，从而为本书的研究奠定坚实的现实基础。

第二，结合我国矿工生计实际，厘清矿工生计脆弱性的科学内涵和表现特征，在此基础上，通过整合可持续生计和脆弱性分析框架，系统剖析影响矿工生计脆弱性的关键要素及其作用关系，阐释产能调控下矿工生计脆弱性的响应机理，从而为本书的研究奠定扎实的理论基础。

第三，为从源头降低产能调控对矿工生计脆弱性的影响，本书从经济性和公平性视角出发，进行了煤炭产能调控优化研究。首先，本书构建了煤炭产能过剩组合预测模型，精准把握煤炭产能过剩发展趋势和波动规律，为产能调控提供了科学依据；其次，本书构建了多目标非线性的省区配额分配模型，提出了兼顾成本和公平的煤炭去产能省区配额分配方案，尽可能削弱产能调控对矿工生计的不利影响，保障矿工短期生存质量和长期可持续生计能力。

第四，本书结合产能调控下矿工生计脆弱性分析框架和响应机理，从经济波动风险、生境条件敏感性、社会系统恢复力和矿工个体适应力等多维视角出发，构建矿工生计脆弱性综合评估指标体系；在此基础上，本书采用集成化的最优数据挖掘方法，构建矿工生计脆弱性评估理论方法和模型体系，并实证测度我国典型矿区矿工生计脆弱性水平，揭示矿工生计脆弱性的时空特征和主要影响因素。

第五，本书结合矿工生计脆弱性实证评估结果，选取生计脆弱性较高的鄂尔多斯市进行深度案例研究，构建包括“政府—产业—企业—个体”四个层面的矿工生计脆弱性系统动力学模型，并通过情景模拟仿真揭示单一扰动和多重扰动下的矿工生计脆弱性演变规律；在此基础上，本书结合煤炭城市矿工生计状况的特殊性，提出产能调控下降低矿工生计脆弱性的对策建议。

本书主要贡献如下：第一，构建了多维度、多层级、多方位的矿工生计整体画像，刻画了产能调控下矿工生计资本特征、变化趋势及其驱动因素，明晰了不同地区、不同企业矿工生计的差异性和特殊性，不仅丰富了矿工生计认知，而且为保障矿工生计提供了现实基础和决策依据。第二，构建了基于多目标非线性规划方法的煤炭产能过剩调控省区配额分配模型，提出了兼顾经济性和公平性的去产能省区分配优化方案，不仅拓展了复杂非线性动态规划建模与求解方法，提高了煤炭产能调控方案的精准性和有效性，而且为将产能调控对矿工生计影响最小化和政府制定煤炭去产能总目标分配政策提供量化工具和决策参考。第三，构建了基于多维视角的矿工生计脆弱性综合评估指标和模型体系，揭示了33个典型煤炭城市矿工生计脆弱性的演变规律、空间异质性和主要影响因素，不仅丰富了生计脆弱性评估方法，而且为政府降低矿工生计脆弱性提供了必要的理论依据和数据支撑。第四，构建了基于“情景—应对”的矿工生计脆弱性降低最优策略组合，揭示了不同产能调控情境下不同降低策略的有效性以及不同策略间的阻碍效应、对冲效应、互补效应和叠加效应，提出了不同产能调控情景下降低矿工生计脆弱性的对策建议，为产能调控背景下矿工可持续生计能力提升策略设计提供了新的理论依据和指导。

本书得到了教育部哲学社会科学研究后期资助项目的资助，在此表示感谢，也特别感谢北京航空航天大学经济管理学院万凯迪博士对矿工生计脆弱性分析框架构建、评估模型构建和降低策略优化所做的积极贡献，以及中国经济出版社各位编辑老师在本书出版过程中付出的辛勤劳动。本书在撰写过程中，参阅借鉴了大量文献资料和同行专家学者的研究成果，谨在此一并致以诚挚谢意，同时，在引用过程中难免挂一漏万，敬请谅解！囿于作者水平，书中难免有不足之处，衷心期望得到学术界同人及读者的批评指正。

王德鲁

2022 年 5 月

目　录

1 绪论

1.1 研究背景

1.1.1 现实背景

长期以来，尽管有关煤炭利用的争论不绝于耳（Sun et al.，2016a；Sun et al.，2016b），但煤炭作为世界上蕴藏量最为丰富的化石能源，在未来很长时间内仍将是全球最重要的基础能源之一（Li & Hu，2017；Xia et al.，2016）。2002—2019 年，世界煤炭产量由 49.2 亿吨增加到 79.6 亿吨，年均增长率约为 2.87%，煤炭在一次能源消费中的比重约为 30%。就我国而言，“富煤、少气、贫油”的资源状况决定了煤炭占能源消费的主体地位（Wang et al.，2016）。2001 年以来，随着中国经济的高速发展和煤炭价格的不断升高，大量社会资本涌入煤炭产业，煤炭产能持续增长。2001—2012 年，中国煤炭行业固定资产投资由 222.19 亿元增加到 5370.24 亿元，平均年增长率达到 32.05%，远高于第二产业和全社会平均水平（如图 1.1 所示）。中国已成为世界最大的煤炭生产国和消费国，2019 年中国煤炭产量和消费量分别占全球的 47.3%和 51.7%左右，煤炭在中国一次能源生产和消费结构中的比重分别为 68.6%和 57.7%左右[①]（如图 1.2 所示）。受资

① 中商产业研究院（http：//www.chnci.com/）。

源禀赋、路径依赖和能源安全等因素影响，在未来较长一段时期内，我国以煤炭为主要能源的格局难以改变(Wang et al.，2013)。国务院发布的《能源发展战略行动计划(2014—2020年)》明确提出，到2020年国内一次能源消费总量控制在48亿吨标准煤左右，煤炭消费比重控制在62%以内，煤炭仍是我国的主体能源。煤炭开采规模的不断扩大和煤炭产业的快速发展创造了大量就业岗位。国家统计局发布的第三次全国经济普查数据显示，全国煤炭开采和洗选业共有企业约2万家，行业从业人员近700万。煤炭产业是中国41个工业大类行业中从业人员最多的。

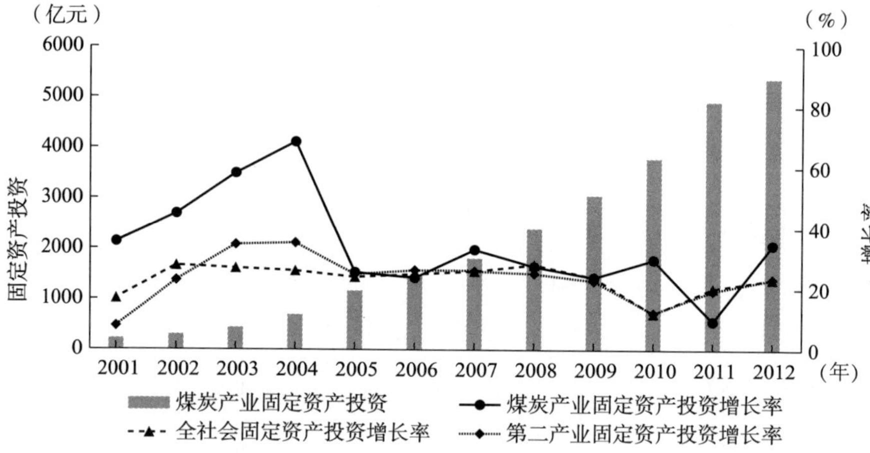

图1.1　2001—2012年中国固定资产投资

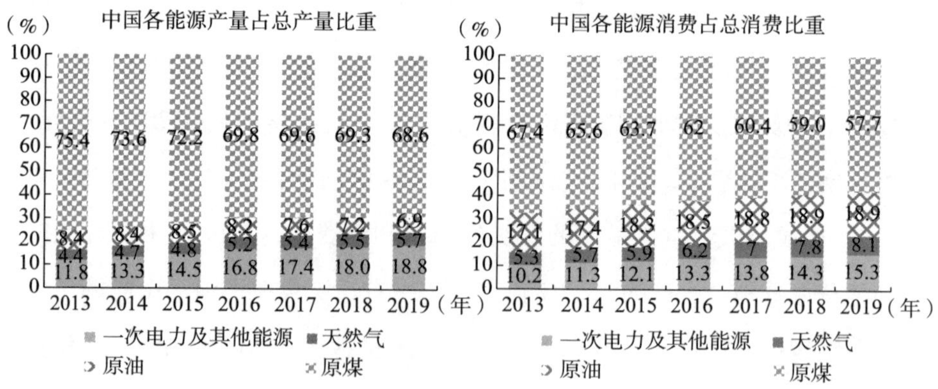

图1.2　2013—2019年中国各能源产量和消费占比

然而，由于煤炭工人社会关系单一、技术专用性强、受教育程度低、健康状况不佳、容易产生悲观情绪等诸多原因，煤炭工人的生计脆弱性问题也十分突出(Laney & Attfield，2014；Hilson，2010)。任何经济要素的轻微变动都可能对矿工的生计产生巨大影响，这是由于矿工对煤炭企业有很强的依赖性，相较于轻工业，煤炭企业更易受到宏观经济波动的影响(Wang et al.，2017b)。在2008年金融危机和宏观经济调整等因素的影响下，2012年下半年以来，我国煤炭产业供过于求矛盾日益凸显，煤价急剧下滑。秦皇岛港5500大卡动力煤价格从2011年10月的周期高点860元/吨，一路下跌至2015年11月的352元/吨，连续4年下跌，跌幅达60%。在此背景下，一方面，煤炭产能过剩规模的日趋扩大导致行业营利能力持续下降，矿工收入大幅下跌。2015年和2016年上半年秦皇岛港5500大卡动力煤均价仅为411元/吨和380元/吨，减掉产地至港口运费，煤炭企业实际吨煤售价要低于现金成本290元/吨，从而引发中国煤炭行业大面积亏损，2016年亏损面甚至超过70%，进而导致90%的矿工月收入不足4000元。[①] 另一方面，中国政府近年来制定了一系列政策措施以化解过剩产能，[②] 并计划2020年缩减煤炭产能10亿吨。尽管产能调控政策的实施能够给煤炭市场带来积极影响，但化解过剩产能将造成130万煤炭工人分流和下岗，大量因去产能而下岗的矿工再就业面临特殊的困难，从而导致严重的贫困问题，甚至会给矿区社会稳定带来重大冲击(Zeng et al.，2016)。因此，学界亟须开展有关如何减轻矿工生计风险，提高他们的生计能力，降低矿工生计脆弱性，从而实现可持续生计的相关研究。

---

① 煤矿安全网(http：//www.mkaq.org/)。

② 例如，2009年国务院印发了《关于抑制部分行业产能过剩和重复建设引导产业健康发展若干意见的通知》，2013年出台了《关于化解产能严重过剩矛盾的指导意见》，2016年国家发改委发布了《煤炭工业发展“十三五”规划》等。

1.1.2 理论背景

近年来，许多学术界研究人员对矿工生计问题进行了大量研究和探讨，并在饥荒(Block & Webb，2001)、减少贫困(Mahdi et al.，2009)、生计多样性(Smith et al.，2017)、生计策略(Tittonell，2014)、发展政策(Fan et al.，2011；Cherni et al.，2007)等方面取得较大的突破。从国内外现有研究成果来看，关于生计脆弱性评估方面的研究主要聚焦于气候变化、生态退化和流行疾病等外部风险对发展中国家生态脆弱地区农牧民生计脆弱性的影响，产能调控下煤炭产业矿工这一特殊社会群体的生计脆弱性问题尚未引起相关方面足够的重视，关于矿工生计脆弱性降低策略的定量研究更是乏善可陈。就研究对象而言，现有研究主要以非洲、亚洲等地区的发展中国家为研究案例区，以生境条件相对较差的农牧民为对象；就研究方法来讲，生计脆弱性评估大多采用模糊认知地图法、综合指数法和比值法等(Singh & Nair，2014；Petare et al.，2016；Recanati et al.，2017)，有关脆弱性降低策略的研究大都选取案例分析和归纳总结等定性的方法。不同群体的生计测度方法不尽相同，其脆弱性降低策略也应“对症下药”。因此，在产能调控背景下，针对矿工这一特殊群体生计问题的研究将是未来相关研究的重点，这对中国经济社会可持续发展具有重要的理论意义和实践价值。

综上分析，本书拟以中国典型煤炭城市的矿工为研究对象，立足我国宏观经济、煤炭产业、产煤城市社会经济发展实际和矿工生计现状，分析矿工生计脆弱性的格局和成因，研究阐明产能调控下矿工生计脆弱性的响应机理和脆弱性程度。考虑到矿工生计脆弱性受到多种因素的影响，具有多维度内涵，因此，本书对脆弱性降低策略进行有意义的探讨，利用复杂系统动力学构建矿工生计脆弱性系统仿真模型，揭示外部扰动和降低策略情境下矿工生计脆弱性的演化趋势，并深入探讨不同降低策略的实施效果，从而合理制定降低矿工生计脆弱性的对策建议，为有关矿工生计水平提升政策的制定提供一定借鉴和参考。

1.2 研究意义

本书旨在以产能过剩严重、发展形势严峻且经济地位显著的煤炭行业为研究对象，针对矿工群体的特殊性和生计脆弱性，深入开展产能调控背景下矿工生计脆弱性机理、综合评估及降低策略研究，具体研究意义如下。

在理论上，本书揭示矿工生计脆弱性的科学内涵和表现特征，阐明产能调控下矿工生计脆弱性的响应机理；通过数据特征驱动与二次分解建模思想的有机融合，构建新的煤炭产能过剩组合预测模型体系；针对产能调控决策的复杂多目标性，采用非线性多目标规划方法，建立煤炭产能调控的省区配额分配模型；采用集成化的最优数据挖掘方法，建立矿工生计脆弱性的多维测度体系；开发矿工生计脆弱性情景仿真动力学模型，定量揭示不同产能调控情境下不同降低策略及策略组合对于矿工短期生存质量和长期可持续发展能力的影响和有效性。这些研究成果对于推动矿工可持续生计理论的完善和发展具有积极意义。

在实践上，本书完成我国煤炭行业产能过剩的实证测度和趋势研判，明晰煤炭行业产能过剩的致因结构特征、演变规律及其未来发展趋势；提出统筹兼顾关键利益相关者利益诉求的25个产煤省份产能调控配额最优分配方案；完成中国典型煤炭城市矿工生计脆弱性的实证评估，找出矿工生计脆弱性的分布格局和内在成因；提出不同产能调控情境下降低矿工生计脆弱性的优化政策组合。这些成果不仅能为我国矿工生计脆弱性降低策略的制定提供科学依据，对于钢铁、水泥、化工等其他行业产能调控下的职工可持续生计研究亦有一定的借鉴和参考价值。

1.3 国内外研究进展述评

1.3.1 产能过剩及其治理研究进展

(1)过剩产能的形成机理

就产业层面而言，产能过剩是指一定时期内某行业的实际产出在一定程度上低于该行业的产能产出。产能过剩作为一种经济现象，学者从不同的角度对其形成机理进行了广泛研究。西方国家的产能过剩大都是伴随着经济危机出现的一种短期现象(Greenblatt, 2017)。对此，现有文献主要是基于微观角度从三个方面阐释产能过剩的形成机理：从博弈论的角度分析在面对潜在竞争对手的进入威胁时，在位企业所做出的决策如何导致产能过剩(Mathis & Koscianski, 1997)；将市场特性与博弈论方法结合起来，从寡头共谋的角度探讨企业为追求自身利益最大化采取的投资策略和价格策略如何导致产能过剩(Davidson & Deneckere, 1990)；从未来市场的不确定性角度出发，探讨企业为提升“运营期权”的存在价值而采取的投资决策如何导致产能过剩(Pindyck, 1986)。此外，部分学者还从结构约束(Dagdeviren, 2016)、商业周期(Mulligan, 2016)、价格机制(Pirard, 2007)等角度分析了产能过剩发生的微观机制。

中国式产能过剩为何不同于西方发达国家，为何既有周期性产能过剩，又有非周期性产能过剩？对此，部分学者围绕“市场失灵”和“体制扭曲”这两个核心观点对中国式产能过剩的机理展开理论研究。市场失灵假说认为，产能过剩主要源于市场经济本身，以林毅夫的投资“潮涌”思想为代表。具体而言，在发展中国家，由对产业良好前景的社会共识引起投资大量涌入、导致产能过剩的“潮涌现象”十分突出。随着中国工业化、城镇化进程的加快，全社会对于煤炭、钢铁等行业的良好外部环境存在很强的共识，大量社会投资涌入几个主要行业，各地出现了竞相投资建设项目的现象，产能迅猛扩张，带动了煤炭等产业的快速发展，出现了史无前例的工业扩张(Lin et al.，2010)。体制扭曲假说认为，经济转型过程中各种关系的失调是中国式产能过剩的根源。中国财政分权加剧了地方政府间的竞争，地方政府为了追求GDP和税收收入最大化，采取各种手段招商引资，由此引发严重的市场分割、投资过热和产业结构趋同，进而导致产能过剩。此外，中央政府干预失效和地方政府干预过度相互叠加而构成的政府不当干预，也是中国煤炭产能过剩的重要原因(Zhang et al.，2017)。

综上可见，关于产能过剩的形成机理，学者研究的视角不同，意见也不尽统一。对西方国家产能过剩成因的探讨主要是在由市场决定资源配置的条件下进行的，其产生的微观机制主要与企业间的市场竞争博弈有关。然而，中国产业发展政策的宏观指导性非常强，国家干预和行政引导的程度较深。中国产能过剩的根本成因与西方国家有很大的不同，这可能与体制机制对资源配置的不合理有关，具有长期性特征，这使得市场力量很难在短期内对其做出有效调整，以至于很大程度上需要依赖中央的行政性干预和引导。

(2)产能过剩的测量方法

现有文献普遍采用产能利用率这一指标来度量和判断产能过剩程度(Kou et al.，2017)。其基本思路是先估算出产能产值，然后利用实际产值与产能产值之比来测算产能利用率。目前采用的产能利用率测度方法主要有调查法、峰值法(Klein & Preston，1967)、函数法(生产函数法和成本函数法)(Zhang et al.，2018；Ray，2018)、效率评价法(数据包络分析法和随机前沿分析法)(Karagiannis，2015；Arfa et al.，2017)四类方法。

综合来看，这些方法各有优劣，而且学术界也尚未出现公认的最好测算方法。利用调查法所得到的生产能力是工程意义上的生产能力，利用函数法测算得到的生产能力是经济学意义上的生产能力，利用效率评价法测算得到的生产能力是技术意义上的生产能力。相较而言，基于经济增长理论的生产函数法具有强有力的理论基础，考虑到了要素投入对产能的贡献，有较强的经济意义，且测算过程中采用了多个经济变量，能获得更多的信息，因而得到广泛运用。

(3)过剩产能调控策略

关于过剩产能调控策略的研究主要围绕淘汰落后产能和资源整合两个方面展开。一方面，中国大部分乡镇煤矿和私营煤矿开采技术落后，造成大量的资源浪费和落后产能。关停低效率的小型矿井既可以压缩产能，又有利于调整行业结构，从而实现行业竞争的规模经济(Bergerson & Lave，2007；Kavouridis & Koukouzas，2008；Liu et al.，2017)。然而在实践中，由于GDP导向的地方官员政绩考核和就业压力等因素的影响，许多地区小煤矿关停政策并未得到有效执行(Jia & Nie，2017)；而且，经济结构单一的地区往往通过扩大大型煤炭企业的产能来应对小煤矿关停政策的经济影响，从而弱化了这一政策的实施效果(Andrews-Speed，2005)。另一方面，鉴于大集团、大基地的规模经济和范围经济效应，煤炭企业资源整合和兼并重组逐渐成为当前煤炭行业产能调控的重要途径(Zeng et al.，2016)。煤炭资源整合和企业兼并重组有利于提升采矿技术和资金筹集能力，可以缓解能源危机和气候危机，并能够促进清洁生产，控制产能的过快增长(Zhang et al.，2011)。也有学者认为，尽管煤炭资源整合有利于控制产能，促进煤炭产业的可持续发展，但同时也面临着新的组织风险，例如低技能的劳动力将会限制技术改造和安全管理(He and Li，2012)；而且，地方政府行政干预下的兼并重组很可能会进一步加剧煤炭行业的产能过剩。

综上所述，我国已从经济、环境、技术、安全等方面采取了诸多措施倒逼煤炭供给侧结构性改革，许多学者也就过剩产能的退出策略进行了积极探索。然而，关于产能调控目标分配的定量化研究尚未取得突破性进展。由于中国省区发展的不平衡性，仅从宏观总量来研究过剩产能的调控策略是远远不够的。尽管极少量文献基于去产能成本最小化视角探讨了煤炭产能调控目标分配问题，但还是忽略了产能调控工作的核心目标——提高产业全要素生产率，推动产业高质量发展。因此，从成本和效率双重视角出发开展产能调控目标分配方法及具体分配方案研究具有重要的理论价值和实践意义。

1.3.2 生计概念研究进展

本书以 Topic = (livelihood *) OR Title = (livelihood *) 为检索式，在 Web of Science 数据库中检索时间跨度为 1990—2018 年度的文献。截至 2019 年 3 月，共检索到 18261 条数据。基于此，我们对国际研究中有关生计问题的年发文量和生计问题主要研究领域进行统计，如图 1.3 和图 1.4 所示。结果表明，国际学术界对生计问题的关注度逐渐增加，发文量整体呈上升趋势。此外，有关生计问题的研究大多集中在生态环境科学、商业经济学、农业、生物多样性保护、地理、植物科学、心理学和公共管理等领域。

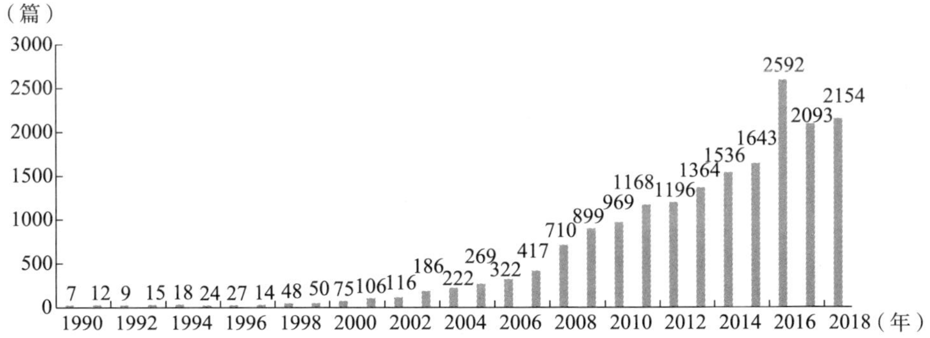

图 1.3 基于 Web of Science 的生计问题发文量年度分布情况

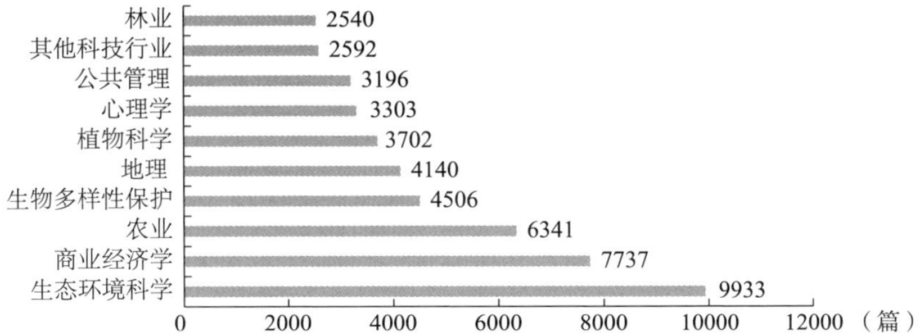

图 1.4 基于 Web of Science 的生计问题主要研究领域

生计问题研究的起点是探寻生计的内涵，早在20世纪50年代，很多学者就开始对生计问题进行探索，但这些研究局限于农户谋生方式的初级探索，尚未形成系统的生计概念。随着对贫困维度理解的加深，生计问题被人们逐渐重视。生计的概念首次出现在20世纪80年代的世界环境和发展委员会(World Commission on Environment and Development，WCED)的报告中，所谓"可持续生计，指个人或家庭为改善长远的生活状况所拥有和获得的谋生的能力、资产和有收入的活动"。学界对生计的概念一直在进行不断的探索，但由于研究的对象和视角不同，生计的概念有所差异。英国学者罗伯特·詹伯斯(Robert Chambers)和戈登·康威(Gordon Conway)认为生计是一种谋生方式，这种谋生方式是建立在能力、所拥有的资产以及生产活动的基础上的；英国学者伊恩·斯库恩斯(Ian Scoones)(1998)认为生计由生活所需要的能力、资产(包括物质资源和社会资源)以及行动组成；美国学者弗兰克·埃利斯(Frank Ellis)认为生计包括资产(自然、物质、人力、金融和社会资本)、行动和获得这些资产的途径(受到制度和社会关系的调节)，这一切决定了个人或农户生存所需资源的获取；英国国家发展署(Department for International Development，DFID)认为生计是谋生的方式，该谋生方式建立在能力、资产(包括储备物、资源、要求权和享有权)和活动基础之上。进入21世纪以后，随着生计理论的逐渐完善，关于生计问题的研究逐步由理论转向实践，生计理论在实践过程中得到了进一步完善。

1.3.3 生计问题分析框架研究进展

随着生计理论研究的日渐成熟，学者开始探索生计问题的系统分析方法，并提出用于研究生计问题的分析框架(Scoones，1998；Ellis，2000；Athalya &Yee，1999)。其中，具代表性的是社会排斥分析框架、脆弱性分析框架和可持续生计框架。这三种框架从不同的角度对群体生计问题的成因和表现进行了探讨，为众多学者所采用(唐丽霞等，2010)。

(1)社会排斥分析框架

20世纪六七十年代，社会排斥的概念诞生于法国社会福利政策研究领域。英国学者彼特·汤森(Peter Townsen)等提出“社会剥夺”这一概念，并最早将其用于生计问题研究(Peter，1987)。此后，社会剥夺概念的内涵由物质层面向社会文化层面不断演变，并于20世纪90年代初进一步发展成为社会排斥理论和社会排斥分析框架。社会排斥分析框架(如图1.5所示)主要包括三个方面，分别为能力、社会排斥和后果。其中，社会排斥的维度是分析贫困产生的根源，主要包括经济、政治、文化、福利和社会关系五大维度(曾群和魏雁滨，2004)。经济排斥是指个体、家庭和地方社区未能有效参与生产交换和消费等经济活动；政治排斥是指个人和群体被排除在政治决策过程之外，因而缺乏代表其利益的权力(Silver，1994)；文化排斥具有两层含义，一方面是指失去基于社会认可和占主导地位的行为、生活发展方向和价值模式而生活的可能性(Baumeister et al.，2005)，另一方面指处于少数的个人和团体不能享有他们的文化权利；福利排斥是指个人或团体没有公民身份，不能享有社会权利(Twenge et al.，2007)；社会关系排斥是指个人或家庭被排斥在社会关系之外，与社会接触的次数或频率下降使得社会支持减弱(House & Landis，1988)。社会排斥是一个动态过程，主要体现为上述各维度之间的相互影响和转化。综合而言，该框架可以描述脆弱群体所遭受的多重不利境遇，揭示出将他们排斥出社会的推动者和施动者以及其中的机制和过程。

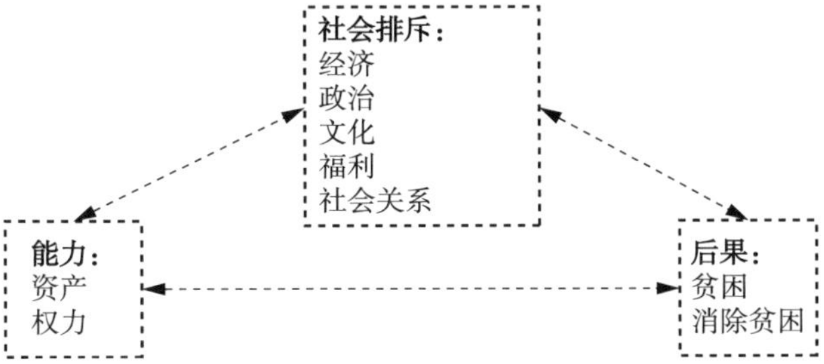

图1.5 社会排斥分析框架

(2)脆弱性分析框架

脆弱性这一概念起源于20世纪60年代自然灾害研究领域(Janssen et al.，2007)，由彼得·蒂默曼(Peter Timmerman)首先提出(Adger，2006)。随着国际全球环境变化人文因素计划(International Human Dimensions Programme on Global Environmental Change，IHDP)、国际地圈生物圈计划(International Geosphere Biosphere Programme，IGBP)、国际气候变化委员会(International Panel on Climate Change，IPCC)等国际性研究计划越来越强调人类社会对全球变化的响应问题(Marshall et al.，2014)，人文系统、人—环境系统脆弱性研究已经成为新的发展趋势(Matson et al.，2012)。目前，学术界关于脆弱性的界定尚未达成共识，但随着脆弱性研究的不断深入，其内涵呈现出逐渐扩展的趋势。脆弱性分析框架也经历了从二元到三元的发展过程。

20世纪80年代，英国学者罗伯特·詹伯斯(Robert Chambers)和戈登·康威(Gordon Conway)提出脆弱性"内部—外部"分析框架，指出脆弱性包括外部因素(风险、冲击和压力)和内部因素(防卫和应对损失的途径)两个方面(冯茹，2015)。20世纪90年代末，卡罗琳·O. N. 莫泽(Caroline O. N. Moser)提出"敏感—恢复力"框架，认为脆弱性主要包含敏感性(系统应对外部事件的密度)和恢复力(系统对外部事件的反应速度)两大方面(唐丽霞等，2010；Moser，1998)。此后，学者在此基础上将脆弱性分析框架拓展为三元结构，使脆弱性分析框架越来越具有可操作性。美国学者迈克尔·J. 瓦特(Michael J. Watts)和德国学者汉斯·G. 博勒(Hans G. Bohle)提出了"暴露—能力—潜力"三角模型分析框架(Watts & Bohle，1993)。该模型从政治、经济和社会等多角度探讨脆弱性成因，但未考虑自然因素对粮食安全的影响。在此模型的基础上，汉斯·G. 博勒(Hans G. Bohle)提出"钻石模型"分析框架，强调对脆弱性内部的研究，阐释了系统内外部相互作用的辩证关系，进一步促进了脆弱性研究的发展。学者萨拉布·辛哈(Saurabh Sinha)和迈克尔·利普顿(Michael Lipton)从外部风险对产量和劳动力薪酬的影响两个角度，提出“暴露—敏感性—恶化”分析框架（Sinha &Lipton，1999）。美国学者苏珊·L. 卡特（Susan L. Cutter）在地理学和社会人类学等综合学科的基础上，提出了“灾害—地方 HOP（Hazards of Place）”模型（Cutter，1996）。该模型将自然脆弱性中的风险与社会脆弱性中的恢复力、应对能力等结合起来，使脆弱性研究向着耦合系统的方向发展（黄建毅等，2012）。但是，该模型忽略了系统外部变化对其脆弱性的影响。英国学者斯蒂芬·的尔康（Stefan Dercon）提出的分析框架则更为明确地将风险和生计结合起来（Stefan，2001），该模型从资产、收入和福利三个方面系统阐释了个人或家庭所面对的外部风险（如图 1.6 所示）。但该模型侧重于将风险罗列出来，而缺少对系统内部的风险应对能力的研究。B. L. 特纳（B. L. Turner）等从可持续发展的角度提出 AHV（Airlie House Vulnerability）分析框架（Turner et al.，2003）。该模型从暴露、敏感性和恢复力三个方面阐述脆弱性，以人类—环境耦合系统为对象，强调扰动的多重性及多尺度性，突出对脆弱性产生的内因机制及地方特性进行分析（黄建毅等，2012；Turner et al.，2003）。

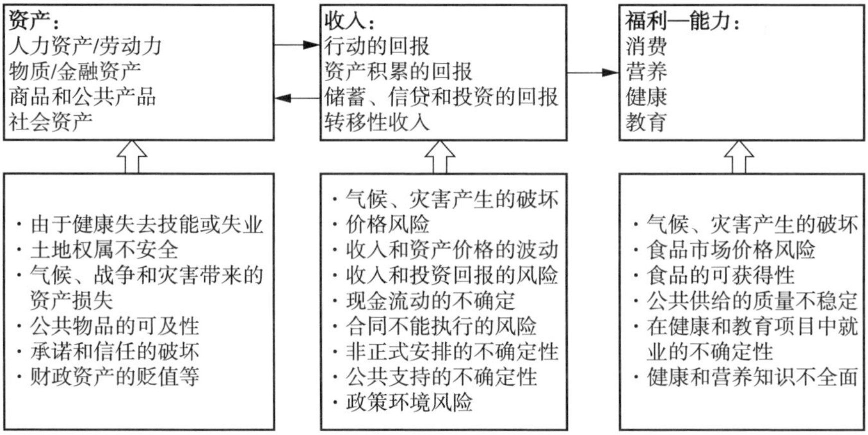

图 1.6 Dercon 提出的脆弱性分析框架

(3)可持续生计框架

贫困最初被界定为由于收入不足而表现出的“消费不足”现象，此时的贫困多指绝对贫困。随着研究的不断深入，人们逐渐意识到贫困的多维性和贫困现象背后的本质原因，开始使用一种参与式主观分析方法，探究影响生计的主要因素及各因素之间的关联(Peter，2002)。基于此，20 世纪 90 年代，一些双边或多边的国际援助组织，如世界银行(World Bank)、英国国际发展署(DFID)和发展研究机构纷纷构建用于贫困和发展问题的可持续性分析框架。目前，使用较多的主要有联合国开发计划署(United Nations Development Programme，UNDP)的可持续生计分析框架、国际救助贫困组织(Cooperative for American Relief Everywhere，CARE)的农户生计安全框架和 DFID 的可持续生计分析框架(苏芳等，2009)。

UNDP 可持续生计分析框架的目的在于通过改善资源的合理配置，帮助农户提高创造财富的能力(冯茹，2015；Lasse，2001)。该模型把对发展的思考引向支持个体所拥有的资产，强调的是外部环境和干预对可持续生计的影响，并认为可持续生计是发展的目标，而不是发展的起点和路径(唐丽霞等，2010)。为此，UNDP 还从投入、产出、成果、影响和过程五个方面建立一整套的指标体系来监测生计的可持续性。CARE 农户生计安全框架的核心是农户的个人能力、对可见和不可见资产的可获得性、存在的经济活动以及由其所决定的生计策略。该框架以家庭为焦点，生计安全不仅表现为粮食、健康和住房等基本需求的满足，也表现在社区参与的个体安全上(Franken & Maxwell，2000)。和 UNDP 的框架相比，CARE 框架的操作性更强。DFID(2000)建立的可持续生计分析(Sustainable Livelihood Analysis，SLA)框架是目前使用最为广泛的生计分析框架。SLA 框架建立在 DFID 可持续生计这一概念的基础上。DFID 认为，生计包含了人们为了谋生所需要的能力、资产(包括物质和社会资源)以及所从事的活动。只有当一种生计能够应对、并在压力和打击下得到恢复；能够在当前和未来保持乃至加强其能力和资产，同时又不损坏自然资源基础时，这种生计才是可持续性的(DFID，2000；苏芳等，2009)。SLA 框架指出了根除贫困的潜在机会，揭示出人们如何利用大量的财产、权利和可能的策略去追求某种生计出路的途径，支撑这一观点的核心原则主要有以人为中心、响应和参与、多层次和可持续，具体内涵如表 1.1 所示。SLA 由 5 个部分组成，分别为脆弱性背景、生计资本(见表 1.2)、结构和制度转变、生计策略以及生计输出，各部分之间相互影响、相互作用，构成一个动态生计框架(苏芳等，2009)。

表 1.1　SLA 遵循的原则

原则	内涵
以人为中心原则	实现可持续和消除贫困的必要条件是支持和理解不同群体的不同需要，并协同当地人按照适合当前社会和环境的生存战略共同行动
响应和参与原则	穷人自己是进行选择和确定优先发展战略的关键角色，外部帮助必须听取穷人的意见，实现穷人的共同参与
多层次原则	实现消除贫困这一目标需要在多个层面上进行，在微观层面上保证活动能为发展政策提供信息，在宏观层面上保证环境发展以及宏观结构和过程能支持人们增进他们的发展能力
可持续原则	可持续发展有四个维度，即经济、制度、社会和环境的可持续性，只有综合考虑这四个方面，生计才是可持续的

表 1.2　SLA 生计资本类型及内涵

资本类型	符号	内涵	分类
自然资本	N	对自然资源存量的描述，泛指生计的资源流及相关的服务	无形：公共资本(大气、生物多样性)；有形：直接用于生产的资本(土地、树木等)以及生态服务
金融资本	F	在消费和生产过程中，人们为了取得生计目标所需要的积累和流动，这里主要指金钱	现有的存量(如储蓄)； 定期的资金流入(如抚恤金)
物质资本	P	它包括用以维持生计的基本生产资料和基础设施，其意义在于提高贫困人口的生产力	生产资料指为提高生产效率所使用的设施，往往通过租赁或有偿服务市场被个人或集体所拥有；基础设施指无偿使用的公共物品，用于维持生计和提高生产力

续表

资本类型	符号	内涵	分类
人力资本	H	代表知识、技能、能力和健康状况，能够使人们去追求不同的生计手段并取得相应的生计目标	在家庭层面上，这种人力资本水平取决于家庭劳动力的人数、家庭规模、技能水平以及健康状况等因素
社会资本	S	在可持续生计背景之下，社会资本意味着人们在追求生计目标的过程中所利用的社会资源	社会关系网和社会组织(如亲朋好友和家族等)；垂直的(与上级或者领导的关系)和水平的(与具有共同利益的人)的社会联系

1.3.4 生计脆弱性研究进展

生计脆弱性的相关研究可以追溯到20世纪90年代。全球气候变化和人类活动频繁导致生计问题愈加突出，从而引起了学者对该领域的关注。与国外研究相比，中国学者更多的是从生计脆弱性应用的角度来解决中国的实际问题。本书以主题=生计或者题名=生计，并且主题=脆弱性或者题名=脆弱性(模糊匹配)为检索条件，在CNKI数据库中检索时间跨度为1990—2018年度的文献，截至2019年3月，共检索到211条数据。为进一步了解我国在生计脆弱性领域的研究状况，本书对生计脆弱性领域进行关键词共现分析(如图1.7所示)。结果表明，在图谱中“脆弱性”一词处于中心点，频次居于首位，而可持续生计、生计脆弱性、生计资本、农户、生计和气候变化的出现频次也相对较高，这反映出该研究领域对脆弱性、可持续生计和生计资本等的关注，也说明有关生计脆弱性问题的实证研究主要围绕农户等脆弱性群体展开。

(1)国外生计脆弱性的研究进展

Hahn等通过构建生计脆弱性指数(LVI)测度了气候变化下非洲家庭的生计脆弱性，并进行了比较分析(Hahn et al.，2009)。Castella等以老挝北部高地的农户为研究对象，开展农业和林区隔离对农户带来的生计影响研究(Castella et al.，2013)。Reed等将可持续生计分析的理论与其他分析框架(包括生态系统服务框架、扩散理论、社会学习、适应性管理和转型管

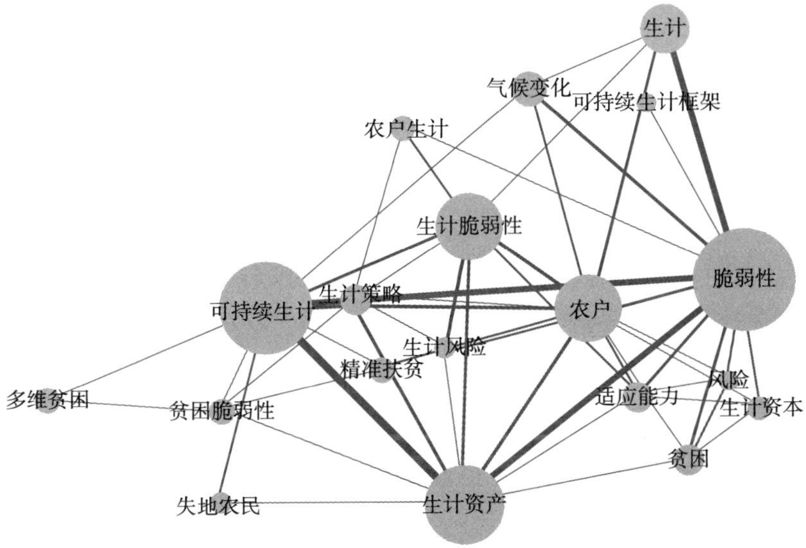

图 1.7 基于 CNKI 的生计脆弱性领域关键词共现图谱

理)结合起来，评估农村生计对气候变化的脆弱性(Reed et al.，2013)。Shah 等以发展中国家资源型地区家庭为研究对象，通过构建生计脆弱性指数(LVI)来测度当地生计脆弱性程度(Shah et al.，2013)。Simane 等以气候脆弱山区的农户为研究对象，对每个农业生态系统进行 LVI-IPCC 分析(Simane et al.，2016)。Oberlack 等基于对非洲、拉丁美洲、东南亚和东欧 21 个国家 66 个案例的 44 项系统选择研究，分析在大规模土地收购情况下产生不同生计结果的因素和过程(Oberlack et al.，2016)。Gerlitz 等以兴都库什喜马拉雅山脉的居民为研究对象，利用多维生计脆弱性指数(MLVI)研究地区生计对气候、环境和社会经济变化的脆弱性影响(Gerlitz et al.，2017)。Tjoe 等建立脆弱性综合指数来衡量干旱地区农户的生计脆弱性，并探索造成生计脆弱性的主要决定因素(Tjoe and Yenny，2016)。Alam 等基于 IPCC 脆弱性框架，采用生计脆弱性指数和气候脆弱性指数对孟加拉国河域农户生计问题进行了研究(Alam & Monirul，2017)。Hua 等采用参与式农村评价方法，对青藏高原东部大渡河流域上游 357 户农户进行了调查，并运用多元逻辑回归模型，定量分析了生计资产与生计策略之间的关系(Hua et al.，2017)。Rahman 等以印度尼西亚农户为研究对象，对农林复合经营是否可以改善生计情况并减轻对现有森林的压力这一问题进行了系统研究(Rahman et al.，2017)。Fenton 等利用从孟加拉国西南部萨奇拉地区收集的家庭层面的定量和定性数据，实证研究了在环境和气候危害下，小额信贷对家庭生计的帮助作用(Fenton et al.，2017)。Huong 等以越南西北部家庭为研究对象，评估生计对气候变化的脆弱性(Huong et al.，2018)。

(2)国内生计脆弱性的研究进展

综述性研究方面。何仁伟等(2013)阐述了可持续生计的概念，并对国外农户可持续生计研究概况进行了简介；然后从生计资产(资本)研究，生计脆弱性分析，生计策略研究，政策、机构和过程对农户生计影响研究，农户生计与生态环境的相互关系研究等 5 个方面对近年来国内农户生计的主要研究进展进行了归纳总结。苏芳等(2009)对国外可持续生计研究进行了系统总结，阐明了可持续生计框架的发展脉络，并重点介绍了 DFID 可持续生计分析框架的构成及相互关系。黄娜(2012)从移民生计方式、生计发展动力机制和移民权益保障等方面对移民生计问题进行了研究。苏飞等(2016)应用可视化分析软件 Cite Space Ⅲ，采取关键词共现分析、文献共被引分析、突现词分析等方法对生计脆弱性研究现状进行可视化分析。

生计脆弱性实证评估方面。刘伟等(2018)提出生计脆弱性评价指标体系和评估模型，对扶贫搬迁农户的生计脆弱性进行研究。赵雪雁等(2016)以石羊河中下游的农户为研究对象，评估了农户生计对生态退化的脆弱性，并探明了影响农户生计对生态退化脆弱性的关键因素。蔡晶晶和吴希(2018)基于社会—生态耦合分析视角，综合运用主客观权重法对“旅游活动”这一外部扰动下，乡村旅游地区的农户生计资本和生计脆弱性进行评价，并探究生计脆弱性的因素。励汀郁和谭淑豪(2018)通过构建“脆弱性—恢复力”框架，运用内蒙古呼伦贝尔和锡林郭勒牧区 10 个典型牧户 30

多年来生计变化状况的半结构化访谈材料，通过对案例材料进行三级编码，分析了在从草场和牲畜公有共管到牲畜私有、草场承包的制度变迁背景下牧户生计脆弱性的变化，以探索现行草地经营制度下促进牧户生计实现可持续的策略。韦蕙兰和罗万云(2018)以河西走廊6县市的农户为研究对象，利用调查数据对不同外部扰动下农户生计脆弱性展开评估。结果表明农户生计在应对环境灾害和市场波动时表现出较高的脆弱性，生计脆弱群体在年龄、教育程度、收入、生计方式等方面存在显著差异。赵立娟(2014)以内蒙古地区的农户为研究对象，构建农户生计脆弱性定量评估指标体系对灌溉管理改革地区和非改革地区农户的生计脆弱性进行了评估。杨光等(2017)以三峡库区沿江村农户为研究对象，对其生计脆弱性程度进行实证分析，并探讨导致研究区域农户生计脆弱的原因。谭灵芝和王国友(2012)探讨了气候变化导致干旱区家庭生计脆弱的原因。

阎建忠等(2011)基于可持续生计框架对青藏高原东部的农牧民进行生计脆弱性评估。徐洁等(2019)基于IPCC“暴露—敏感性—适应能力”分析框架和综合指数评估模型，构建农村老年人家庭养老脆弱性评价指标体系及评估模型，探讨不同农村老年人家庭养老脆弱性指数及其维度的差异。苏飞等(2013a)以城市农民工为研究对象，建立生计资本评估指标体系，并结合实地调查资料进行生计脆弱性特征及成因分析。汪超和刘涛(2017)以生计概念内核的生计资本作为分析切入点，在问卷调查基础上对农村进城务工女性生计脆弱性及其成因进行研究。魏凌(2017)以河南省14个村庄的农户家庭为研究对象，采用定性与定量相结合的方法研究样本区农户的生计脆弱性，并运用多元线性回归模型对生计脆弱性影响因素进行深度剖析。伍艳(2015)从可持续生计框架视角，以秦巴山片区农村家庭为研究对象，定量分析农户生计系统的脆弱性。刘进等(2012)以云贵高原的农户为研究对象，构建了农户生计脆弱性评价指标体系，并运用GIS与BP神经网络模拟区域的风险度指数、农户生计资本和应急能力指数的空间分布格局。谷雨和王青(2013)对生计脆弱性概念进行了界定并将农户分为三类，在此基础上建立了评估农户生计脆弱性的综合分析框架和指标体系，并利用重庆市合川区入户调查数据，对不同类型农户的生计脆弱性程度进行实证分析。

1.3.5 文献评价

自20世纪80年代生计概念提出以来，各组织机构和学者对生计的内涵、生计分析框架等方面进行了不断探索，并将其应用于饥荒、减少贫困、生计策略、发展政策等科学领域。毋庸置疑，这些成果对于政府政策的制定起到了积极的指导作用，但现有文献仍存在以下两点不足。

(1)从研究对象上来看，关于生计脆弱性的研究主要聚焦于气候变化、生态退化、流行疾病和制度变迁等外部风险对发展中国家(如非洲、亚洲等地区)生态脆弱地区农牧民(如贫农、牧民、农民工等弱势群体)生计脆弱性的影响，缺乏对产能调控下矿工这一特殊群体的关注，而显然在当前经济社会环境的背景下，矿工的生计问题十分严峻。因此，应加强对矿工生计问题的关注，以降低其生计脆弱性，提高生计水平。

(2)从研究方法上来看，关于生计脆弱性评估的研究大多采用模糊认知地图法、综合指数法和比值法等，有关生计脆弱性降低策略的研究大都选用定性分析(如案例分析和归纳总结)方法，定量分析的缺失使得降低策略缺乏针对性、实用性和科学性，不能够为相关政策的制定提供坚实的理论基础。因此，亟须开展生计脆弱性降低策略的定量研究，这对矿工生计可持续具有重要的理论意义和实践价值。

1.4 研究内容、研究方法及技术路线

1.4.1 研究内容

(1)矿工生计现状调查及分析研究

系统总结煤炭行业和矿工生计可持续发展面临的主要问题和挑战是后

续研究的切入点和突破口。为此，本书将首先从行业基本面、行业供给、行业需求和行业绩效四个维度深入分析煤炭行业发展状况，从而更好地认识矿工生计脆弱性的背景与本质。然后在此基础上，设计矿工生计状况调查问卷，从外部冲击、内部能力、资产状况、经济活动、发展策略等方面，特别是从自然资本、经济资本、人力资本、社会资本、产能调控影响五个方面调查分析矿工所拥有的生计资本数量和结构状况，总结和剖析矿工生计状况及所面临的问题。

(2)产能调控下矿工生计脆弱性机理研究

阐明产能调控下矿工脆弱性机理是开展其评估方案与降低策略研究的理论基础。为此，本书将首先在对我国矿工生计相关数据收集、整理和统计分析的基础上，结合脆弱性理论、可持续生计理论和现有研究成果，厘清矿工生计脆弱性的科学内涵、典型特征和表现形式。然后在此基础上，通过整合可持续生计和脆弱性分析框架，系统剖析矿工生计脆弱性的关键要素及其作用关系，阐释产能调控下矿工生计脆弱性响应机理。

(3)基于经济性和公平性的产能调控优化研究

兼顾经济性和公平性的产能调控优化是降低矿工生计脆弱性的关键，也是保障矿工短期生存质量和长期可持续生计能力的基本提前。为此，本书将首先采用生产函数法开展中国煤炭产能利用率与产能过剩规模测算；然后将数据特征驱动与二次分解建模思想进行融合，构建基于数据特征驱动和多次分解集成的煤炭产能过剩组合预测方法和模型体系，实证分析中国煤炭产能过剩的主要驱动力量和未来发展趋势；最后，统筹兼顾经济性、效率性和公平性，综合采用生产函数法、索洛余值法和多目标非线性规划方法，研究构建省区煤炭产能调控配额分配模型，并利用各产煤省区相关数据资料进行模型参数估计和模型求解。

(4)产能调控下矿工生计脆弱性综合评估研究

矿工生计脆弱性的致因结构体系决定了其脆弱性评估的理论框架。为此，本书将在矿工生计脆弱性机理研究的基础上，从经济波动风险、生境条件敏感性、社会系统恢复力和矿工个体适应力等多维视角出发，构建矿工生计脆弱性综合评估指标体系；然后针对评估体系中蕴含的要素耦合关系、不确定因素和信息不完备等突出问题，采用集成化的最优数据挖掘方法，构建矿工生计脆弱性评估理论方法和模型体系，并实证测度我国典型煤炭城市矿工生计脆弱性水平，解析矿工生计脆弱性的时空特征和主要影响因素。

(5)产能调控下矿工生计脆弱性降低策略研究

本书将首先根据矿工生计脆弱性实证评估结果，综合考虑区域经济发展水平等因素，选取矿工生计脆弱性较高的鄂尔多斯市为对象进行深度案例研究，分析案例区域矿工生计脆弱性高的主要成因和影响矿工生计脆弱性的关键因素。其次，从“政府—产业—企业—个体”四个层面开展矿工生计脆弱性降低策略的情景设计，并运用复杂系统动力学建模方法，研究开发矿工生计脆弱性情景仿真模型。再次，在此基础上，通过模拟仿真，揭示不同产能调控和降低策略情景下矿工生计脆弱性的动态变化规律，解析不同降低策略的作用机理、路径和有效性。最后，结合煤炭城市矿工生计状况的特殊性，提出降低矿工生计脆弱性的对策建议。

1.4.2 研究方法及技术路线

本书遵循“文献分析→实地调研→理论阐释→模型构建→实证分析或模拟仿真→获得结论→有效性研讨→对策建议”的基本范式，以能源科学、经济学、管理科学和复杂性科学的理论知识为基础，综合运用文献调研、统计分析、数据挖掘、演化博弈、情景分析、系统动力学等方法，深入开展产能调控下矿工生计保障问题研究。技术路线如图 1.8 所示。

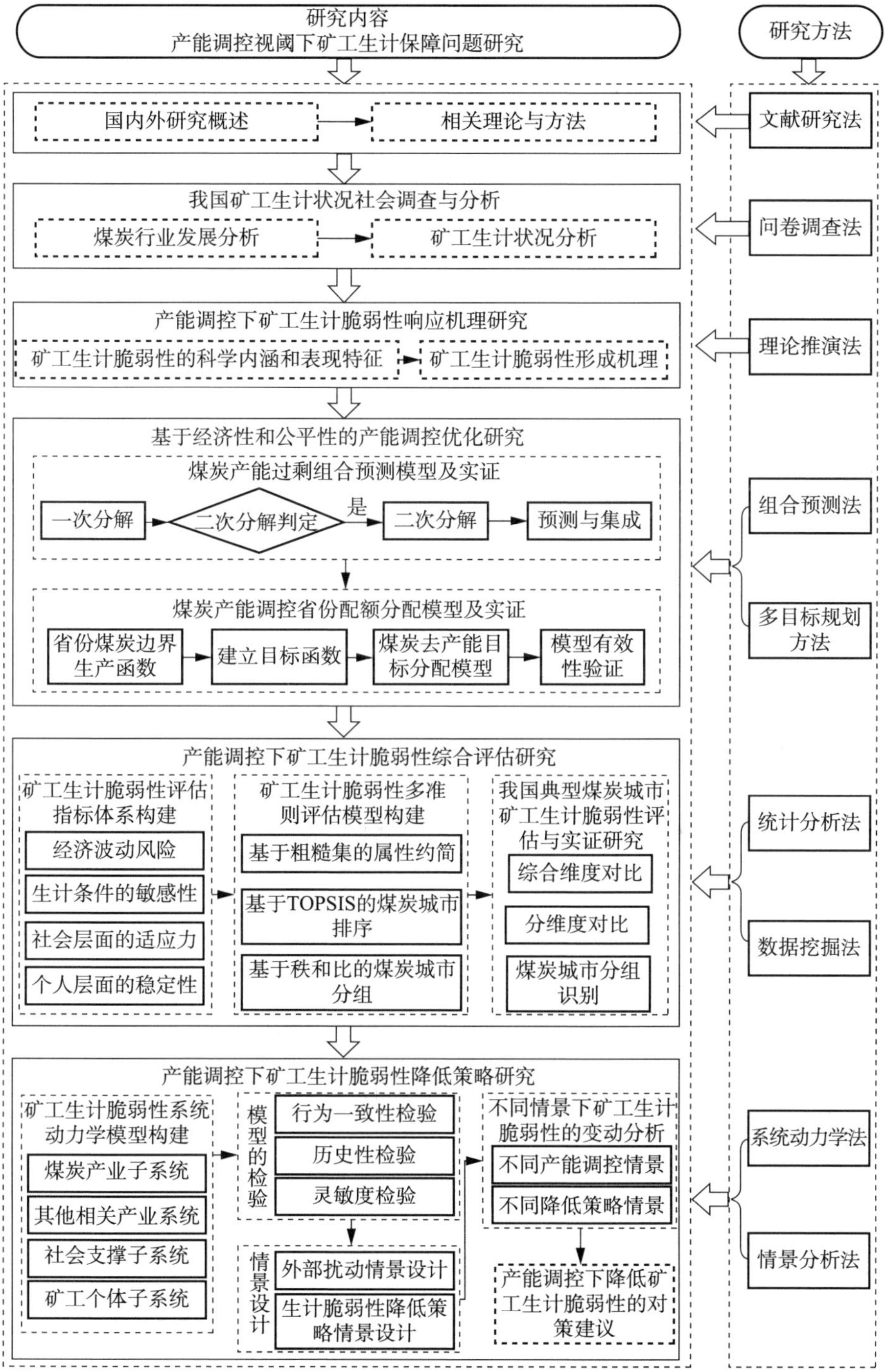
研究内容
产能调控视阈下矿工生计保障问题研究
研究方法
国内外研究概述
相关理论与方法
文献研究法
我国矿工生计状况社会调查与分析
煤炭行业发展分析
矿工生计状况分析
问卷调查法
产能调控下矿工生计脆弱性响应机理研究
矿工生计脆弱性的科学内涵和表现特征
矿工生计脆弱性形成机理
理论推演法
基于经济性和公平性的产能调控优化研究
煤炭产能过剩组合预测模型及实证
一次分解
二次分解判定
是
二次分解
预测与集成
组合预测法
煤炭产能调控省份配额分配模型及实证
省份煤炭边界生产函数
建立目标函数
煤炭去产能目标分配模型
模型有效性验证
多目标规划方法
产能调控下矿工生计脆弱性综合评估研究
矿工生计脆弱性评估指标体系构建
经济波动风险
生计条件的敏感性
社会层面的适应力
个人层面的稳定性
矿工生计脆弱性多准则评估模型构建
基于粗糙集的属性约简
基于TOPSIS的煤炭城市排序
基于秩和比的煤炭城市分组
我国典型煤炭城市矿工生计脆弱性评估与实证研究
综合维度对比
分维度对比
煤炭城市分组识别
统计分析法
数据挖掘法
产能调控下矿工生计脆弱性降低策略研究
矿工生计脆弱性系统动力学模型构建
煤炭产业子系统
其他相关产业系统
社会支撑子系统
矿工个体子系统
模型的检验
行为一致性检验
历史性检验
灵敏度检验
情景设计
外部扰动情景设计
生计脆弱性降低策略情景设计
不同情景下矿工生计脆弱性的变动分析
不同产能调控情景
不同降低策略情景
产能调控下降低矿工生计脆弱性的对策建议
系统动力学法
情景分析法

图 1.8　技术路线图

具体研究方法如下：

（1）文献研究法

文献研究法是指根据选定的课题或者研究目的，对某一问题或者某一领域的文献进行搜集和查阅，并基于时间线或者方法论对文献进行分析和整理，力图全面了解研究对象本质属性的一种研究方法。本书首先采用文献调研法，围绕产能过剩、产能调控、生计脆弱性、可持续生计等主题收集、阅读、整理和归纳已有研究文献，探寻现有研究存在的局限和不足，为开展本研究提供相应的经验借鉴和理论基础。

（2）问卷调查法

问卷调查法是以书面形式，围绕研究的目的设计一系列有关的问题，请被调查者作出回答，然后通过对答案的回收、整理和分析，获取有关信息的一种研究方法。本书采用问卷调查法，从家庭基本情况、自然资本、经济资本、人力资本、社会资本和煤炭产能调控影响六个方面调查分析矿工的生计状况，系统总结出矿工生计可持续发展面临的主要问题和挑战。调研过程中所发现的问题也将成为后续研究的切入点和突破口。

（3）统计分析法

统计分析法是通过分析数量关系来揭示随机现象中局部与整体之间以及各因素之间联系规律性的一种客观、科学、精确的研究方法，通过分析相应的统计指标来揭示事物之间的相互关系，认识事物的变化规律和发展趋势，从而实现对研究对象的正确解释和预测。本书将采用描述性统计分析煤炭行业发展状况；采用假设检验识别数据特征；采用回归分析方法构建煤炭行业各省份去产能成本测算模型和估计方法。

（4）组合预测法

组合预测的理念自 1969 年被 Bates 和 Granger 首次提出以后，便得到了国内外学者的广泛关注。一些复杂的、波动不规则的数据序列，往往包含诸多随机或者模糊不确定的因素，传统的单项预测模型仅能捕捉到原始序列的部分信息，对信息的利用不够全面，导致预测结果存在一定偏差。

预测模型通常具有线性或者非线性的表达形式，选择不恰当的表现形式容易引起系统误差。组合预测方法考虑不同的因素变量，集合各单项模型的优势，从多个维度来捕捉信息，使得各模型的信息互补，确保预测结果偏差最小化。组合预测作为一种可以有效改善传统预测模型缺陷的策略方案，不仅在理论上具有较为重要的学术价值，而且具有一定的实践应用价值。本书采用组合预测方法开展中国煤炭产能过剩预测模型及实证研究。

（5）多目标规划方法

多目标规划的概念是1961年由美国数学家查尔斯和库柏首先提出的。该方法属于多目标决策领域，它涉及多目标函数的优化问题，同时也是多目标优化问题。多目标优化已经应用到许多领域，包括工程、经济和物流。在两个或更多冲突的目标之间取舍时，需要采取最优决策。对于一个非平凡的多目标优化问题，没有单一的解决方案能够同时优化每一个目标。在这种情况下，目标函数是相互冲突的，并且存在一个可能是无穷数的帕累托最优解。本书采用多目标非线性规划方法，研究构建省份煤炭产能调控配额分配模型，并利用各产煤省份相关数据资料进行模型参数估计和模型求解，提出统筹兼顾经济性、效率性和公平性的煤炭产能调控方案。

（6）数据挖掘方法

数据挖掘是指从数据库的大量数据中揭示出隐含的、先前未知的并有潜在价值的信息的非平凡过程。数据挖掘是一种决策支持过程，它主要基于人工智能、机器学习、统计学、数据库等知识基础，高度自动化地分析企业的数据，作出归纳性的推理，从中挖掘出潜在的模式，帮助决策者调整市场策略，减少风险，作出正确的决策。本书针对评估体系中蕴含的要素耦合关系、不确定因素和信息不完备等突出问题，采用集成化的最优数据挖掘方法，构建矿工生计脆弱性评估理论方法和模型体系，并利用我国典型煤炭城市相关数据资料进行实证评估与分析。

（7）系统动力学方法

系统动力学是一门分析研究信息反馈系统的学科，是由麻省理工学院的 Jay W. Forrester 教授于 1956 年创立的一门研究系统动态复杂性的科学，是系统科学和管理科学中的一个重要分支。系统动力学方法以反馈控制理论为基础，以计算机技术为手段，主要研究复杂系统的结构、功能与动态行为的关系。系统动力学面向复杂系统，很好地对决策论、信息论、系统论、协同论等理论进行了耦合，是一种用于解决“动态复杂问题”的仿真技术，其通过模型模拟来剖析系统，获得更为丰富和深刻的信息，进而寻找解决问题的最佳途径，目前系统动力学方法在社会、经济以及生态系统中有着广泛的应用。它可以用来定性与定量地分析历史、现在以及研究未来，是实现决策现代化与经营管理现代化的有力手段，因而被誉为“战略与决策实验室”。本书采用系统动力学方法开发矿工生计脆弱性降低策略的情景仿真模型，定量揭示不同产能调控情境下不同降低策略的有效性以及不同策略间的阻碍效应、对冲效应、互补效应和叠加效应，提出不同产能调控情景下降低矿工生计脆弱性的最优策略组合。

1.5 研究特色与创新

本书的主要特色体现在以下三个方面：

在研究对象上，本书将面向发展中国家农牧民的生计脆弱性研究，延伸至生计资本匮乏、生计能力薄弱的煤炭企业职工这一特殊对象，从而为矿工生计脆弱性干扰政策设计提供更具针对性和可操作性的理论指导与对策建议。

在研究视角上，本书将面向气候变化、生态退化和流行疾病等外部扰动的分析情景，拓展至面向产能过剩和产能调控扰动的分析情景，从而科学地反映出产能调控背景下矿工生计脆弱性的新特征。

在研究手段上，本书将基于案例研究与理论演绎的定性研究模式，发展到基于数理统计、非线性规划、数据挖掘、复杂系统动力学建模与仿真的定量研究模式，从而促进多学科研究方法、视角的交叉及多源数据、知识的融合。

本书的创新之处体现在以下方面：

构建基于多目标非线性规划方法的煤炭产能过剩调控省份配额分配模型。针对省份间经济发展的不平衡性，本书采用生产函数法测算各省份煤炭去产能成本(包括人员安置成本、资产损失等成本)，建立煤炭去产能省份分配的多目标规划模型，并实证得到兼顾经济性和公平性的去产能省份分配优化方案。这不仅对于政府制定煤炭去产能总目标分配政策具有积极的指导意义，而且有助于使产能调控对矿工生计的影响最小化，保障矿工短期生存质量和长期可持续生计能力。

构建基于多维视角的矿工生计脆弱性综合评估方案。鉴于单维视角分析的不足，本书基于产能调控下矿工生计脆弱性机理分析，采用集成化的最优数据挖掘方法，建立了集经济波动风险、生境条件敏感性、社会系统恢复力和矿工个体适应力四者于一体的矿工生计脆弱性综合评估方法与模型体系，实证揭示了33个典型煤炭城市矿工生计脆弱性的演变规律、空间异质性和主要影响因素。这不仅有助于全面表征和科学评价矿工生计脆弱性水平，而且能够实现不同区域矿工生计水平的整体画像及其动态演变规律的理论诠释。

构建基于“情景—应对”的矿工生计脆弱性降低最优策略组合。鉴于割裂式生计脆弱性降低策略研究的局限性，本书将采用系统动力学方法开发矿工生计脆弱性降低策略的情景仿真模型，定量揭示不同产能调控情境下不同降低策略的有效性以及不同策略间的阻碍效应、对冲效应、互补效应和叠加效应，提出不同产能调控情景下降低矿工生计脆弱性的最优策略组合。这将为产能调控背景下矿工可持续生计能力提升策略设计提供新的理论依据和指导。

1.6 本章小结

首先，本章介绍了本书的研究背景，提出了研究问题，并从理论与实践角度阐述了研究的意义。其次，本章从生计概念、生计问题分析框架和生计脆弱性实证研究三个角度对国内外现有文献和研究成果进行了系统的梳理和归纳。最后，介绍了本书的主要研究内容、方法和技术路线，并从研究对象、研究视角、研究手段和研究内容等方面归纳了本书的主要特色与创新之处。

2 研究的理论基础与方法基础

2.1 理论基础

2.1.1 收入理论

(1)库兹涅茨的“人均收入影响”理论

17世纪，英国经济学家威廉·配第(William Petty)研究发现，当经济不断发展时，农业利润小于工业利润，而工业利润小于商业利润，这势必导致劳动力向工业，继而向商业逐步转移。该观点后被英国经济学家科林·克拉克(Colin Clark)证实。1940年，克拉克在其著作《经济进步的条件》中阐明，各产业间的收入差异造成了劳动力的转移，随着经济的不断发展，制造业劳动力人数相对于农业劳动力人数趋于上升，服务业劳动人数相对于制造业劳动人数趋于上升。经济学界将二者的研究成果命名为“配第—克拉克定理”(王海春，2017)。在此基础上，结合大量的历史经济资料，美国经济学家西蒙·史密斯·库兹涅茨(Simon Smith Kuznets)对产业结构变动与经济发展的关系进行了全面的考察，探讨了三次产业间国民收入与劳动力的分布和变化趋势间的关系，被称为“人均收入影响理论”。他认为，随着经济发展，农业部门实现的国民收入在整个国民收入中所占的比重和农业劳动力在全部劳动力中所占的比重都呈现下降趋势；工业部门国民收入占比呈上升趋势，劳动力在整体劳动力中所占比重变化不大；

服务部门劳动力所占比重呈上升趋势，但服务部门国民收入的相对比重整体不变或略有增加（Kuznets，1946）。

（2）舒尔茨的“人力资本”理论

1960 年，美国经济学家西奥多・W. 舒尔茨（Thodore W. Schults）在其演说《人力资本投资》中阐明，在当今社会，人力资本是国民经济增长的主要推动力（王国良，2010）。他认为：“人力资本是指劳动者身上体现出的资本类型，常用劳动者的数量和质量表示，具体指标包括劳动者的知识程度、工作能力和健康状况等”（李小芳，2010）。人力资本的积累主要靠投资实现，包括医疗保健、教育、在职人员培训、个人和家庭为获得新的就业机会而作出的迁移活动等，其中最主要的是教育支出，教育的投入可以提高个体的知识文化素质和劳动技能水平，提升劳动效率，为个人带来更多的经济收入。与其他类型的投资相比，人力资本投资的回报率是很高的。该理论的核心观点包括两个方面，首先社会经济增长的源泉是人力资本的积累，其次教育是使个人收入的社会分配趋于平等的因素。

（3）罗默的“知识积累模式”

1986 年，美国经济学家保罗・罗默（Paul Romer）在《收益递增经济增长模型》一文中，将知识作为经济增长的内生变量纳入经济和技术体系之中，构建了自己的内生经济增长模型，该模型被称为内生经济增长理论的基础模型（Romer & Paul，1986）。保罗・罗默认为，知识可以划分为两种，一种是能够产生外在经济效应的一般知识，另一种是能够产生内在经济效应的专业知识，二者结合在一起可以使非知识要素的收益产生递增。知识作为一种特殊投入，其边际生产率是递增的。知识的增加能够促进资本投资，进而带动新知识的进一步积累，如此往复，形成良性循环。该模型较为系统地分析了知识与技术对经济增长的作用，强调了研究与开发对经济增长所具有的实际价值，但是，由于人力资本总量不变的假定和初始人力资本状况考虑的欠缺，该模型具有一定的局限性。

(4)科尔曼的“社会资本”理论

20世纪80年代末，詹姆斯·S. 科尔曼(James S. Coleman)对社会资本理论进行了整理，并较为系统地拓展了其概念和内涵。他将社会资本概念化为社会和经济理论模型中经常缺失的“行动引擎”。他认为，社会资本是一种行动资源，它嵌入到特定的社会结构中，从而使社会结构理论更为合理。社会资本被划分为三个主要形式，即义务和期望、信息渠道以及社会规范。义务和期望指人们为他人所做的事，以及所期望的回报。在不同的社会环境中，由于人们不同的需要、援助来源、财富程度和文化差异，可能会引起义务或期望水平的差异。信息渠道指存在于社会关系中的潜在信息。很多时候，利用社会关系获取信息可能比从原始来源获取信息的成本更低。社会规范能够在社会中起到强大的作用，集体规范会使一个人为了集体的利益而忽视自己的利益。这些规范能够起到促进或抑制某些行动的作用(Coleman & James，1988)。此外，科尔曼还提出，物质、社会和人力资本是每个人生而拥有的三种可以相互转换的资本，其中前者是有形的，而后两者是无形的(陈宇秦，2006)。

2.1.2 可持续发展理论

20世纪五六十年代，在经济增长、人口激增和资源耗竭所形成的环境压力下，人们逐渐对“增长等同于发展”的模式产生了质疑。1962年，美国生物学家莱切尔·卡逊(Rachel Carson)发表了轰动全世界的环境科普著作《寂静的春天》，引发了人类关于发展观念的争论。1987年WCED在《我们的共同未来》报告中对可持续发展进行了定义，认为可持续发展即“既满足当代人需要，又不对后代人满足其需要的能力构成危害的发展”。1992年联合国在巴西里约热内卢召开世界环境与发展大会，并通过了《21世纪议程》和《里约环境与发展宣言》(茶娜等，2013)。随后可持续发展的理论被逐渐发展完善，归纳起来可以从生态环境、经济发展和社会公平三个角度理解其内涵。

(1)生态环境视域下的可持续发展

人类社会的发展离不开资源与环境，只有保证生态的和谐与可持续，才能保障人类社会的不断进步。生态的可持续发展要求既要满足当代人需求，又不能剥夺后代人应有的权利。在生态环境视域下，矿工生计问题关系到矿工、煤炭城市和煤炭产业的协同发展问题。煤炭产业推动了地区经济的快速发展，提高了矿工的收入水平，极大满足了矿工的物质文化需求。然而，作为相对高污染、高排放的行业，过去煤炭产业的发展往往采用以牺牲环境为代价的粗放式发展模式，这导致矿区环境恶化、生态退化(如采矿塌陷区)现象严重，不仅对矿工生存环境带来严重不良影响，也极大地限制了煤炭产业的健康发展。事实上，生计可持续的理想状态是稳定地、平衡地可持续发展。在维持矿工基础生计水平和提高其生活质量的过程中，要始终注重并以生态可持续的理念作为指导思想，不能无限度开采煤炭资源，破坏生态环境以至超出其承载力，造成不可挽回的生态破坏，从而导致矿工生计背离平衡状态。事实上，只有煤炭城市、煤炭产业、矿工与自然生态协同发展，才能显著降低矿工生计脆弱性，实现矿工的生计可持续。

(2)经济发展视域下的可持续发展

经济发展能够极大丰富社会财富，提高人民的收入水平，是可持续发展的核心问题。传统的经济发展模式往往一味追求经济增长，片面强调GDP 增长速度，且局限于眼前的利益，忽略长远利益。这种发展的后果就是，步入工业化社会以来全球气候环境的急剧恶化，温室效应、极寒天气、土地荒漠化、资源枯竭等无一不在警示人们片面追求经济增长所带来的严重不良后果。因此，转变经济发展观念至关重要。在经济发展视域下，煤炭产业的持续健康发展为矿工提供了基本经济保障，由于矿工很大程度上依存于煤炭产业，其产业经济发展趋势往往对矿工生计产生巨大影响。对于煤炭城市矿工而言，可持续的经济收入来源至关重要，是保障矿工基本生活需求的基础。因此，矿工生计脆弱性的研究，不能离开经济发展的相关理论，只有遵循经济发展规律，实现煤炭产业的高质量发展，才能改善煤炭城市的经济发展环境，提高资源的利用效率，改善矿工的生活质量，降低矿工生计脆弱性。

(3)社会公平视域下的可持续发展

可持续发展的公平性体现在两个方面，即代内公平和代际公平。代内公平强调代内所有人，不论性别、国籍、种族、信仰或文化均平等地享有利用自然资源和享受清洁环境的权利。代际公平强调不能损害后代人享有这些权利的机会。在社会公平视域下，矿工生计问题既要强调其资本拥有量，更要强调社会收入分配的公平性，只有注重煤炭城市的社会公平，才能真正实现矿工生计的可持续提升。一方面，公平性可以保障矿工的基本收入和福利，是实现个体权利和基本生活需要的基础；另一方面，社会公平性会对矿工带来心理上的影响，根据美国心理学家约翰·S. 亚当斯(John S. Adams)提出的社会公平理论，员工间的公平感会产生激励效应，从而在很大程度上影响工作效率。因此，在研究煤炭城市矿工生计问题时，不仅要关注经济层面的资本拥有量，更需要关注社会的公平程度，借助社会保障等再分配制度提高矿工所处环境的公平性，从而真正保障矿工生机的可持续发展。

可持续发展理论作为矿工生计脆弱性研究的核心指导思想，贯穿于矿工生计问题的每一个维度，包括矿工所处生态、经济和社会环境等生产生活的各个方面。在生态环境视域下，可持续发展思想是要实现煤炭城市、煤炭产业、矿工和资源环境的和谐发展；在经济发展视域下，可持续发展思想是要注重经济的效率和增长，关注矿工的可持续收入；在社会公平视域下，可持续发展思想是注重社会分配的公平性，保障矿工的各项基本权益。总而言之，在降低矿工生计脆弱性的过程中，优化生态环境是前提，坚持经济发展是核心，而保障社会公平是重要目的，只有同时关注三个层面的可持续性，才能真正降低矿工生计脆弱性，实现人与自然的和谐发展。

2.1.3 多目标规划理论

(1)多准则决策管理

决策是个人、企业甚至政府无时无刻不在进行的行为，小至点餐，大到国防军购，都是在许多可行方案中挑选其中一方案，以满足需求。在管理者的决策领域，经常要面临多重评估属性的问题，这些属性之间往往相互冲突，用单一目标数学模型求解这些实际管理和决策问题时，总是假定单一目标和约束条件都不变化的前提，这就忽视了客观事物普遍存在的多重属性。基于此，多准则决策方法(MCDM)应运而生，运用这种决策方法可以合理地、系统地解决上述多属性、多冲突的问题。目前多准则决策模型广泛应用于投资组合构建、资本预算、商业银行资本管理、审计、保险、养老金管理、利率风险管理等众多领域。多准则决策根据决策方案是有限还是无限，可分为多属性决策(MADM)与多目标决策(MODM)两大类。

1)多属性决策也称有限方案多目标决策，是指在考虑多个属性的情况下，选择最优备选方案或进行方案排序的决策问题，它是现代决策科学的一个重要组成部分。它的理论和方法在工程、技术、经济、管理和军事等诸多领域中都有广泛的应用。

2)多目标决策是指需要同时考虑两个或两个以上目标的决策。如某企业要在几种产品中选择一种产品生产，就既要考虑获利大小，又要考虑现有设备能否生产以及原材料供应是否充足等因素，只有使这些相互联系和相互制约的因素都能得到最佳的协调、配合和满足，才是最优的决策。

多属性决策和多目标决策的区别在于方案的有限性和无限性，本书以去产能成本最小和全要素生产率增长率最大为目标，研究我国煤炭去产能省区分配问题，可见这是个多目标决策问题。与单目标决策相比，多目标决策中各个目标之间并没有统一度量标准，难以进行比较；不同目标往往是相互矛盾的，如果采用一种方案去改进某一目标的值，可能会使另一目标的值变坏；且不可能同时求得各个目标的绝对最优解，只能是最佳均衡解，或 Pareto 最优解，或数学上所称的非劣解。

(2)多目标决策模型

多目标规划是指在一定限制条件下，求解多于一个目标函数的优化问题。多目标规划的一般形式可以表示为：

$$\begin{cases} \min f_1(x_1, x_2, \cdots x_n) \\ \cdots\cdots \\ \min f_t(x_1, x_2, \cdots x_n) \\ \max f_{t+1}(x_1, x_2, \cdots x_n) \\ \cdots\cdots \\ \max f_m(x_1, x_2, \cdots x_n) \\ s.t.\ \ g_j(x) \geqslant 0, j=1, 2, \cdots, p \\ \quad\quad h_k(x)=0, k=1, 2, \cdots, q \end{cases} \tag{2-1}$$

式(2-1)中，$x_i(i=1, 2, \cdots, n)$表示决策变量，$f_i(x_1, x_2, \cdots, x_n)(i=1, 2, \cdots, m)$表示目标函数，$g_j(j=1, 2, \cdots, p)$表示不等式约束，$h_k(k=1, 2, \cdots, q)$表示等式约束条件。上述模型中既包括函数的最大化，也包括函数最小化，因此称为多目标混合最优化模型。由于最大化问题可以转化为最小化问题，因此多目标混合模型可以转化为多目标最小化模型，多目标规划的标准形式为：

$$\min_{x \in R} F(x) = [f_1(x), f_2(x), \cdots, f_m(x)]^T$$

$$s.t. \begin{cases} g_j(x) \geqslant 0 \\ h_k(x) = 0 \end{cases} \tag{2-2}$$

式(2-2)中，$F(x)$表示目标函数的集合，x 表示决策变量。

(3)多目标规划求解方法

在多目标规划问题中，一般不存在使所有目标函数都达到极值的最优解，因此，在大多数的多目标规划研究中，问题的目标函数主要考虑在某种意义下的有效解和非劣解(Pareto 最优解)等。

目前多目标规划问题的求解研究一直在探索研究中，没有一个公认的成熟方法，需要根据实际问题采取不同求解方法，有些情况下是可以针对多目标规划本身进行求解的，直接求出其有效解或者寻求多目标规划问题整个(或者部分)有效解集的算法，而大多数情况是根据问题的实际背景，将多目标规划问题在一定意义下转化为单目标规划问题来进行求解。常见的几类方法主要包括单纯形法、化多为少法、分层序列法等。

1)单纯形法：根据线性多目标规划标准型建立初始单纯形表，从一个基本可行解开始，转换到另一个基本可行解，并使目标函数值逐渐增大，直至取得最大值。先判断一个基本可行解是不是最佳均衡解，倘若不是，就按照一定规则转换到另一改进的基本可行解，再进行判断，根据这样的转换方法反复进行判断和转换，直到找到最佳均衡解为止，就不再进行转换。由于基本可行解的个数一般是有限的，因此经过有限次的转换定能得出问题的最佳均衡解。

2)化多为少法：根据问题的实际背景和特征，确定问题的目标，把多个目标函数化为较易求解的单目标或双目标，把其他目标在一定的允许界限内作为约束。常用的多目标化简方法有线性加权和法、理想点法、隶属函数法等。

3)分层序列法：把所有目标按照各自重要性程度依次排序，首先求出第一个最重要目标的最优解，接下来每次都在保证前一个目标最优解的前提下依次求下一个目标的最优解，直到求到最后一个目标为止，从而得到满足所有目标的最优解。

以上所提的方法都有其特定的适用范围，各有其优点和适用的场合，具有局限性，并非总是有效，或者存在一些不足之处。到目前为止，学界还没有找到完全适合于各种多目标规划问题的求解方法。

2.2 方法基础

2.2.1 组合预测方法

组合预测(Combined Forecasting)在 1969 年由 Bates 和 Granger 首次提出，作为预测领域研究的重要分支，该理念一经提出，便受到了高度重视，该方法现已被广泛应用于能源预测、宏观经济预测、消费预测等领域。传统的预测方法在其各自的适用领域都表现出了良好的预测性能，但是，现实世界中事物的发展规律会受到很多随机因素的影响，表现形式十分复杂，再加上受到各种突发因素的影响，数据的发展趋势具有波动性和不确定性。现有的单一预测模型在处理数据时会受到一些限制，导致预测性能不理想。组合预测理论将不同的模型进行组合以发挥各模型的优点，克服了单一模型的局限性，其充分利用各种单项预测方法所提供的有效信息，捕捉到复杂数据中更全面的信息，提升了预测性能。

任何算法都存在优势与不足，多种算法的有序组合能有效利用各方法的长处以弥补其他方法的不足，采用定性与定量相结合的组合预测模型可提升预测精准度。近年来，学者们在完善单项模型筛选方法和单项模型组合形式等方面展开了许多尝试，丰富了组合预测的理论内涵。同时，还就预测模型结构设定、参数估计和模型检验方法进行修正和扩展，推动了组合预测理论的快速发展。

2.2.2 系统动力学方法

1956 年，美国麻省理工学院的福瑞斯特(Jay W. Forrester)教授创立了系统动力学(system dynamics，SD)。系统动力学是一门研究信息反馈，认识系统和解决系统问题的学科(马刚，2017)，其核心思想是将系统作为一个整体而非孤立的个体来分析复杂问题。目前，系统动力学已被广泛运用于宏观经济、项目管理、学习组织、物流与供应链等诸多领域

（李永忠等，2017；林芹和郭东强，2017）。系统动力学的建模步骤可以分为以下五步(如图 2.1 所示)：明确问题，确定系统的边界；提出动态假说；写方程来测试动态假说；测试模型使其符合建模目的；政策设计与评估。值得注意的是，系统动力学建模是一个不断反馈的过程，建模过程中这五个步骤有着密切的联系而非简单的线性排列，建模需要反复修改和斟酌。

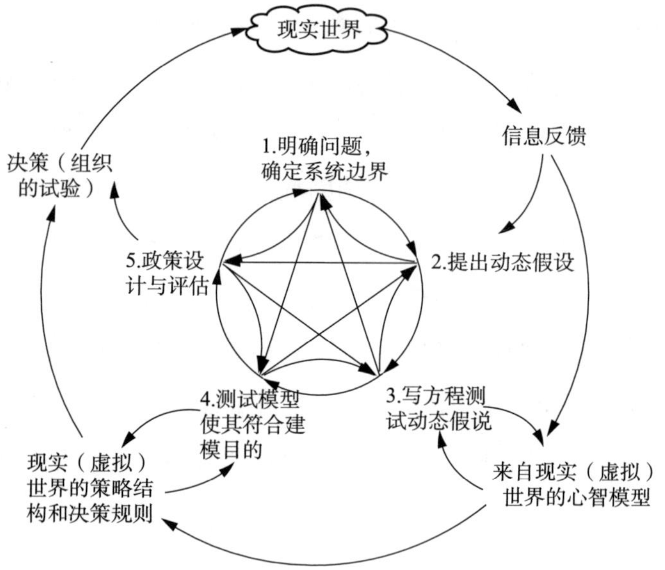

图 2.1　系统动力学建模步骤

(1)明确问题，确定系统的边界

系统动力学建模最重要的一步就是明确问题，即明晰模型所要实现的目的。围绕一个研究对象建立起的全面而庞大的模型过于复杂而失去了其有用性，因为模型的有用性正体现在它能够简化现实，提供一个人们能够理解的表达方式，以期更好地诠释问题的本质(徐甜友，2014)。当我们针对问题进行建模的时候，只需要关注于特定问题所设计的要素，从而能够更有针对性地解决我们的问题。因此，系统动力学的建模需要首先明确问题，明晰我们真正关心的事项，并据此确定系统边界。

(2)提出动态假说

动态假说是关于问题如何产生的可行假说。这一步骤主要包含两部分内容，即问题的内生性解释与绘制系统结构图。“内生性”意味着“从内部产生”。内生性理论通过模型中变量和因素的交互作用产生系统的动态。通过定义系统如何构筑以及交互的规则，可以探索与此决策规则对应的行为模式，并研究如何改变规则和结构，并在此基础上，利用系统动力学所提供的工具，将动态假说可视化。这些工具主要包括模型边界图、子系统图、因果回路图和存量流量图。

模型边界图(model boundary chart)。一个模型边界图通过列出内生变量、外生变量以及模型中排除在外的关键变量概括了模型的范围。

子系统图(subsystem diagram)。子系统图刻画了模型的整体结构，包括子系统间的物流、资金流和信息流等。

因果回路图(causal loop diagrams，CLD)。因果回路图用以表示系统反馈结构和因果关系，主要由变量和因果链构成。每条因果链都具有极性，或者为正(+)或者为负(-)，该极性指出了当独立变量变化时，相关变量的变化趋势和变化方向(如表 2.1 所示)。因果关系图中也会标出重要的反馈回路。因果关系图的一大特点是逻辑清晰、构图简单易懂，适合建模初期的系统构图，常被用于与他人进行思维的沟通，是一个很好的传递思想的媒介。但由于因果关系图并未区分流量和存量，因而因果关系图更多是停留在定性分析上，无法实现模型的定量模拟与仿真。

表 2.1 因果关系链的极性

符号	解释	数学公式
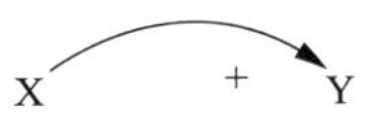	在其他条件相同的情况下，如果 X 增加(减少)，那么 Y 增加(减少)到高于(低于)原所应有的量。在累加的情况下，X 加入 Y	在其他条件相同的情况下，$\partial Y/\partial X>0$；在累加的情况下，$Y=\int_{t_0}^{t}(X+\cdots)ds+Y_{t_0}$
	在其他条件相同的情况下，如果 X 增加(减少)，那么 Y 减少(增加)到低于(高于)原所应有的量。在累加的情况下，X 从 Y 中扣除	在其他条件相同的情况下，$\partial Y/\partial X>0$；在累加的情况下，$Y=\int_{t_0}^{t}(-X+\cdots)ds+Y_{t_0}$

存量流量图(stock and flow maps)。当建模项目需要区分变量并量化模型时，需要在因果关系图的基础上构建存量流量图。存量流量图主要包含四种变量，分别为存量(状态变量)、流量(速率变量)、辅助变量和常量(钟永光等，2013)。其中，存量是累积量，表征系统的状态，流量代表存量的变化速率。流入量使存量增加，流出量使存量减少。存量和流量的表示方法如图 2.2 所示。存量以矩形代表，流入量和流出量由箭头指向(指离)存量的管道表示，存量变化量是流入量和流出量的结合，用双向箭头表示，阀门表示流量受到其他因素影响可以改变，云则代表流量的源和漏。辅助变量(Auxiliary variable)是中间变量，主要用于帮助状态变量和速率变量实现信息的传递，它随着相关变量的变化而瞬时发生变化。常量则是在研究中保持不变或者变化甚微的量。

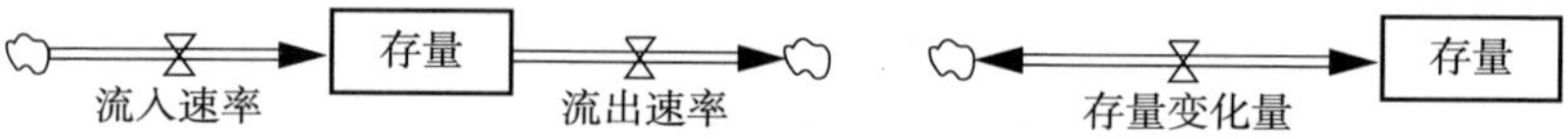

图 2.2　存量流量图

(3)写方程测试动态假说

无论是因果关系图，还是存量流量图，都只是以图形化的方式对系统的反馈进行展示，并没有实现对系统的定量控制。要想实现模型的仿真模拟，需要在存量流量图的基础上，构建系统动力学方程，用以阐述和量化变量之间的具体关系，从而实现从定性的概念图向定量模型的转变，为研究模型中隐含的动力学特性打下基础。

(4)测试模型使其符合建模目的

系统动力学模型作为现实世界的一个简化和抽象的缩影，无法也无须深入刻画现实世界的每一个细节，但针对具体问题的关键要素需要逻辑合理，符合客观规律，这就要求我们对模型进行测试，检验其合理和真实性，对于存在问题的模型需要施行进一步调试，以确保模型能够真正解决所提出的问题。总的来说，测试一般包括行为一致性检验、历史检验、真实性检验和灵敏度检验。行为一致性检验主要考察模型运行状态与现实系统行为的一致性，检验模型的行为模式是否与现实世界相符合；历史检验是对比分析仿真值和历史值间的误差，误差率一般用“(仿真值-历史值)/历史值”来衡量，该比率越小说明模型越贴近现实，越具有真实性和可靠性；真实性检验是在模型建立后，通过标准的约束描述语言，具体地描述模型约束(模型应该遵守的一些基本假定)，并通过运行模型来检验系统的行为模式是否违反这些约束；灵敏度检验是对模型进行敏感性分析，通过改变系统参数发现主要变量的变化幅度，可以帮助建模者发现政策设计中所需考虑到的主要参数。

(5)政策设计和评估

政策设计和评估是在灵敏度检验结果的基础上，根据研究主题进行政策设计，并设定相关参数，通过模拟仿真，发现关键变量的变化趋势，综合分析各政策对系统演化行为的影响，对比分析各调控政策的实施效果，并探讨政策间的耦合性(协同效应及挤出效应)，从而在此基础上，针对问题实现一系列调控政策的制定。

2.3 本章小结

本章主要就人均收入影响理论、人力资本理论、知识积累模式和社会资本理论等收入理论、可持续发展理论、利益相关者理论，以及组合预测方法、系统动力学方法和演化博弈分析法等相关理论和方法进行了系统的梳理和总结，为产能调控下矿工生计脆弱性评估及降低策略研究提供理论依据。

3 我国矿工生计状况的社会调查与分析

在产能调控的宏观背景下，为提高行业效益，煤炭行业发展必将从粗放扩张向集约化转变。减量、增效、提质将成为煤炭行业可持续发展的必然选择。相应地，煤炭行业必将对其从业人员在量与质上提出新的要求。相当一部分矿工受限于自身社会关系单一、技术专用性强、受教育程度低、健康状况不佳等特征，其生计受到严重的冲击和影响，生计保障问题凸显。因此，为精准把握产能调控下矿工生计风险的变化趋势，本章从煤炭行业和矿工个体两个层面切入，首先从行业基本面、供给、需求和绩效四个维度多方位剖析煤炭行业的发展变化趋势、特征和规律；其次从矿工基本特征、矿工生计资本、产能调控影响等多个层面在全国范围内对矿工生计状况进行大样本调查和分析，以期发现矿工生计可持续发展面临的主要问题和挑战，为本书的研究奠定坚实的现实基础。

3.1 煤炭行业发展分析

3.1.1 行业发展分析指标体系

本节深入分析煤炭行业发展现状、趋势，提高煤炭行业可持续健康发展能力，降低矿工生计风险。行业基本面、行业供给、行业需求、行业绩效均会影响行业发展、盈利能力等，进而影响矿工生计风险（Wang et al.，

2021b)。行业基本面反映行业的运行模式，影响着行业的竞争能力和盈利能力，产业集中度、资本密集度、市场化水平、对外开放程度可衡量行业基本面(Safdar，2016)。行业供给反映生产要素的投入，其决定行业规模、生产结构、效率等，影响着行业发展。针对供给要素的不同，可从固定资产、劳动力、技术、信贷四个维度选取指标衡量行业供给。行业需求反映了行业生产的产品、提供的服务在市场中占有的容量，其决定消费量、价格、未来产能等，影响着行业发展与盈利能力，可选取工业销售产值、存货、煤炭消费量指标考察市场需求的变动趋势。行业绩效，即行业财务状况，直接反映行业发展状况和盈利能力，可从偿债能力、运营能力、盈利能力、成长能力四个维度选取指标(周荣等，2019)。因此，本书从行业基本面、行业供给、行业需求、行业绩效四个维度构建指标体系分析煤炭行业发展状况，间接揭示我国矿工生计风险，指标体系如表 3. 1 所示。

表 3.1 煤炭行业发展分析指标体系

维度	指标	计算方法
行业基本面	产业集中度	CR-5 指数
	市场化水平	非国有企业销售产值在全行业占比
	资本密集度	固定资产净值年平均余额占工业销售产值比重
	对外开放程度	出口额与工业销售总产值的比值
行业供给	企业数量	企业数量
	固定资产投资	固定资产投资
	从业人员平均工资	从业人员平均工资
	年末从业人员人数	年末从业人员人数
	原煤产量	煤炭产量
行业需求	煤炭消费量	煤炭消费量
	存货	存货
	工业销售产值	工业销售产值

续表

维度	指标		计算方法
行业绩效	偿债能力	流动比率	流动资产/流动负债
		速动比率	(流动资产-存货)/流动负债
		权益负债比率	所有者权益/负债
		资产负债率	总负债/总资产
	运营能力	总资产周转率	营业收入/[(资产合计期初余额+资产合计期末余额)/2]
		流动资产周转率	营业收入/[(流动资产期初余额+流动资产期末余额)/2]
		存货周转率	营业成本/[(存货期初余额+存货期末余额)/2]
		应收账款周转率	营业收入/[(应收账款期初余额+应收账款期末余额)/2]
	盈利能力	利润总额	报告期内实现的盈亏总额
		销售利润率	主营业务收入/利润总额
		成本费用利润率	主营业务成本/利润总额
	成长能力	总资产增长率	(资产总计本期期末值-资产总计本期期初值)/资产总计本期期初值
		营业收入增长率	(营业收入本年本期金额-营业上年同期金额)/营业上年同期金额
		资本累计率	(所有者权益合计本期期末值-所有者权益合计本期期初值)/所有者权益合计本期期初值
		利润总额增长率	(利润总额本年本期金额-利润总额上年同期金额)/利润总额上年同期金额

3.1.2 行业基本面分析

行业基本面是指行业自身独特的发展模式和特征，决定着行业运营方式和盈利能力。产业集中度是指行业前 n 家最大的企业所占的市场份额，与行业盈利能力有着密不可分的关系，一般来说，随着行业集中度的提升，行业内龙头企业通过规模效应取得盈利能力等多方面的竞争优势，进而行业盈利能力得到提升，即产业集中度正向影响行业盈利能力(Raguseo et al.，2020)。资本密集度是指实现单位销售收入所需占用的资本数量，决定着行业生产模式，影响着行业投资风险、退出壁垒等(曹颖琦，2019)。市场化水平是指市场在资源配置中所起作用的程度，显著影响着行业资源配置方式和发展模式(Chen et al.，2020)。对外开放程度是指市场的开放程度，决定着行业开拓海外市场的能力和发展潜力(侯佳宁，2019)。

图 3.1 显示了 2008—2017 年煤炭行业基本面状况，可以发现：①煤炭行业集中度在 2012 年以后总体呈现下降趋势，2016 年以后略有上升，但仍与 2012 年之前水平有一定差距。这意味前 5 位的大型煤炭企业的市场影响力和支配力不足，中小型煤炭企业的产量份额较大，市场过度竞争，导致不能形成很好的规模效益和资源浪费，进而影响煤炭市场正常秩序和行业稳定发展。因此，在今后的工作中，我国应当着力促进煤炭行业集中度的提升，促进煤炭产业的集约化、可持续发展。②煤炭行业市场化水平在 0.4 左右波动，近年来还呈现出下降趋势。这意味着市场在资源配置中所起的作用不大，政府对煤炭行业的干预力量突出。因此，深化经济体制改革、加强市场化建设、提升市场化水平成为未来煤炭行业发展的重中之重。③煤炭行业对外开放程度非常小，且呈现持续下降趋势。这意味着煤炭行业企业开拓海外市场的能力非常差，其产品质量与竞争力也不强，抵抗产能过剩风险能力弱。因此，煤炭行业应加快国际化进程，通过多种策略(参股、跨国并购、新建企业、草根勘探等)“走出去”，拓宽发展路径(郑莹莹，2021)。④煤炭行业资本密集程度呈上升趋势，且在 2012 年后上升幅度增大。这意味着煤炭行业固定资本的成本上升，投资风险增大，行业退出壁垒越来越高。因此，煤炭行业应实施差异化战略，避免对资本这单一生产要素的依赖。

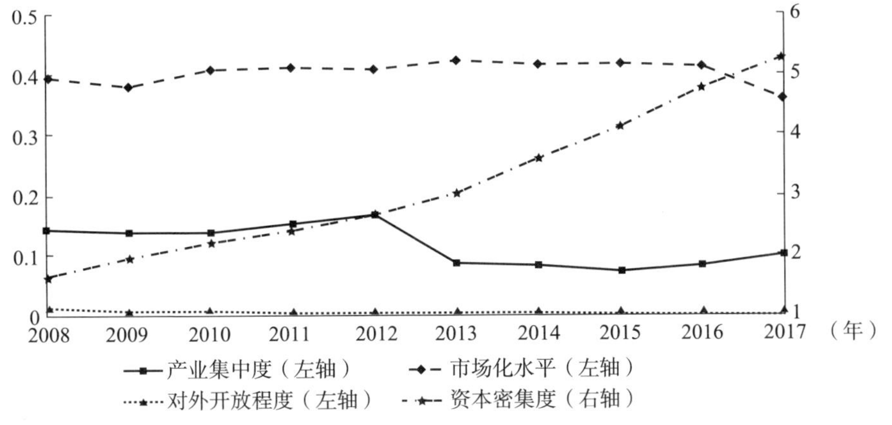

图 3.1 煤炭行业基本面状况

综上所述，近年来，煤炭行业集中度、市场化水平和对外开放程度均处于较低水平，资本密集度处于高水平，煤炭行业基本面状况不容乐观。这也意味着煤炭行业趋向于过度竞争，但国际竞争能力较弱，且行业退出壁垒较高，行业进入与退出不匹配，导致产能过剩风险依然存在，与之密切相关的矿工生计风险不容忽视。

3.1.3 行业供给

行业供给反映生产要素的投入，是行业发展及其预期的主要表征。当全社会对某个行业前景普遍看好时，大量资本就会涌入，行业供给快速扩张(侯方宇等，2018)；宏观经济下行时，市场需求下降，行业供给收缩，因而行业供给是分析行业发展状况时需重点考察的维度。

(1)原煤产量

图 3.2 显示了原煤产量及其占能源生产总量的比重情况，可以发现：总体来说，原煤产量呈现上升趋势，但占能源生产总量的比重持续下降。2000—2019 年，原煤产量呈现上升—下降—上升的趋势，但近年来增速显著小于“黄金十年”的增速；2011 年以来，原煤产量占能源生产总量比重持续下降，其中，2016 年以后，下降速度放缓。

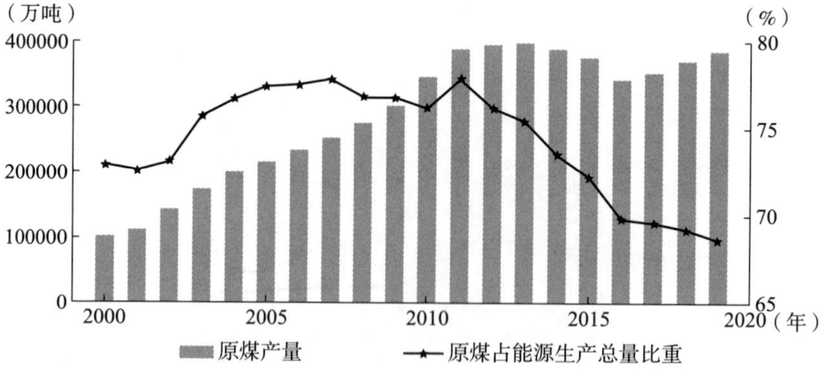

图 3.2 原煤产量及其占能源生产总量比重

(2)企业数量

图 3.3 显示了煤炭行业企业数量及其增长率，可以发现：总体来说，煤炭行业企业数量不断下降，其增速略有波动。煤炭行业企业数量自 2013 年以来呈现下降趋势，且下降幅度年均达 8%以上。煤炭行业企业数量大幅下降的可能原因包括：在“黄金十年”发展期后，受经济下行、能源转型、环境约束等因素影响，煤炭行业规模开始萎缩(Wang et al.，2021a)；在煤炭产能过剩治理中，我国一方面不断关停小型煤矿，淘汰落后产能；另一方面不断推动钢铁、煤炭、电力企业兼并重组和上下游融合发展，打造一批具有较强国际竞争力的企业集团，煤炭行业企业数量不断下降。

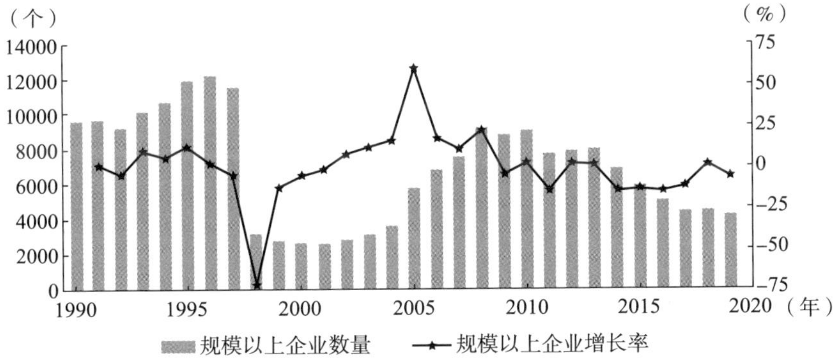

图 3.3 煤炭行业企业数量及其增长率

图 3.4 和图 3.5 分别显示了煤炭行业不同所有制和规模的企业数量占比情况，可以发现：总体来说，国有控股和大中型企业数量的占比不断增大。自 2010 年以来，国有及国有控股企业数量占规模以上企业数量的比重不断增大，私营企业数量的比重不断下降。自 2013 年以来，大中型企业数量占规模以上企业数量的比重不断增大。国有控股和大中型企业数量的比重不断增大意味着煤炭行业抗击风险的能力不断提升。

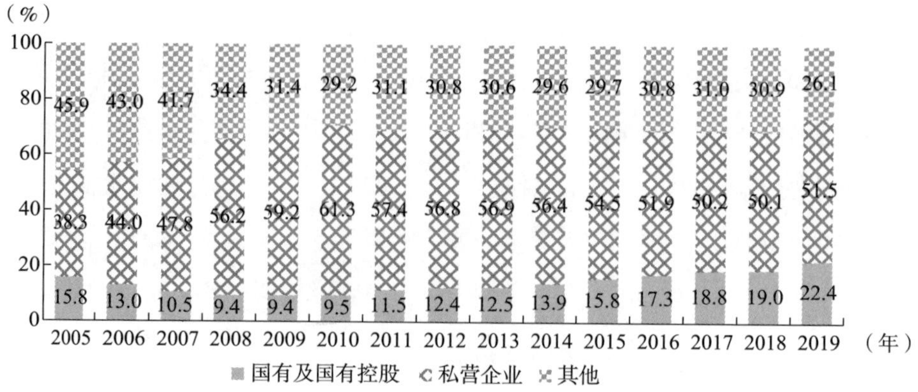

图 3.4　煤炭行业不同所有制的企业数量比重

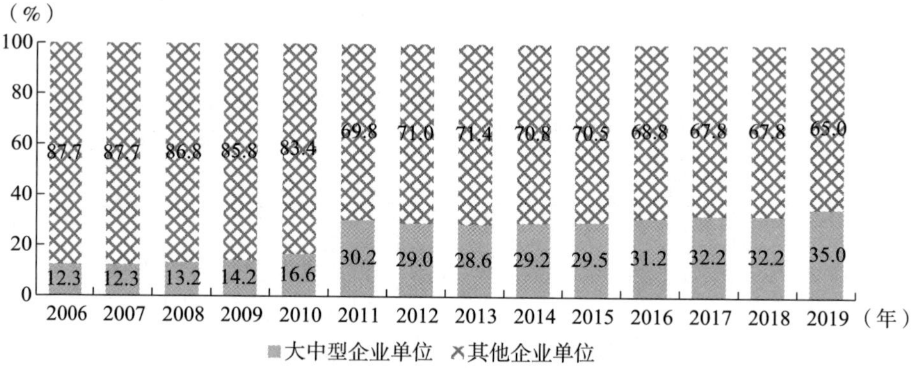

图 3.5　煤炭行业不同规模的企业数量比重

(3)固定资产投资

图 3.6 显示了煤炭行业固定资产投资情况，可以发现：总体来说，煤炭行业固定资产投资回升，其增长率在多年显著低于第二产业和全社会固定投资增长率后，终于有所反超。2006—2019 年，煤炭行业固定资产投资呈现上升—下降—上升趋势，但 2019 年投资总额与最高值相比仍有一定差距。2012—2017，煤炭行业固定资产投资增长率远低于第二产业和全社会固定资产投资增长率，且为负增长。综上可知，煤炭行业固定资产投资在“黄金十年”发展期后显得疲软，在目前经济下行、贸易摩擦加剧、能源转型背景下，投资有所反弹实属不易，但煤炭行业脱困发展仍在路上，高质

量发展任重道远。

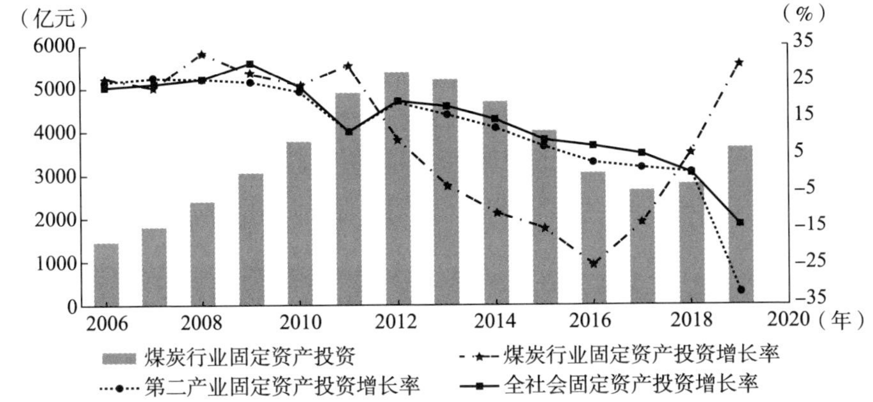

图 3.6 煤炭行业固定资产投资

图 3.7 显示了煤炭行业固定资产投资构成情况，可以发现：总体来说，煤炭行业固定资产投资用于新建的比例略有波动，而用于扩建的比例逐年减少，用于改建与技术改造的比例逐年增加。自 2016 年以来，用于新建的固定投资占 47%左右，用于扩建的比例逐年减少，用于改建与技术改造的比例逐年增加。这意味着，近年来煤炭行业调整了投资方向。加大改建与技术改造投资可在不同程度上利用原有资产和资源，以增量调动存量，以较小的新增投入取得较大的经济效益，有利于煤炭行业健康可持续发展。

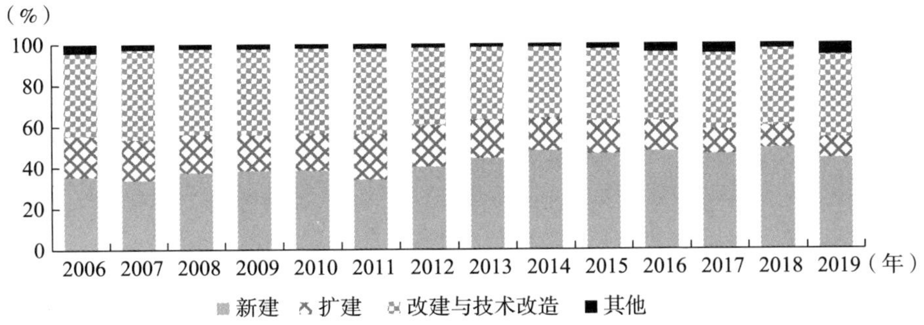

图 3.7 煤炭行业固定资产投资构成比重情况

(4)年末从业人员人数

图 3.8 显示了煤炭行业、第二产业、全国就业人员增长情况，可以发

现：总体来说，煤炭行业就业人员增速持续低于第二产业、全国就业人员增速，且呈现负增长。自2011年以来，煤炭行业、第二产业、全国就业人员增长速度都在减缓；2014年以来，煤炭行业就业人员连续负增长，且幅度超过10%。这意味着在经济下行、贸易摩擦加剧、地缘冲突加剧等因素作用下，全国就业压力增大，加之能源转型、环境约束加强，煤炭行业就业压力巨大。

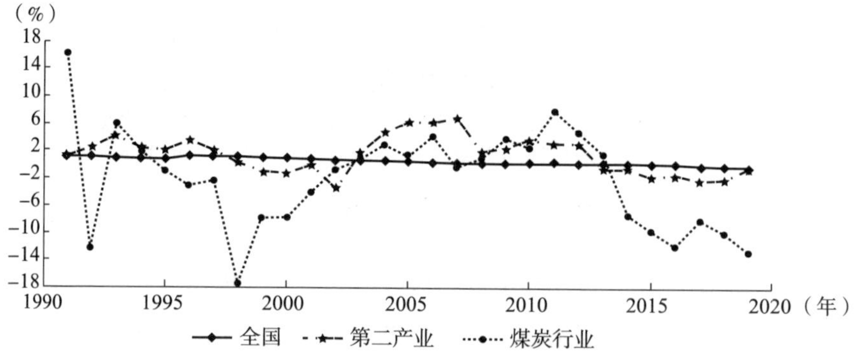

图3.8　煤炭行业、第二产业、全国就业人员增长率

图3.9显示了煤炭行业城镇单位就业人数和国有单位就业人数，可以发现：总体来说，煤炭行业城镇单位就业人数和国有单位就业人数均不同程度减少，国有单位就业人数减少幅度更大。自2013年以来，煤炭行业城镇单位、国有单位就业人数都在减少，而且国有单位就业人数减少幅度更大。这可能是国有单位更愿意、更有能力推进煤炭生产机械化造成的。

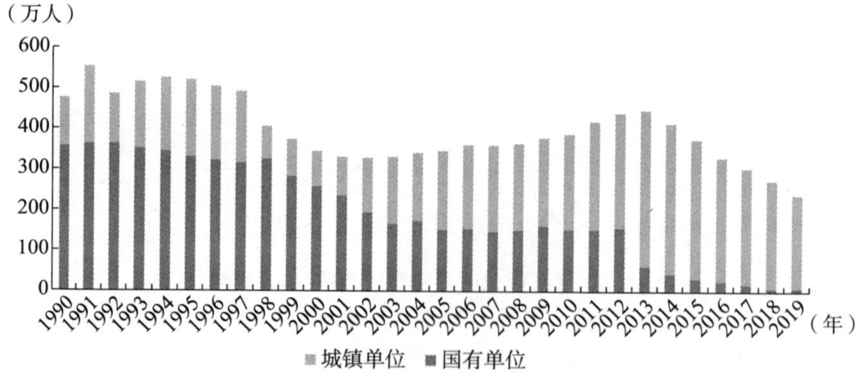

图3.9　煤炭行业不同单位的就业人数

(5)从业人员平均工资

图 3.10 显示了煤炭行业、采矿业、全国城镇单位就业人员平均工资，可以发现：总体来说，煤炭行业城镇单位就业人员平均工资持续低于采矿业、全国城镇单位就业人员平均工资。2005—2014 年，全国城镇单位就业人员平均工资均低于采矿业和煤炭行业；2014 年之后，全国城镇单位就业人员平均工资均高于采矿业和煤炭行业；2018 年煤炭行业平均工资与全国相比差距缩小，但仍有一定差距。

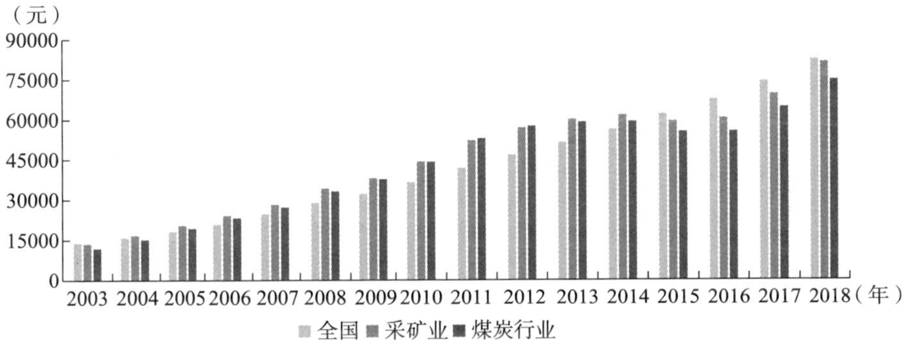

图 3.10　煤炭行业、采矿业、全国城镇单位就业人员平均工资

图 3.11 显示了煤炭行业不同性质单位的平均工资，可以发现：总体来说，煤炭行业城镇单位、国有单位、城镇集体单位及其他单位就业人员平均工资呈现异质性。各单位平均工资总体呈现上涨趋势，但存在较大差异。具体来说，城镇集体单位的平均工资最低，且与其他性质的单位具有较大差距。这种现象存在的可能原因在于不同性质的单位发展战略、分配方式等差异较大，进而导致不同单位的薪酬水平相差较大。

综上所述，原煤产量占能源生产总量、企业数量、用于扩建的固定资产投资、就业人员数量均在下降，而国有控股和大中型企业数量、固定资产投资、平均工资有所增加。这也意味着煤炭行业供给总体状况呈下降趋势，而供给质量不断提升。对于矿工来说，需求不断下降，而素质要求不断提升，其生计风险大大提升。

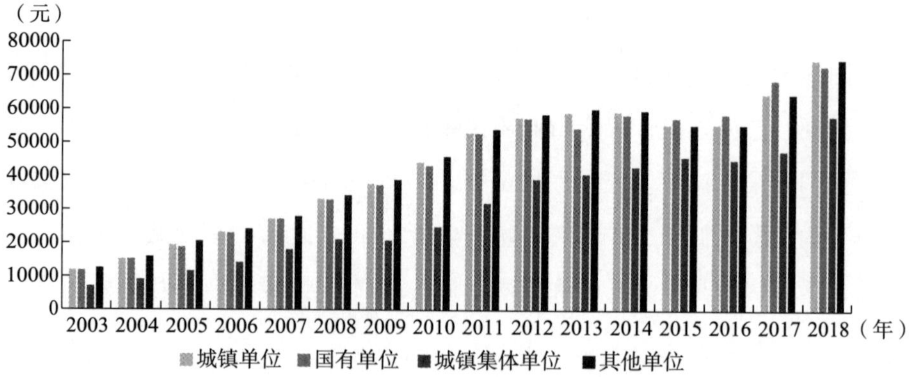

图 3.11　煤炭行业城镇单位、国有单位、城镇集体单位及其他单位就业人员平均工资

3.1.4　行业需求

行业需求反映行业生产的产品或提供的服务在市场中占有的容量。行业生产以市场需求为指引，因此，需求是行业发展前景的重要表征。本书通过考察煤炭消费量、存货和工业销售产值来描述煤炭行业发展及其前景。

(1)煤炭消费量

图 3.12 显示了煤炭消费量及其占能源消费总量比重情况，可以发现：总体来说，煤炭消费量及其占能源消费总量呈现下降趋势。自 2015 年以来，煤炭消费量稳中略降；2010—2020 年，煤炭在我国一次能源消费结构中的比重从 69.2%降至 56.8%，但占比仍过半。

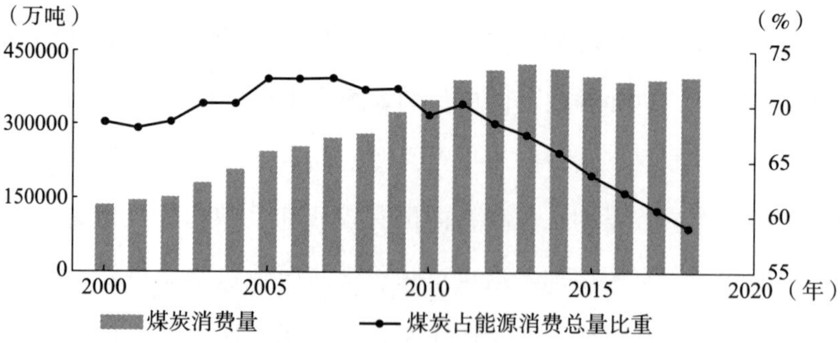

图 3.12　煤炭消费量及其占能源消费总量比重

(2)存货

图 3.13 显示了煤炭行业存货及其增长率状况，可以发现：总体来说，煤炭行业存货及其增长率均呈现下降趋势。2000—2020 年，煤炭行业存货呈现“上升—下降”的趋势；自 2010 年以来，存货增速进入“大幅下降—平稳波动—大幅下降”的循环；目前，存货虽然较之最高峰有所下降，但仍处于较高位。煤炭行业企业应把握市场需求规律，通过预测，调节库存存货，从而提升利润，减少市场不确定性风险，降低成本，创造更多的经济效益。

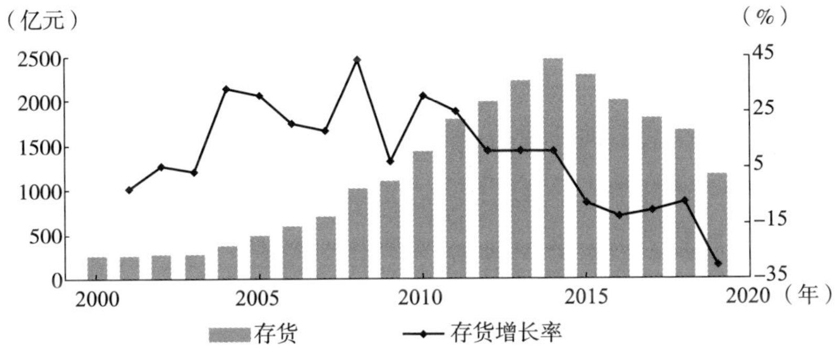

图 3.13 煤炭行业存货及其增长率

(3)工业销售产值

图 3.14 显示了煤炭行业工业销售产值情况，可以发现：总体来说，煤炭行业工业销售产值呈现下降趋势，私营企业与国有控股企业销售产值间的差距在缩小。2005—2016 年，煤炭行业工业销售产值呈现“上升—下降”趋势，2012 年是其拐点，也即“黄金十年”后，煤炭产能供过于求，工业销售产值持续下降；国有控股、私营企业销售产值与规模以上企业销售产值变化趋势较为一致，但私营企业与国有控股企业销售产值间的差距在缩小。

综上分析，煤炭消费量、库存、工业销售产值均呈现下降趋势。这意味着煤炭行业需求呈现显著的下降趋势，矿工生计前景不容乐观。

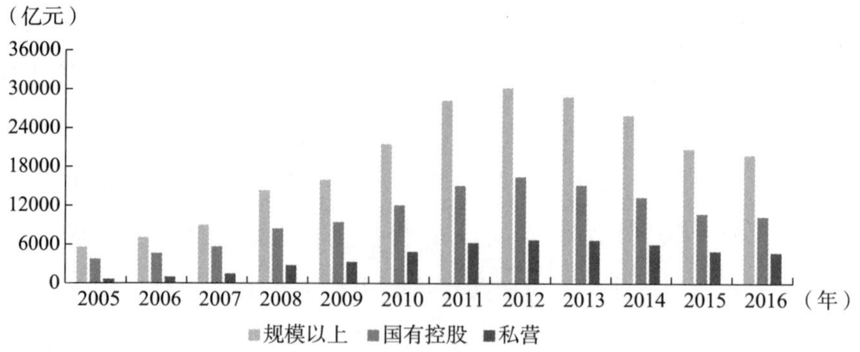

图 3.14　煤炭行业工业销售产值

3.1.5　行业绩效

行业绩效是指在特定的市场结构下，产业组织在价格、产量、费用、利润、技术进步等方面所达到的现实状态。行业绩效能够直接反映行业发展状况，本书从偿债能力、运营能力、盈利能力和成长能力四个方面来考察煤炭行业绩效和发展状况。

(1)偿债能力

偿债能力根据偿付到期债务的承载能力或担保程度细分为长期偿债能力和短期偿债能力。本书根据煤炭行业的实际情况，选取流动比率、速动比率评价行业短期偿债能力，选取资产负债率、权益负债比率来评价行业的长期偿债能力。图 3.15 显示了煤炭行业偿债能力情况，可以发现：①流动比率、速动比率在 2000—2019 年整体呈现出“上升—下降”的趋势，目前，其略有反弹，但仍小于平均值，与最高值差距较大；②权益负债率在 2000—2019 年整体呈现“上升—下降—上升—下降—上升”的周期性，目前虽处于上升波动中，但仍低于平均值；③资产负债率发展趋势与权益负债率相反，波动幅度较小，目前略高于平均值。综上可知，目前煤炭行业短期和长期偿债能力都低于平均水平，有待提高。

(2)运营能力

营运能力主要用来衡量行业资产创造收入的效率，以行业资产营运效率与效益的指标计算和分析提高行业经济效率的方向。本书选取总资产周转

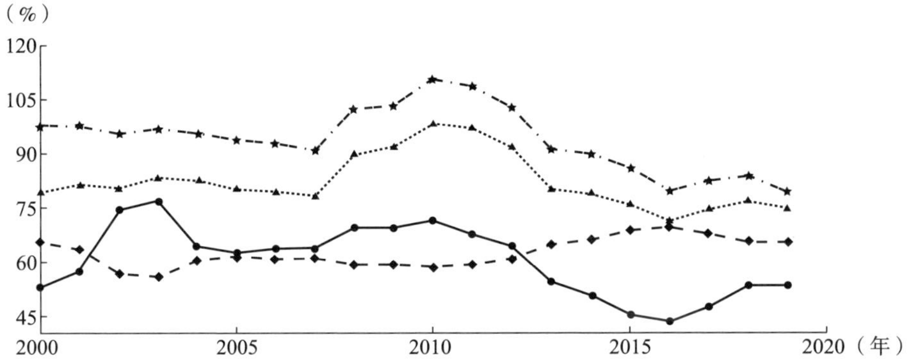

指标	流动比率（%）	速动比率（%）	资产负债率（%）	权益负债比率（%）
最大值	110.57	98.02	69.53	76.43
最小值	79.22	70.82	55.89	43.52
平均值	93.91	82.07	62.48	60.28

流动比率　资产负债率　权益负债比率　速动比率

图 3. 15　煤炭行业偿债能力状况

率、流动资产周转率、存货周转率和应收账款周转率来评价煤炭行业的营运能力。图 3. 16 显示了煤炭行业运营能力状况，可以发现：①总资产周转次数、存货周转次数的波动幅度不大，但目前均低于平均值。②流动资产周转次数、应收账款周转次数整体呈现“上升—下降—上升”趋势，2008 年是其拐点，2016 年以来略有反弹。即在金融危机后，流动资产周转次数、应收账款周转次数持续下降，随着去产能政策的实施，其略有反弹，但仍低于平均值，且与最高水平差距较大。综上可知，目前，煤炭行业运营能力不容乐观。

(3)盈利能力

盈利能力指在一个会计周期内取得的利润，利润率越高，盈利能力就越强。经营管理者对盈利能力进行深入分析可以精准发现管理环节出现的财务问题。本书选取利润总额、销售利润率、成本费用利润率评价行业的盈利能力。图 3. 17 显示了煤炭行业盈利能力状况，可以发现：利润总额、销售利润率、成本费用利润率在 2000—2019 年整体呈现“上升—下降—上升”趋势。2012 年后，受到宏观经济增速放缓、市场供需关系变化等因素影响，煤炭价格在低位持续大幅下跌，行业财务盈利能力受到巨大影响，

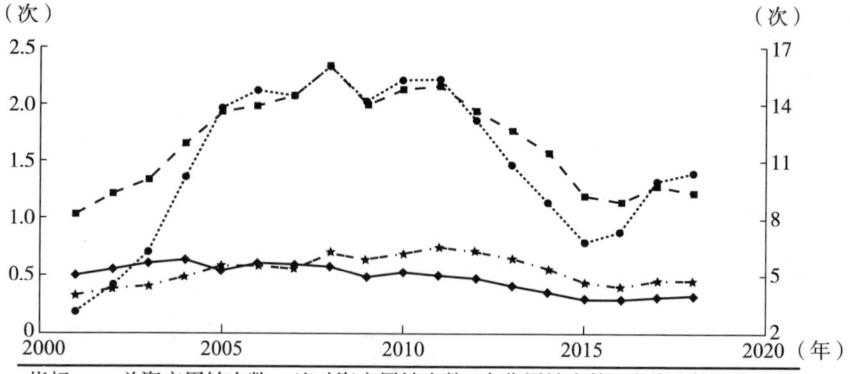

指标	总资产周转次数	流动资产周转次数	存货周转次数	应收账款周转次数
最大值	0.76	2.34	0.68	15.99
最小值	0.30	1.03	0.29	3.08
平均值	0.54	1.67	0.49	10.84

总资产周转次数（左轴）　流动资产周转次数（左轴）
存货周转次数（左轴）　应收账款周转次数（右轴）

图 3.16　煤炭行业运营能力状况

持续下降，并在 2015 年触底反弹。目前，利润总额和销售利润率已略高于平均值，而成本费用率仍低于平均值，但三者距离最高水平仍有较大差距，煤炭行业盈利能力有待加强。

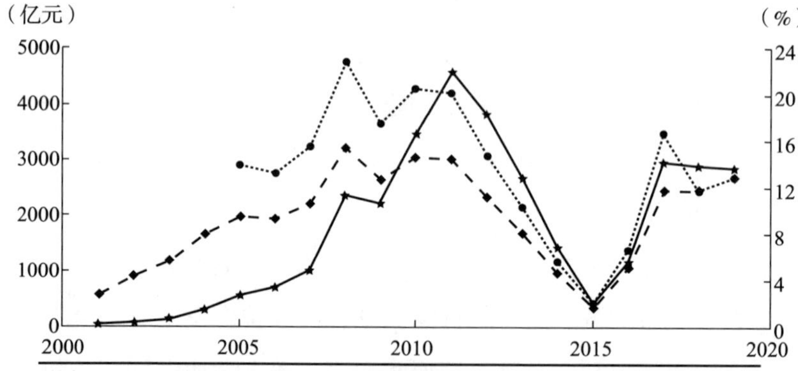

指标	利润总额（亿元）	销售利润率（%）	成本费用利润率（%）
最大值	4560.86	15.33	22.83
最小值	41.83	1.70	2.05
平均值	1766.69	9.19	13.61

利润总额（左轴）　销售利润率（右轴）　成本费用利润率（右轴）

图 3.17　煤炭行业盈利能力状况

(4) 成长能力

成长能力反映企业未来发展的速度和趋势。成长能力分析具有考察逐年经营的情况、预测是否增加融资扩大经营、判断现金流量的变化趋势、预测现金流量的大小等作用。本书根据煤炭行业的实际成长规律选取总资产增长率、营业收入增长率、资本积累率和利润总额增长率来反映企业的成长能力。图 3. 18 显示了煤炭行业成长能力状况，可以发现：①总资产增长率、营业收入增长率、资本积累率和利润总额增长率变化波动较大，2000—2019 年呈现不断上升—下降—上升的波动式变化。②目前，总资产增长率、营业收入增长率、资本积累率和利润总额增长率均低于平均值，且为负值。这意味煤炭行业成长能力较差，需进行转型升级，才可健康持续发展。

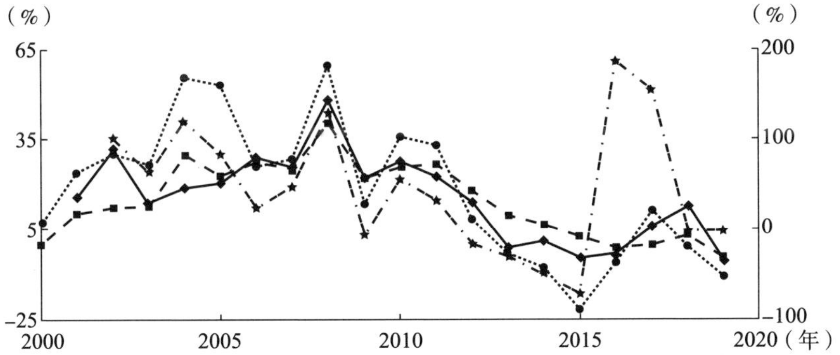

指标	总资产增长率 (%)	营业收入增长率 (%)	资本积累率 (%)	利润总额增长率 (%)
最大值	40.35	59.65	59.65	59.65
最小值	−4.42	−21.61	−21.61	−21.61
平均值	14.58	18.14	18.14	18.14

总资产增长率（左轴）　营业收入增长率（左轴）
资本累积率（左轴）　利润总额增长率（右轴）

图 3. 18　煤炭行业成长能力状况

综上分析，近年来，煤炭行业偿债能力、运营能力、盈利能力、成长能力总体上均低于平均水平，这意味着煤炭行业绩效处于较低水平，而与之密切相关的矿工生计风险也随之提高。

3.2 矿工生计状况分析

3.2.1 样本概述

为深入研究产能调控对矿工生计的影响作用，笔者借助问卷星对矿工进行问卷调查，获得有效问卷共计 15443 份，具体问卷详见附录 1。调查地区、矿工所在煤矿所有制和类型、调查者性别和岗位等基本情况如表 3.2 所示，其中调查对象所属的具体省份如表 3.3 所示。全国矿工地区分布、性别比例及全国煤矿基本情况如表 3.4 所示。对比表 3.2 与表 3.4，可以发现，本书所获得的样本概况与全国煤矿和矿工基本情况总体分布较为吻合，能够较好地代表矿工总体状况，进而满足研究要求。

表 3.2 样本概况

调查对象所属的地区	调查对象所在单位的所有权形式	调查对象工作的矿井类型	调查对象的性别	调查对象的工作岗位
东部地区（10.71%）	国有重点煤矿（55.70%）	大型矿井（58.18%）	男（91.85%）	基层员工（84.06%）
中部地区（77.71%）	地方重点煤矿（29.97%）	中型矿井（34.55%）	女（8.15%）	基层管理者（11.51%）
西部地区（11.58%）	乡镇煤矿（5.16%）	小型矿井（2.40%）		中层管理者（4.43%）
	私营煤矿（9.17%）	不清楚或不区分（4.87%）		

表 3.3 调查对象所属的具体省份

调查对象所属的地区	东部地区（10.71%）	中部地区（77.71%）	西部地区（11.58%）
具体省份	山东（5.39%）、江苏（5.03%）、其他（0.29%）	山西（53.40%）、河南（22.58%）、其他（1.73%）	新疆（5.75%）、陕西（4.28%）、甘肃（1.06%）、其他（0.49%）

表 3.4 全国煤矿和矿工基本情况

矿工地区分布	不同所有制煤矿产能占比	不同类型矿井产能占比	性别比例	岗位占比
东部地区（16.38%）	国有重点煤矿（约 50%）	大型矿井（70%）	男（86.29%）	基层员工（80%）
中部地区（61.91%）	地方重点煤矿（约 30%）	中型矿井（25%）	女（13.71%）	基层管理者（10%）
西部地区（21.71%）	乡镇煤矿和私营煤矿（约 20%）	小型矿井（5%）		中层管理者（10%）

注：矿工地区分布数据和性别数据来源于 2019 年《劳动统计年鉴》；矿井产能数据来源于 2018 年 4 月 24 日国家能源局新闻发布会报告；不同所有制煤矿产能占比数据来源于新闻报道《各产能过剩行业国民企业格局全梳理》。

问卷内容主要分为六部分，第一部分为基本情况，包括家庭成员、劳动力状况、文化水平等基本信息；第二部分为自然资本，主要对生活环境和工作环境方面进行调查；第三部分为经济资本（包括物质资本和金融资本），主要进行关于经济资产方面的调查；第四部分为人力资本，主要进行矿工自身能力的调查；第五部分为社会资本，主要是对人际社会关系方面进行调查；第六部分为煤炭产能调控的影响，主要包括产能调控对就业压力、经济压力、生活质量、收入等的影响方面的调查。

我国幅员辽阔，各区域在自然条件、历史基础、社会经济发展水平等方面存在着较大的差别，这导致各区域发展差异显著，因此，本书分区域分析矿工生计情况。另外，煤炭企业所有制不同，其发展战略（任颋等，2015）、工资分配（刘瑶，2012）、资源获取难易程度（薛琰如等，2016）均存在显著差异，因此，本书以调查对象所在单位的不同所有制形式为根据进行分组并分析矿工生计状况。

3.2.2 矿工基本情况

（1）调查对象个人特征

矿工的个人特征显著影响着其就业竞争力，进而影响生计风险。本书选取调查对象的年龄、文化程度、户籍来描述调查者的个人特征情况。

图 3.19 显示了以地区(A)和所有制(B)分组的矿工年龄结构，可以发现：①总体来看，35 岁以上年龄段人员占 70%的左右，矿工年龄普遍偏大，产能调控下，其再就业和生计风险问题值得关注。②从地区来看，东部地区 18-25 岁的矿工人数远少于中部和西部地区，46-55 岁的矿工人数显著大于中部和西部地区。一方面，东部地区经济较为发达，青年的就业机会较多，而煤炭行业工资收入低、福利待遇低、工作和生活条件艰苦、工作危险大，大部分青年不愿去煤炭行业工作；另一方面，东部地区吸引劳动力能力较强，中年劳动力(46-55 岁)的竞争优势较弱，而煤炭行业从业门槛较低，竞争力较弱的中年劳动力更多进入煤炭行业。③从所有制来看，国有重点煤矿 18-45 岁的矿工占比更大一些，这可能是国有重点煤矿更有能力和意愿培养年轻生力军。

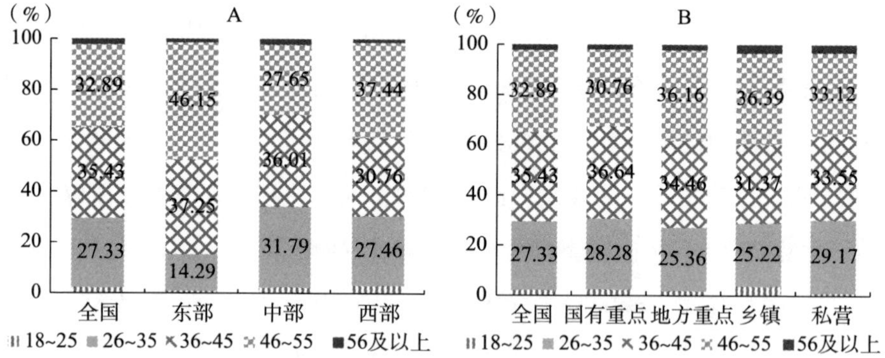

图 3.19　矿工年龄结构

图 3.20 显示了以地区(A)和所有制(B)分组的矿工户籍结构，可以发现：①总体来看，矿工中农业户口占比为 58.62%，非农户口占比为 41.38%。煤炭行业从业门槛低，煤矿工人不需要太高的技术水平和文化素养，煤炭行业吸纳了大量农民工，因此，农业户口占比在一半以上。另外，非农户口的人大多居住在城市，比居住在农村的人就业机会相对多一些，而煤炭行业危险系数高，待遇较差，其会优先选择在城市就业。②从地区来看，东部地区农业户口占比显著小于中西部地区占比。相较于中西部地区，东部地区城镇化速度更快，也一定程度上提高了“失地”人员的生

计风险。③从所有制来看，乡镇煤矿矿工的农业户口占比最大。可能的原因为乡镇煤矿大多建于农村或者城市的郊区，占用了当地的土地和资源，允许当地的人优先就业。

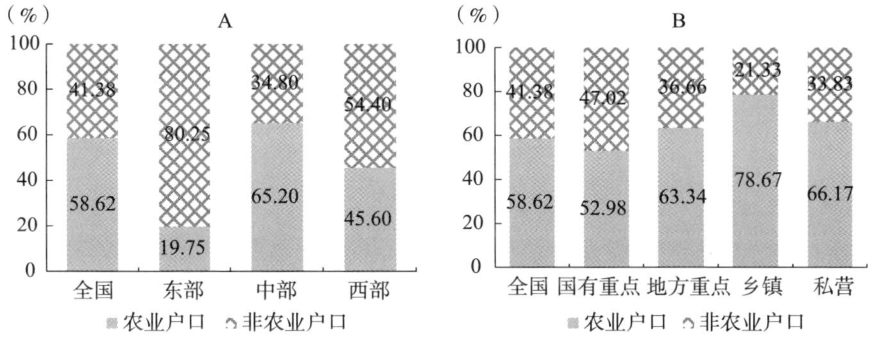

图 3.20 矿工户籍结构

图 3.21 显示了以地区(A)和所有制(B)分组的矿工不同文化程度占比分布情况，可以发现：①总体来看，矿工中大学及以上学历人员占比为 37.36%，高中或中专学历人员占比为 41.11%，初中及以下学历人员占比为 21.52%。首先，矿工大多从事体力劳动或半技术、半体力的劳动，对学历的要求不是很高。其次，煤炭行业工资收入低、福利待遇差、工作和生活条件艰苦、安全隐患高，学历高的劳动力不愿意进入煤炭行业。再次，煤矿企业大多设有自己对口的技校，招工也主要以自己开办的技校生源为主。因此，高中及以下学历人员为矿工的主体，矿工文化程度普遍不高。②从地区来看，东部地区矿工文化程度在大学及以上的占比显著大于中部、西部地区。经济发达的东部地区一方面更注重教育，另一方面人才吸引力也更强；西部地区文化程度在大学及以上的人员占比略高于中部地区，这可能是国家多年来实施的“大学生西部计划”等措施取得了一定成效；这意味着中西部煤矿必须要防范人才流失的风险。③从所有制来看，乡镇煤矿企业中文化程度在大学及以上的人员占比显著小于其他煤矿企业。相较于其他煤矿，乡镇煤矿是在乡(镇)、村开办的，其具有远离城市、交通不便、规模不大的特点，因此吸引人才能力较弱，需防范人才不足的风险。

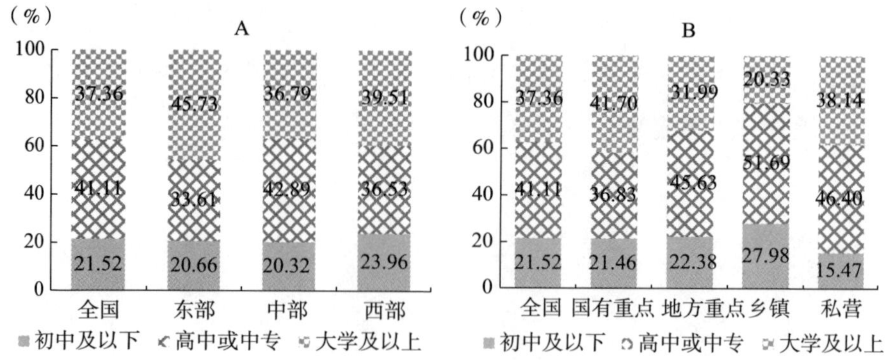

图 3.21　矿工文化程度

(2)调查对象家庭特征

中国的文化特征决定了家庭是一个具有血缘关系和情感联系的经济主体，家庭的相关特征将直接影响家庭的资源禀赋、资源配置、生计压力。本书分别从调查对象婚姻状况、子女数量、家庭人口总数、劳动力人数、拥有兄弟姐妹情况来衡量矿工的家庭特征。

图 3.22 显示了以地区(A)和所有制(B)分组的矿工婚姻状况，可以发现：在全国、不同地区、不同所有制煤矿中，夫妻双方都为矿工的占比近 20%。由于双方都在煤矿工作，无法分担外部冲击风险，其家庭生计稳定性更易遭到双重破坏，因此，应对“夫妻档”予以更多关注，多方位提高其生计保障。

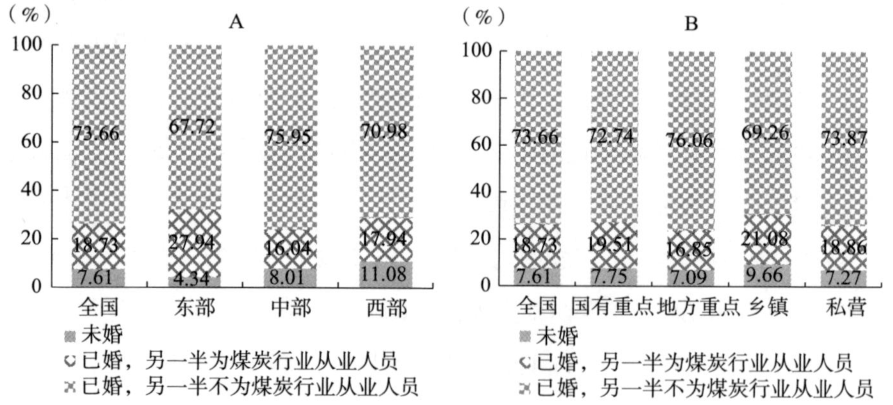

图 3.22　矿工婚姻状况

图 3. 23 显示了以地区(A)和所有制(B)分组的矿工家庭规模状况，可以发现：总体来看，小型规模家庭(1~3 人)占比为 30%左右，中型规模家庭(4~6 人)占比为 65%左右，大型规模家庭(7 人及以上)占比为 3%左右。家庭规模可以从大体上描述家庭的生计压力及其对资源的需求程度，原因在于，家庭人口数量越多，维系家庭人口正常生产活动所需要的资源也需要相应地增加。第七次人口普查中全国平均每个家庭户的人口为 2. 62，也就是说矿工所在的家庭规模远高于平均水平，一定程度上其生计风险高于全国平均水平。

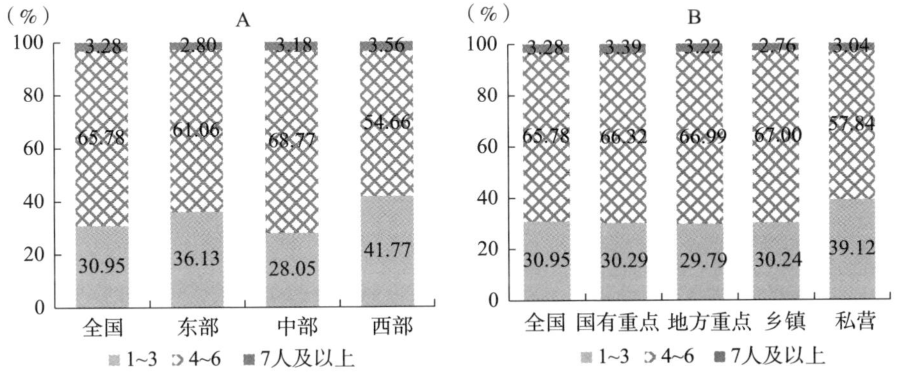

图 3. 23　矿工家庭规模

图 3. 24 显示了以地区(A)和所有制(B)分组的矿工家庭劳动力数量，可以发现：①从地区来看，东部地区家庭劳动力数量为 1 的占比较小，生计风险相对较低。②从所有制来看，乡镇企业家庭劳动力数量为 1 的占比较大，生计风险相对较高。

图 3. 25 显示了以地区(A)和所有制(B)分组的矿工家庭子女数量，可以发现：①从地区来看，中部地区非独生子女家庭占比较高，子女生活、教育等支出相应较多，家庭负担较重，生计风险相应提高。②从所有制来看，乡镇煤矿非独生子女家庭占比较高，子女生活、教育等支出相应较多，家庭负担较重，生计风险相应提高。

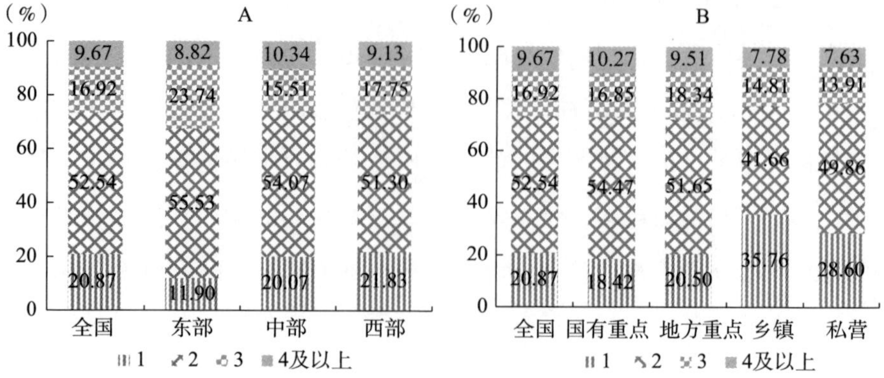

图 3.24　矿工家庭劳动力数量

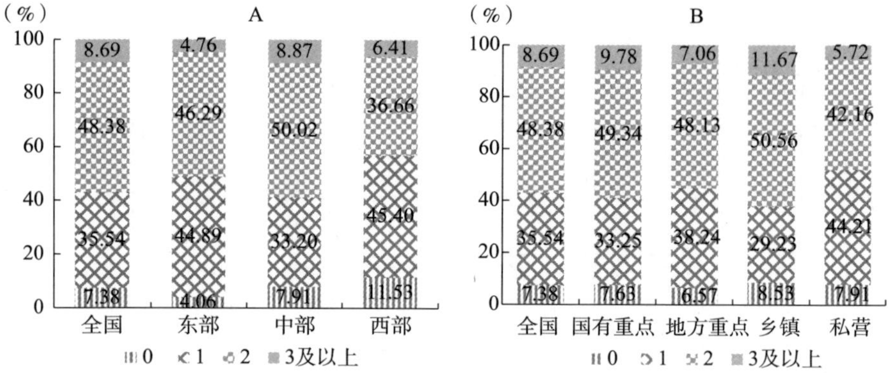

图 3.25　矿工家庭子女数量

图 3.26 显示了以地区（A）和所有制（B）分组的矿工家庭老人情况，可以发现：从地区来看，西部有无独立生活能力老人的家庭占比高于其他地区；从所有制来看，乡镇煤矿有无独立生活能力老人的家庭占比高于其他煤矿。无独立生活能力的老人会对家庭生计风险产生影响，例如，为照顾老人，家庭主要成员无法外出打工等。因此，西部地区和乡镇煤矿应重视矿工生活保障，防范矿工家庭破产风险。

图 3.27 显示了以地区（A）和所有制（B）分组的矿工拥有兄弟姐妹情况，可以发现：在全国、不同地区、不同所有制煤矿中，拥有兄弟姐妹的矿工占比超过 90%，占绝大多数。究其原因，只有一个孩子的家庭负担

轻，而且煤炭行业工作环境差、危险性高，独生子女家庭更不愿让自己唯一的孩子从事高危险性的工作。其次，多子女家庭让其中一个孩子从事煤矿工人的工作，可以大大减轻家庭负担。

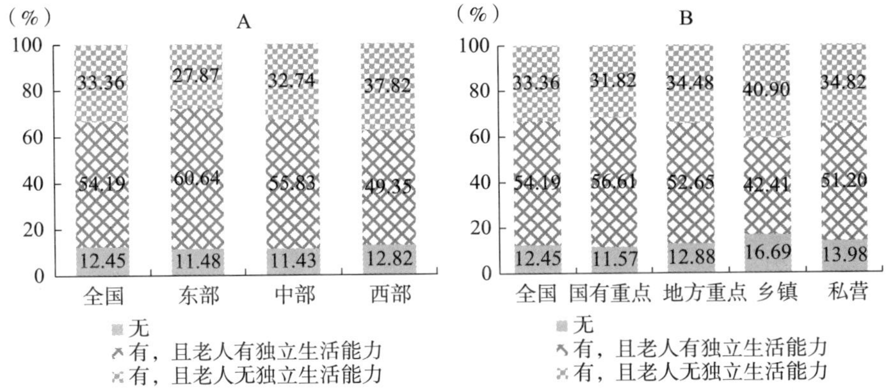

图 3.26　矿工家庭老人情况

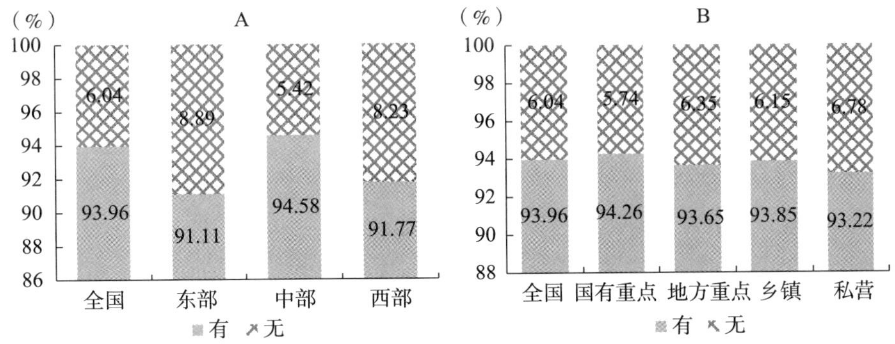

图 3.27　矿工拥有兄弟姐妹情况

综上所述，从全国来看，矿工具有文化程度低、家庭负担重等特征，生计风险较高。从地区来看，东部地区矿工在年龄结构、户口结构、文化程度结构、家庭劳动力数量方面优于其他地区；中部地区矿工的家庭子女负担最重；西部地区矿工的家庭老人看顾负担最重。从所有制来看，国有重点煤矿的矿工在年龄构成方面最优，乡镇煤矿的矿工在户口结构、文化程度结构、家庭劳动力数量、子女负担、老人看顾负担上表现最差。“夫妻档”、家庭规模、兄弟姐妹拥有情况无显著地区和所有制差异。这也意味着从地区来看，东部地区的矿工生计风险最低；从所有制来看，乡镇煤矿的矿工生计风险最高。

3.2.3 矿工的自然资本

自然资本是可持续生计框架的核心要素之一，由于矿工生计的特殊性，矿工的自然资本指其所处的环境质量，包括生活环境和生产作业环境。本书分别从调查对象家庭人均耕地、班次、日均工作时间、月均休息时间来衡量矿工的自然资本。

图 3.28 显示了以地区(A)和所有制(B)分组的矿工家庭人均耕地面积情况，可以发现：①总体来看，矿工家庭人均耕地面积在 1 亩及以下的占比约为 60%，1 亩以上的占比约为 40%。②从地区来看，东部地区矿工家庭人均耕地面积在 1 亩及以下的占比最大，西部次之，中部最小。③从所有制来看，国有煤矿矿工家庭人均耕地面积在 1 亩及以下的占比最大，其他煤矿差异不显著。

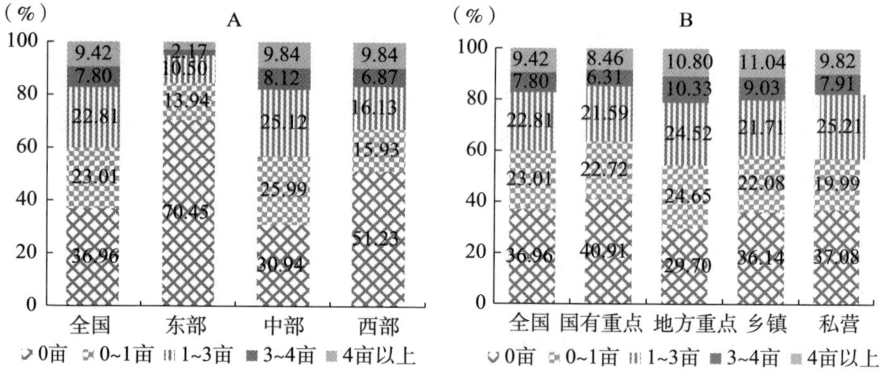

图 3.28 矿工家庭人均耕地面积

图 3.29 显了以地区(A)和所有制(B)分组的矿工家庭收入来源，可以发现：①总体来看，矿工家庭收入来源占比最大的为工资，其次为外出打工，第三为本地散工，而个体经营与财产收入占比总计不到5%。这

意味着一旦失业，矿工家庭就会遭受重大打击，生活难以为继，生计风险水平较高。②从地区来看，西部地区收入来源为外出打工的占比是东部地区的三倍多、中部地区的近两倍。这意味着西部地区就业机会少，家中劳动力不得不外出打工维持生计，矿工一旦失业，在本地再就业可能性较小，其生计风险较高。③从所有制来看，乡镇和私营煤矿家庭收入来源为工资的占比显著小于其他煤矿。这可能是乡镇煤矿和私营煤矿工资收入与企业效益直接挂钩，工资呈现出不稳定性，家庭不得不通过多种途径创收。

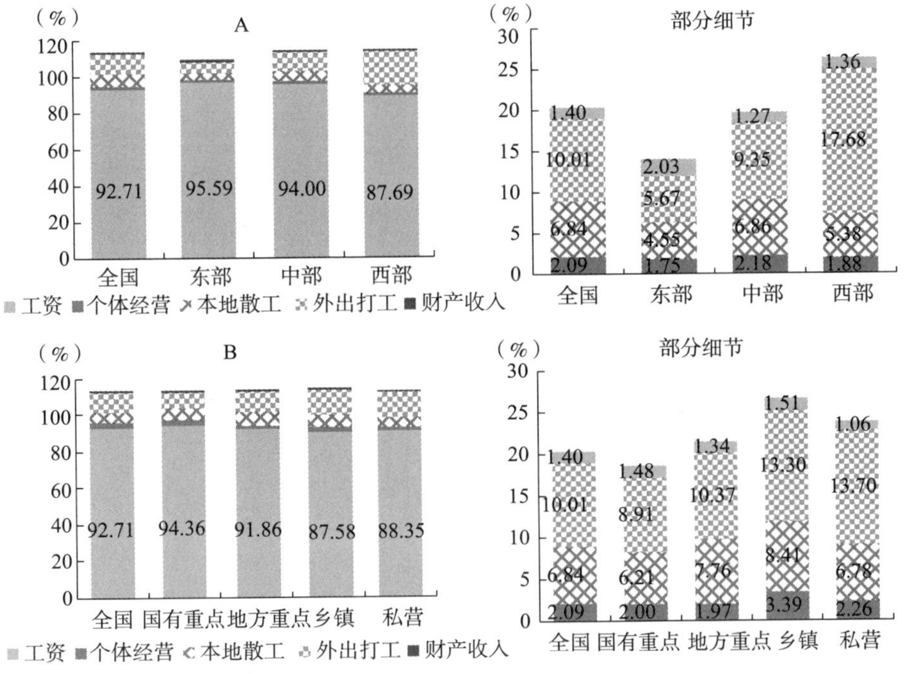

图 3.29 矿工家庭收入来源

图 3.30 显示了以地区(A)和所有制(B)分组的矿工的班次构成，可以发现：①总体来看，白班和 3 班 2 倒的占比最多。②从地区来看，中部地区煤矿企业的倒班占比最高。这意味着中部地区煤矿企业更倾向于实行倒班排班来节约开支和人员，这在一定程度上会影响矿工生物钟，从而对其

身心健康产生不利影响(Zhao et al.，2021)。③从所有制来看，私营企业的倒班占比最高。这可能是私营企业最关注利润造成的。

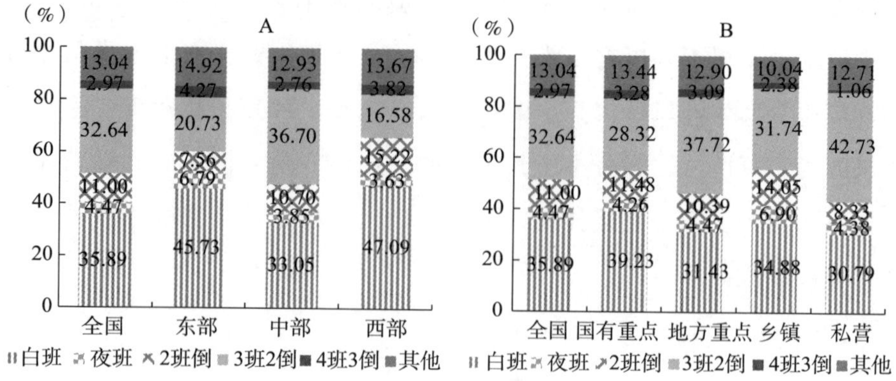

图 3.30　矿工的班次构成

图 3.31 显示了以地区(A)和所有制(B)分组的矿工日均工作时间，可以发现：矿工日均工作 10 小时以下的约占四分之三，从整体来说加班不严重；但也有约 10%的矿工日均工作超过 12 小时，需注意这些矿工的身心健康，并进一步改善矿工的工作环境。

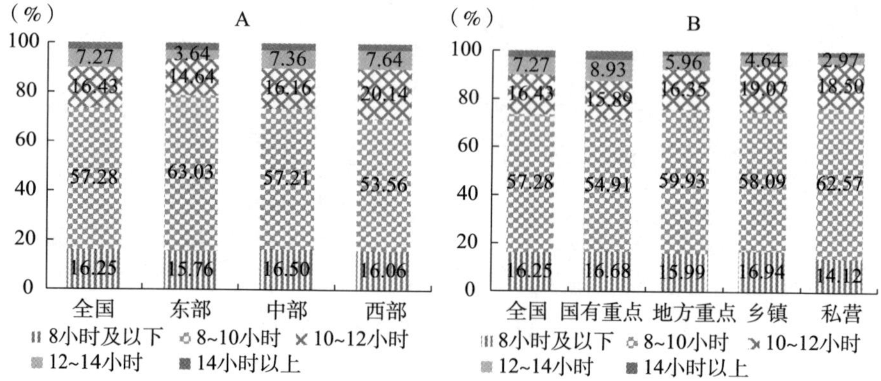

图 3.31　矿工日均工作时间

图 3.32 显示了以地区(A)和所有制(B)分组的矿工月均休息时间，可以发现：①总体来看，矿工月均休息时间为 4 天及以下的占比约 70%。单休或无休的工作模式使得工作、休息、吃饭成为矿工日常生活的全部，无

法拥有自我学习和自我提升的时间与机会，不利于矿工个人发展与生计质量提升。②从地区来看，东部地区矿工月均休息时间最多，西部地区次之，中部地区最少。③从所有制来看，国有重点煤矿矿工月均休息时间最多，私营煤矿最少。其中，私营煤矿矿工月均休息时间小于 2 天的占比高于 50%，其原因可能在于，私营煤矿人员是精简的，一旦有人请假，其他人需要把空缺补上，这样就减少了矿工整体休息时间。

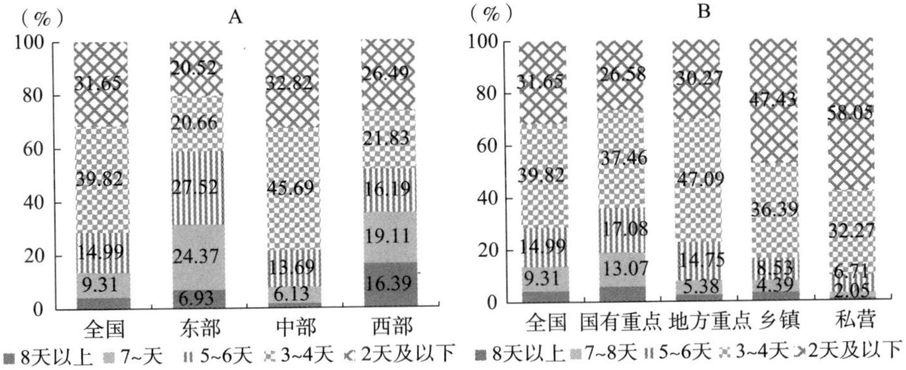

图 3.32　矿工月均休息时间

综上所述，从全国来看，矿工家庭收入主要来源于工资，因此追求工资的最大化便成为工作的最主要目标和基本激励因素，进而对排班制度、工作时间和休息时间耐性较高。换而言之，矿工愿意加班，以此来获得更高的收入，每天长时间的工作和经常性的昼夜颠倒对人体的生理功能和代谢都会产生一定的负面影响，因此，煤矿企业应合理改善矿工工作时间安排，确保职工身心健康。从地区来看，中部地区矿工的自然资本整体表现劣于其他地区。从所有制来看，私营煤矿企业矿工的自然资本整体表现最差，国有重点煤矿整体表现最优。

3.2.4　矿工的经济资本

矿工的资本构成与农牧民的资本构成有着很大的差别，这主要体现在对生产资料的占有上，农牧民拥有自己的土地和牧场，其生产经营结果也更多地与自然灾害和气候变化相关联，而矿工作为煤炭企业的雇佣劳动力，其主要收入来源于煤炭企业所支付的劳动报酬，劳动报酬的多寡与煤炭企业的整体经营状况密切相关，这种经营状况更多地受制于经济而非自然气候的影响(Pedersen et al.，2021)。因此，经济资本是矿工可持续生计框架最为重要的要素，包括物质资本和金融资本两个方面。本书分别从调查对象家庭的住房类型、人均住房面积、收入来源、总收入、存款数和银行贷款资格预期来衡量矿工的经济资本。

图 3.33 显示了以地区(A)和所有制(B)分组的矿工住房类型，可以发现：①从总体来看，矿工住房为租住的约占 20%，自建的约占 30%，商品房贷款小于 20 万与大于 20 万的均约占 20%，单位提供住房的约占 5%。从中可以看出，矿工无房或贷款超过 20 万的占比约一半，其住房风险较高。②从地区来看，东部地区商品房(贷款大于 20 万)占比最高，因此东部地区煤矿企业更应关注矿工住房信贷风险；中部、西部地区租住比例较高，因此中部、西部地区煤矿企业更应关注矿工无房可住的风险。③从所有制来看，国有重点煤矿矿工住房为商品房(贷款大于 20 万)的占比最高，这可能是国有重点煤矿工作更稳定、福利更好，矿工更有能力和意愿贷款买房；乡镇煤矿矿工住房为自建的占比最高，这可能是乡镇煤矿是在乡(镇)、村开办的，当地人就业占比较高，当地人更倾向于和更有能力自建房屋。

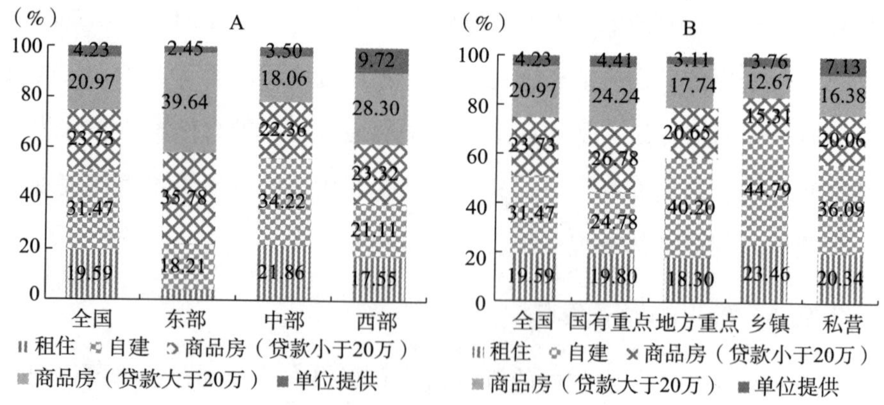

图 3.33　矿工住房类型构成

图 3.34 显示了以地区(A)和所有制(B)分组的矿工家庭人均住房面积，可以发现：人均住房面积在 10 平方米以下的约占 15%，10~20 平方米的约占 35%，20~40 平方米的约占 25%，40~50 平方米的约占 5%，50 平方米以上的约占 15%。从中可以看出，人均住房面积在 20 平方米以下的占比约一半，人均住房面积整体偏少。

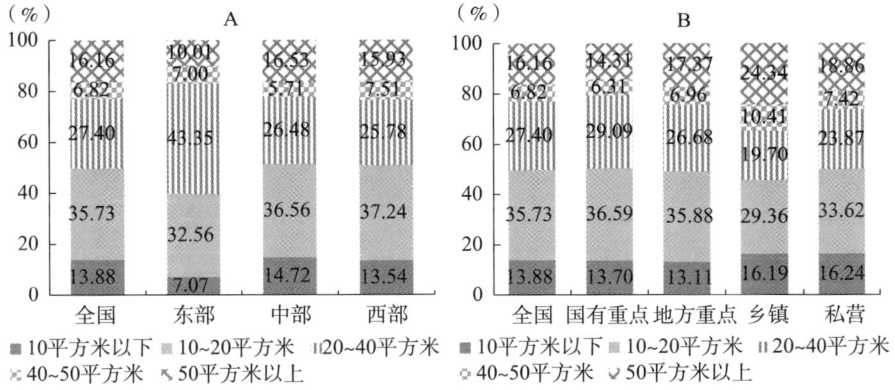

图 3.34　矿工家庭人均住房面积

图 3.35 显示了以地区(A)和所有制(B)分组的矿工家庭总收入，可以发现：①从总体来看，家庭总收入 6 万以下的占比约 60%，其中 3 万以下的占比约 20%，家庭总收入整体偏低。②从地区来看，东部地区家庭总收入情况最优，西部地区次之，中部地区最差。③从所有制来看，国有重点煤矿矿工家庭收入情况最优，乡镇煤矿最差。

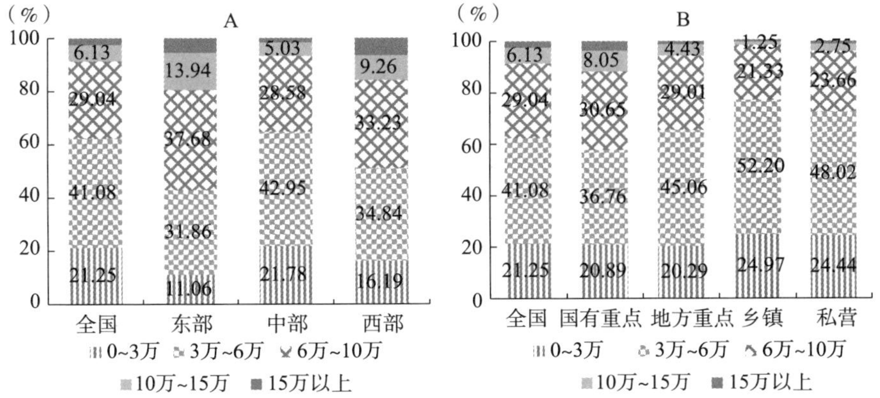

图 3.35　矿工家庭总收入

图 3. 36 显示了以地区(A)和所有制(B)分组的矿工家庭存款数，可以发现：①从总体来看，矿工家庭存款数在 5 万元以下的占比约 80%。这意味着大部分矿工收入比支出略有盈余，艰难维持基本的生活，其生计处于“破产边缘”。②从地区来看，东部地区矿工家庭存款情况最好，中部地区最差。③从所有制来看，国有重点煤矿矿工家庭存款情况最优，乡镇煤矿最差。

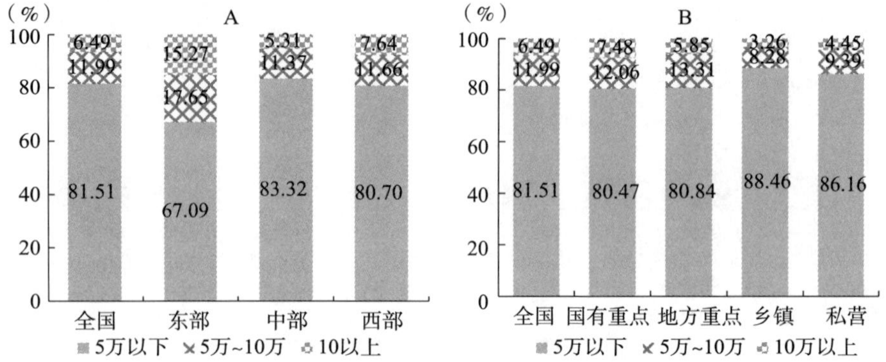

图 3. 36　矿工家庭存款数

图 3. 37 显示了以地区(A)和所有制(B)分组的矿工银行贷款资格预期，可以发现：①从总体来看，约 35% 的矿工认为能从银行贷到款，约 20%矿工认为不能，剩余约 45%的矿工不清楚。换言之，仅约 3 成的矿工认为能从银行贷到款，这也意味着大部分矿工对贷款之类的金融知识了解较少。②从地区来看，东部地区的矿工对银行贷款资格的预期最高，西部次之，中部最低。③从所有制来看，不同煤矿企业矿工对银行贷款资格预期无显著异质性。

综上所述，总体来看，矿工住房条件、家庭收入、家庭存款以及银行贷款资格预期都不容乐观。从地区来看，东部地区矿工的经济资本整体表现最优，西部次之，中部最差。从所有制来看，国有重点煤矿矿工经济资本整体上最优，乡镇煤矿整体上最差。

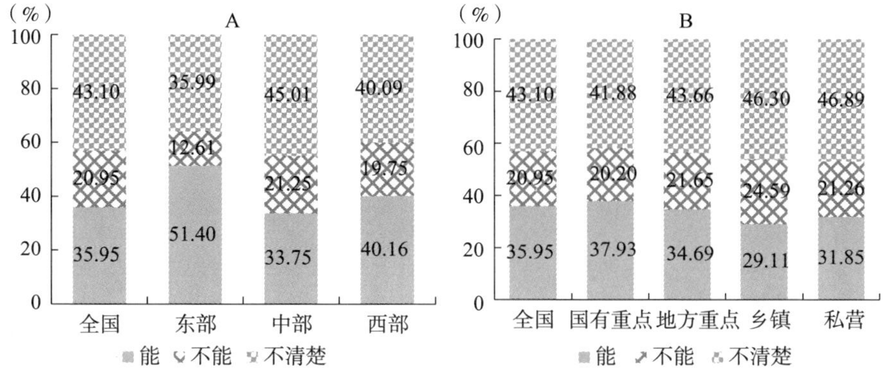

图 3.37 矿工银行贷款资格预期

3.2.5 矿工的人力资本

人力资本指体现在劳动者身上的资本，包括劳动者的知识技能、文化技术与健康状况等。矿工的职业病风险远高于其他行业，平均寿命也低于全国平均水平，其人力资本对生计风险具有显著影响（Becker et al., 2021）。本书分别从调查对象工龄、身体健康状况、职业病情况、年均培训次数和其他岗位胜任情况来衡量矿工的经济资本。

图 3.38 显示了以地区（A）和所有制（B）分组的矿工工龄构成，可以发现：①从全国来看，约 10%的矿工工龄在 3 年以下，约 30%的矿工工龄在 3~9 年，约 60%的矿工工龄在 10 年以上。由此可见，近年来，一方面煤炭行业招新较少；另一方面毕业生并不愿进入煤炭行业，煤炭行业年青生力军情况不容乐观，令人担忧。②从地区来看，东部地区矿工工龄在 3 年以下的远小于其他地区，这可能与东部地区较多煤矿枯竭与就业机会较多有关。③从所有制来看，煤矿企业矿工工龄无显著差异。

图 3.39 显示了以地区（A）和所有制（B）分组的矿工身体健康状况，可以发现：约 60%的矿工认为自己健康状况良好，约 40%的矿工认为自己健康状态处于一般及以下水平，这可能与矿工工作强度大、工作时间昼夜颠倒和工作环境差有关。

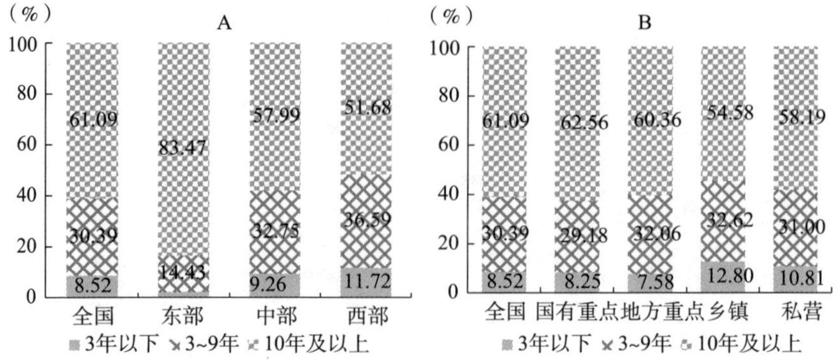

图 3.38　矿工工龄

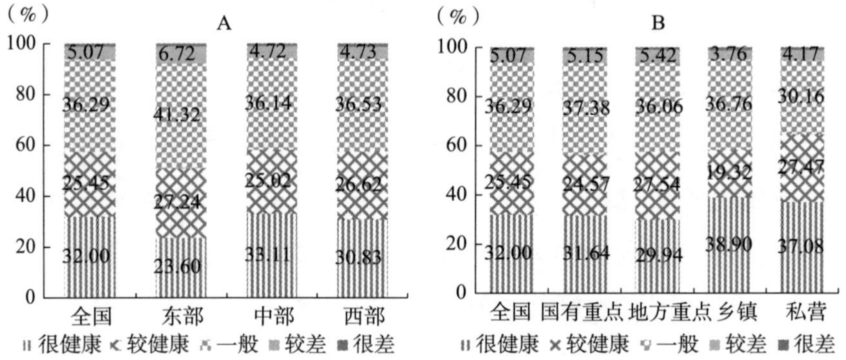

图 3.39　矿工身体健康状况

图 3.40 显示了以地区(A)和所有制(B)分组的矿工职业病情况[①]，可以发现：①从全国来看，约 85%的矿工未患有职业病；职业病占比前三的为职业性耳鼻口腔疾病、尘肺和职业性皮肤病，分别占比 7.51%、6.09%和 5.24%。数据所显示的情况与现实是相符的，矿工长期在粉尘弥漫的环境中工作，首当其冲的即为其耳鼻口腔、肺部和皮肤。由于矿工所患的职业病大多为一些隐性工伤，一方面容易被企业忽视，另一方面不仅影响矿工正常的生产和生活，而且影响矿工退休后的医疗支出，极易增加其生计风险，企业应加强矿工职业病的防治。②从地区来看，东部地区矿工未患职业病比例最高；中部地区未患病比例最低，且其患职业病普及率高于其他地区。③从所有制来看，私营煤矿企业矿工未患职业病比例最高；乡镇煤矿企业矿工未患

① 此处使用普及率(指某选项人数占总人数的百分比)来描述矿工职业病情况。

病比例最低，且患多种职业病比例高于其他煤矿。乡镇煤矿的劳动者多为受教育程度低的农民工，而中国的低端劳动力市场严重供过于求。在这样一种供求严重失衡的状况下，乡镇煤矿矿工对自身的权益维护处于更弱势的一方，缺乏与资方讨价还价的能力（许晚晴和赵连荣，2013）。因此，乡镇煤矿不太关注矿工劳动安全保护与劳动卫生保护，矿工患职业病比例高。

A

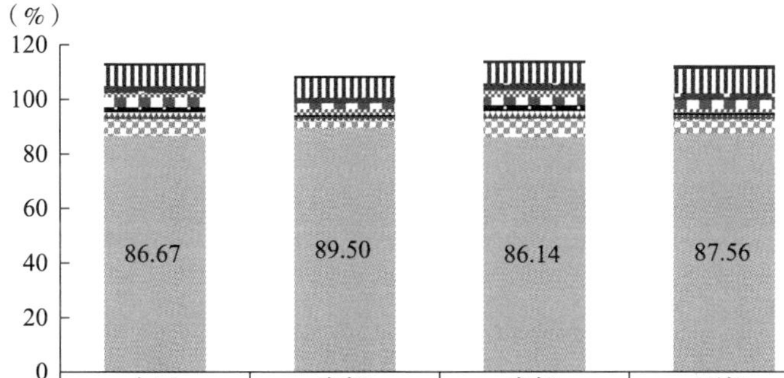

	全国	东部	中部	西部
职业性肿瘤	0.88	0.77	0.95	0.52
职业性耳鼻喉口腔疾病	7.51	7.21	7.32	9.00
职业性眼病	2.52	1.96	2.61	2.40
职业性皮肤病	5.24	4.41	5.43	4.73
生物因素职业病	1.82	0.49	2.15	0.84
职业性放射性疾病	2.53	1.47	2.81	1.62
尘肺	6.09	2.73	6.72	4.99
否	86.67	89.50	86.14	87.56

B

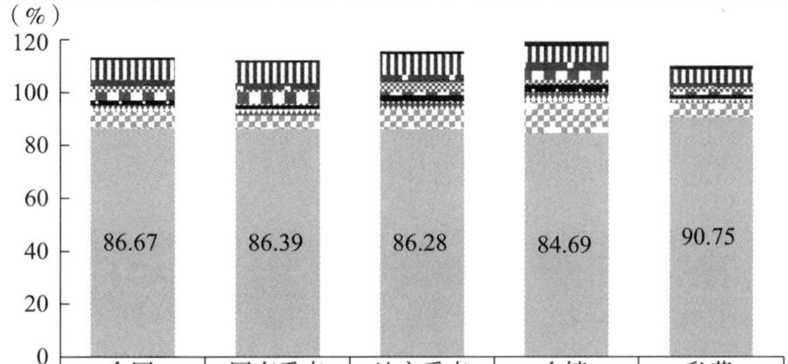

	全国	国有重点	地方重点	乡镇	私营
职业性肿瘤	0.88	0.78	0.99	1.76	0.64
职业性耳鼻喉口腔疾病	7.51	7.84	7.86	6.02	5.16
职业性眼病	2.52	2.50	2.74	3.26	1.48
职业性皮肤病	5.24	5.80	4.90	5.14	2.97
生物因素职业病	1.82	1.46	2.38	2.89	1.55
职业性放射性疾病	2.53	2.27	3.15	3.64	1.41
尘肺	6.09	5.09	7.19	11.79	5.37
否	86.67	86.39	86.28	84.69	90.75

图 3.40　矿工职业病情况

图 3. 41 显示了以地区(A)和所有制(B)分组的矿工年均培训次数，可以发现：约 65%的矿工年均培训次数在 2 次及以下，仅 35%左右的矿工年均培训次数在 3 次及以上。这意味着矿工自我发展机会较少，意愿较低，长此以往，会导致矿工群体就业竞争能力下降，存在被社会淘汰的风险。

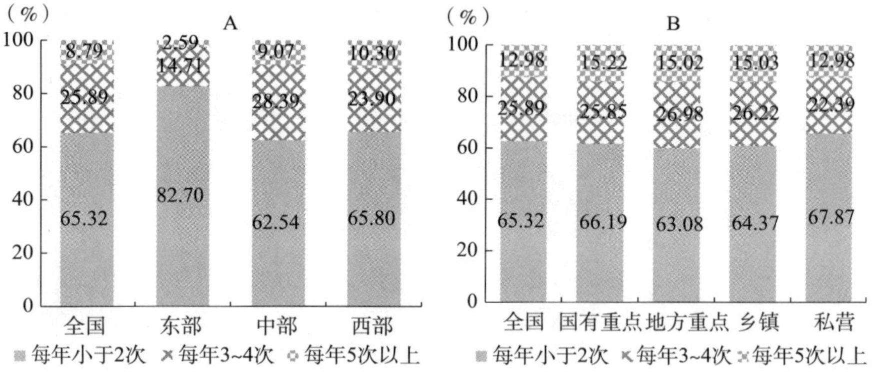

图 3. 41　矿工年均培训次数

图 3. 42 显示了以地区(A)和所有制(B)分组的矿工胜任其他岗位预期，可以发现：约 75%矿工认为自己通过一定学习和培训能够胜任其他岗位或其他行业岗位，约 25%的矿工不确定或没有胜任其他岗位的信心。这意味着约四分之一的矿工技能单一、技术水平不高，一旦失业再就业会比较困难，生计风险较高。

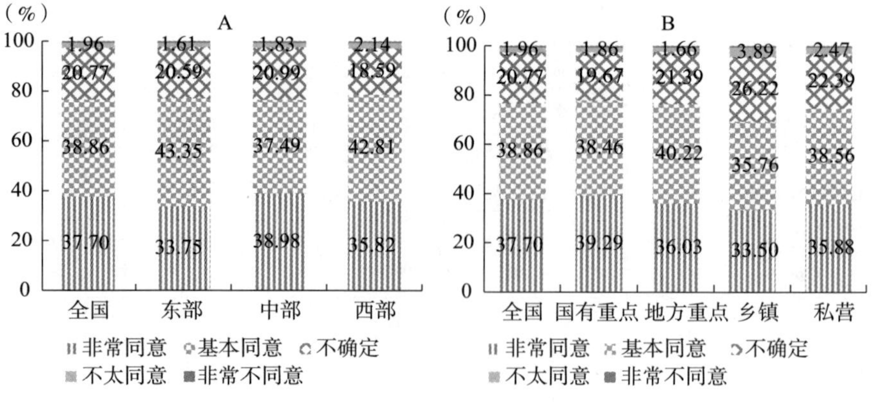

图 3. 42　矿工胜任其他岗位预期

综上所述，矿工普遍工龄较大、健康程度较差、自我发展空间较小，其人力资本水平较差。中部地区和乡镇煤矿企业矿工患职业病比例大，中部地区和乡镇煤矿企业须加强矿工职业病的防治。

3.2.6 矿工的社会资本

社会资本指人们在追求生计目标的过程中所利用的社会资源，包括社交关系网、社会组织垂直和水平的联系等。矿工工作节奏快、时间长、强度大，这会在一定程度上影响其对社交网络和社会政策的了解(Mkodzongi & Spiegel，2020)。本书分别从调查对象获得经济帮助的途径、社交网络、邻里交往程度和社会保障来衡量矿工的社会资本。

图3.43显示了以地区(A)和所有制(B)分组的矿工获得经济帮助的途径，可以发现：①从全国来看，矿工遇到经济困难时，获得家人、亲戚、朋友和同事的帮助较多，较少获得志愿团体、政府机构、邻居和银行、财务机构的帮助。②从地区来看，东部地区获得家人帮助的比例大于其他地区，中部地区获得志愿团体、邻居、同事和亲戚帮助的比例大于其他地区，西部地区获得政府机构和银行、财务机构帮助的比例大于其他地区。由此可见，东部地区获得非正式组织的帮助较多，而中西部地区获得正式组织的帮助较多，这可能与国家对中西部地区的帮扶政策有关联。③从所有制来看，相对而言，乡镇煤矿企业矿工较多获得邻居的帮助，较少获得银行、财务机构的帮助；私营煤矿企业矿工较多获得朋友的帮助，较少获得政府机构的帮助。这可能与乡镇煤矿企业矿工多为乡村当地人，邻里关系较为牢固，私营煤矿企业与政府机构较少打交道有关系。

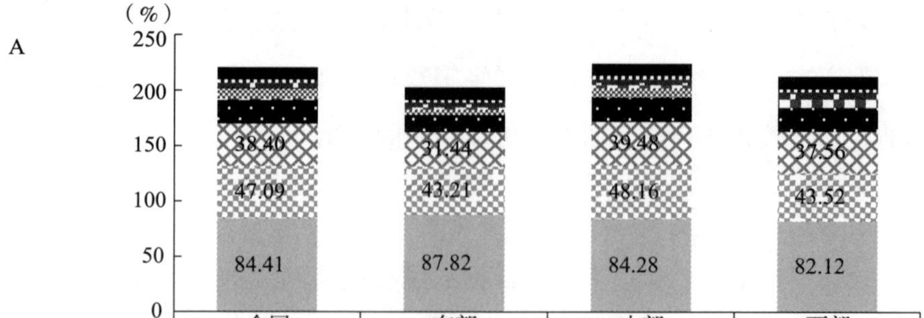

	全国	东部	中部	西部
银行、财务机构	10.96	11.41	10.83	11.46
志愿团体	3.08	2.24	3.27	2.59
政府机构	5.26	4.48	5.17	6.61
邻居	10.17	6.79	11.04	7.45
同事	21.25	15.48	22.00	21.50
朋友	38.40	31.44	39.48	37.56
亲戚	47.09	43.21	48.16	43.52
家人	84.41	87.82	84.28	82.12

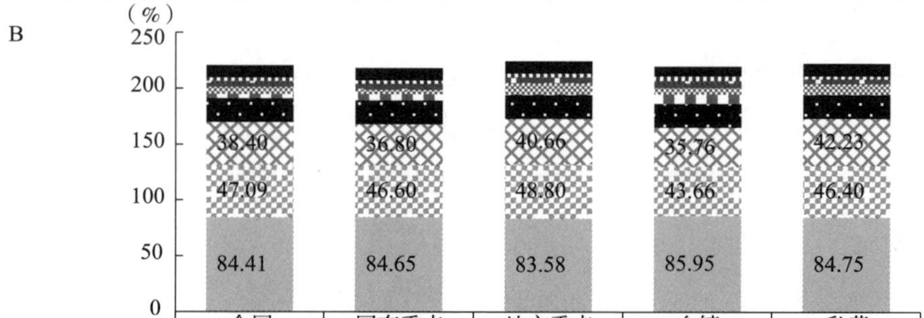

	全国	国有重点	地方重点	乡镇	私营
银行、财务机构	10.96	11.09	11.02	8.78	11.23
志愿团体	3.08	2.92	3.33	4.14	2.68
政府机构	5.26	5.44	5.08	6.15	4.31
邻居	10.17	9.52	10.82	14.18	9.75
同事	21.25	21.28	21.21	21.20	21.19
朋友	38.40	36.80	40.66	35.76	42.23
亲戚	47.09	46.60	48.80	43.66	46.40
家人	84.41	84.65	83.58	85.95	84.75

图 3.43　矿工获得经济帮助途径构成

图 3.44 显示了以地区（A）和所有制（B）分组的矿工社交网络，可以发现：①从全国来看，矿工亲朋好友是个体工商户的占比最大，占比最小的是在医疗卫生单位任职。②从地区来看，东部地区矿工社交网络（普及率）略优于其他地区，且优势主要来自亲朋好友任职于医疗卫生单位的占比大。③从所有制来看，国有重点煤矿企业社交网络（普及率）略优于其他企

业，且优势主要来自亲朋好友任职于教育单位的占比大。

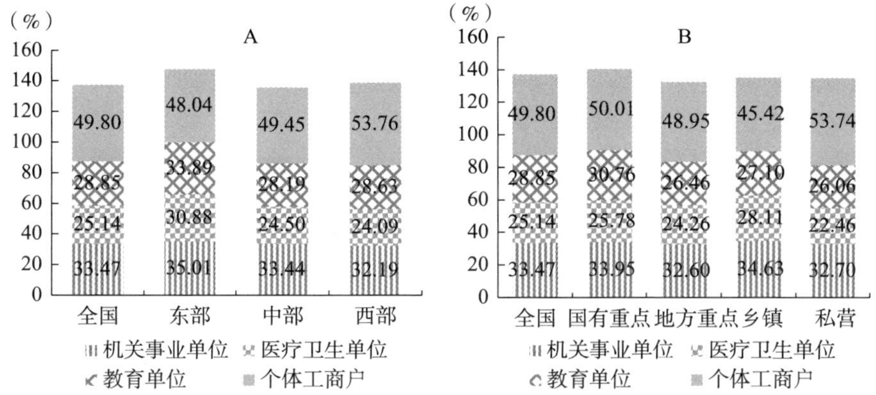

图 3.44　矿工社交网络

图 3-45 显示了以地区(A)和所有制(B)分组的矿工邻里交往程度，可以发现：矿工与邻里交往程度不高，经常及频繁来往的占比仅为 35%左右，而且约 10%的矿工相互之间不来往。

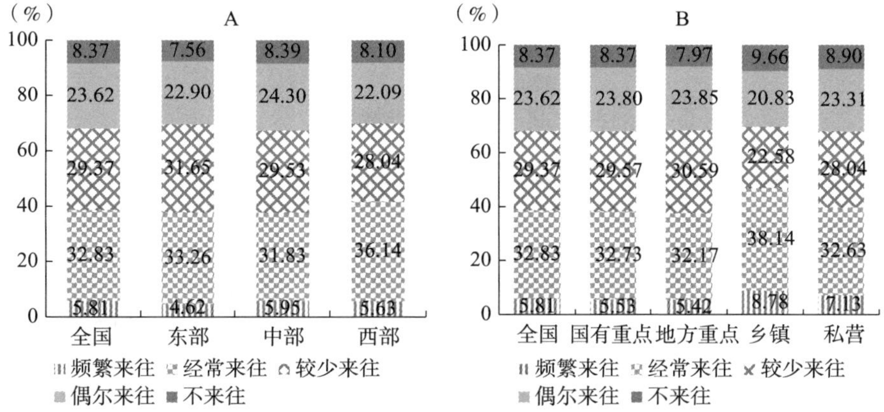

图 3.45　矿工邻里交往程度

图 3.46 显示了以地区(A)和所有制(B)分组的矿工社会保障与福利，可以发现：①从全国来看，矿工获得的社会保障与福利排在前三的为医疗保险、养老保险与工伤保险，排在倒三的为其他(商业保险、企业年金等)、带薪休假和病假工资。②从地区来看，东部地区获得的各种社会保

障与福利的占比均大于其他地区。③从所有制来看，国有重点煤企业矿工获得的各种社会保障与福利的占比均大于其他企业。

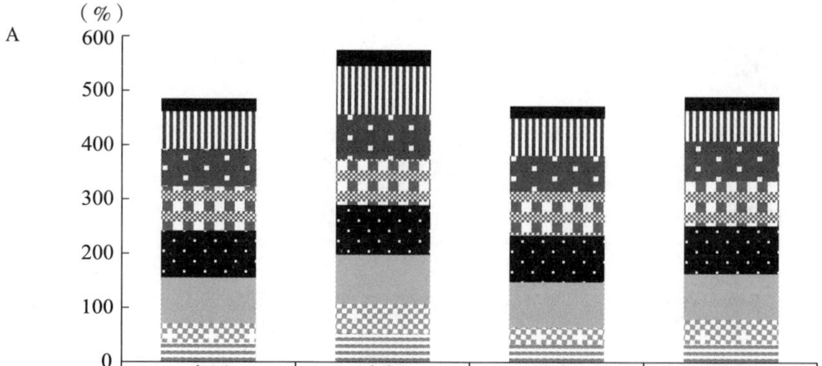

	全国	东部	中部	西部
其他	23.78	30.04	22.67	25.45
住房公积金	68.97	88.38	68.25	55.83
失业保险	69.55	82.49	67.06	74.22
工伤保险	81.09	84.52	80.44	82.25
养老保险	86.38	91.60	85.39	88.15
医疗保险	85.12	91.11	84.34	84.78
带薪休假	34.81	54.27	30.72	44.24
病假工资	35.46	52.45	33.23	34.72

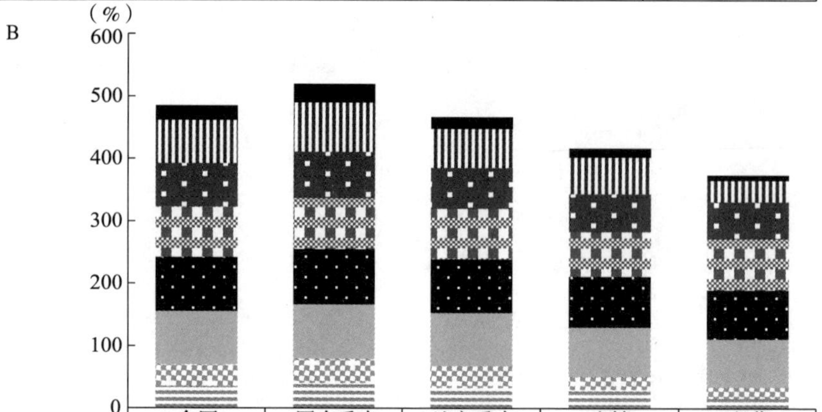

	全国	国有重点	地方重点	乡镇	私营
其他	23.78	29.83	18.75	14.43	8.76
住房公积金	68.97	79.21	62.43	58.59	33.97
失业保险	69.55	74.39	65.24	60.48	59.32
工伤保险	81.09	81.69	81.18	72.02	82.20
养老保险	86.38	88.41	85.94	81.05	78.46
医疗保险	85.12	87.00	84.94	79.30	77.54
带薪休假	34.81	38.53	35.49	20.70	17.87
病假工资	35.46	40.72	32.60	30.11	15.89

图 3.46　矿工社会保障与福利

综上所述，矿工普遍获得经济帮助途径较为单一，社交网络较小，与邻里交往少，仅基本的社会保障与福利较为普及。从地区来看，东部地区矿工社交网络较广，拥有社会保障与福利较多；中部地区矿工获得经济帮助途径较多；西部地区矿工与邻里交往好。从所有制来看，国有重点煤矿企业矿工社交网络较广，拥有社会保障与福利较多；乡镇煤矿企业矿工邻里交往较好。

3.2.7 产能调控对矿工的影响

矿工生计与煤矿企业效益密切相关，自 2012 年以来，我国煤炭行业供过于求矛盾日益凸显，煤价急剧下滑。在此背景下，一方面，煤炭产能过剩规模的日趋扩大导致行业盈利能力持续下降，矿工收入大幅下降。另一方面，中国政府近年来制定了一系列政策措施以化解产能过剩。尽管产能调控政策的实施能够给煤炭市场带来积极影响，但化解产能将造成煤炭工人分流和下岗，对矿工生计产生重大影响。为此，本部分探讨产能调控政策对矿工的影响。本书分别从调查对象的就业机会、可支配收入、经济压力、生活质量和收入稳定性来衡量产能调控对矿工的影响。

图 3.47 显示了以地区(A)和所有制(B)分组的产能调控对矿工就业机会的影响，可以发现：①从全国来看，仅 10%的矿工认为自己的就业机会或就业能力比产能调控前(2016 年前，下同)有所提高；超 60%的矿工认为自己就业机会或就业能力比产能调控前下降，其中近 25%的矿工认为是大幅下降。由此可见，产能调控对矿工就业机会影响显著，且呈负向影响。②从地区来看，东部地区矿工的就业机会下降的占比最高，且大幅下降的占比也最高。③从所有制来看，国有重点煤矿企业矿工的就业机会下降的占比最高，且大幅下降的占比也最高。

图 3.48 显示了以地区(A)和所有制(B)分组的产能调控对矿工可支配收入的影响，可以发现：①从全国来看，仅约 35%的矿工的可支配收入比产能调控前有所提高；约 40%的矿工的可支配收入比产能调控前有所下

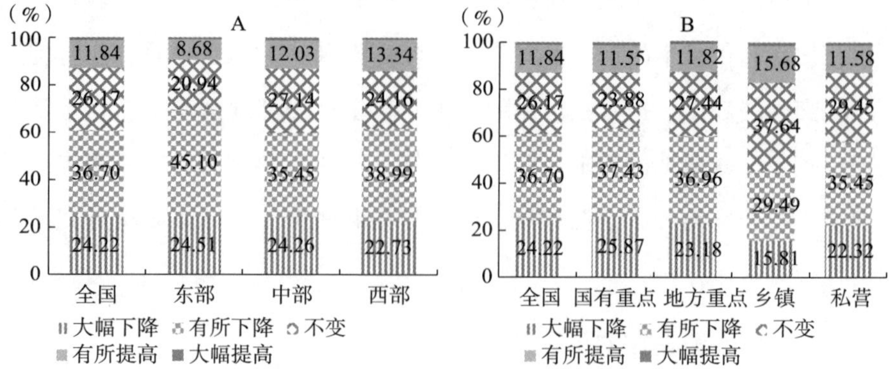

图 3.47　产能调控对矿工就业机会的影响

降。由此可见，产能调控对矿工可支配收入影响显著，且呈负向影响。②从地区来看，中部地区矿工的可支配收入下降的占比最高，且大幅下降的占比也最高。③从所有制来看，国有重点煤矿企业矿工的可支配收入下降的占比最高，且大幅下降的占比也最高。

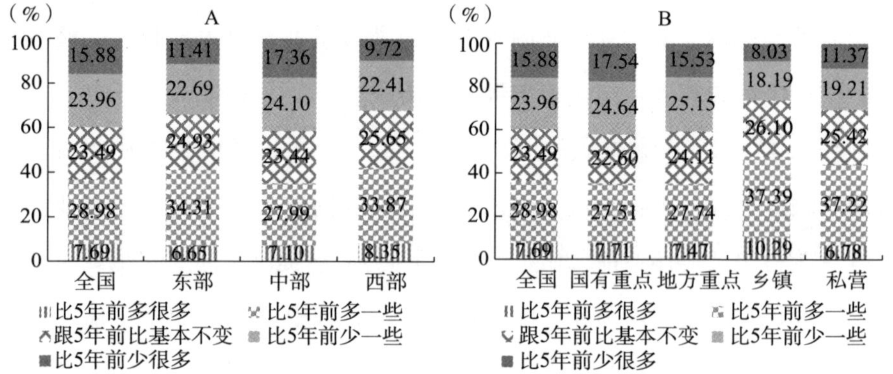

图 3.48　产能调控对矿工可支配收入的影响

图 3.49 显示了以地区(A)和所有制(B)分组的产能调控对矿工经济压力的影响，可以发现：超 8 成矿工觉得经济压力比产能调控前大，其中超 5 成矿工觉得经济压力大幅增大。由此可见，产能调控对矿工经济压力影响显著，且呈正向影响。

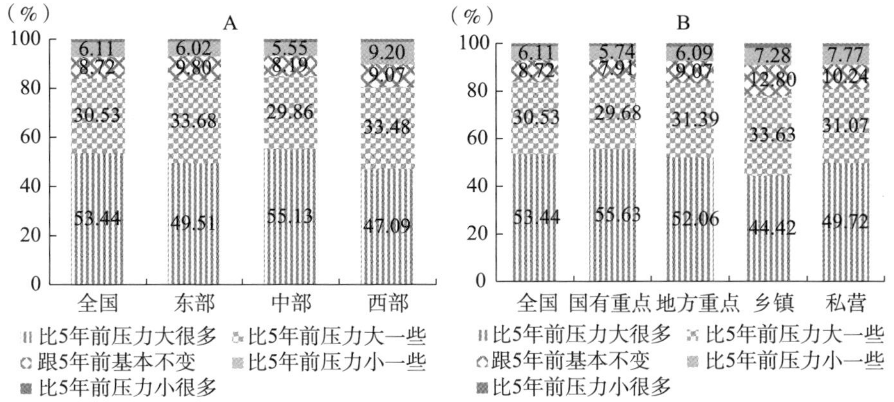

图 3.49 产能调控对矿工经济压力的影响

图 3.50 显示了以地区(A)和所有制(B)分组的产能调控对矿工生活质量的影响，可以发现：①约 35%的矿工认为其生活质量比产能调控前有所提高，也有约 35%的矿工认为生活质量有所下降。②从地区来看，西部地区矿工认为生活质量提高的占比高于其他地区，认为生活质量下降的占比低于其他地区；中部地区反之。③从所有制来看，乡镇煤矿企业矿工认为生活质量提高的占比高于其他地区，认为生活质量下降的占比低于其他地区；而国有重点煤矿企业矿工反之。

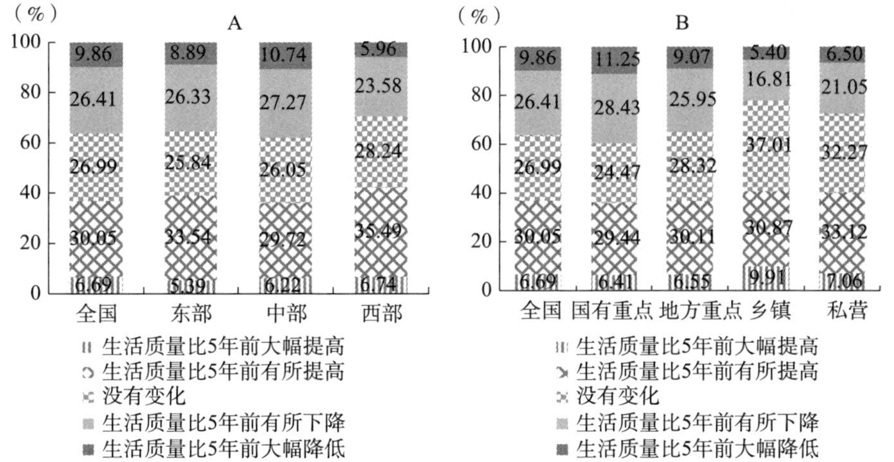

图 3.50 产能调控对矿工生活质量的影响

图 3. 51 显示了以地区(A)和所有制(B)分组的产能调控对矿工收入稳定性的影响，可以发现：①从全国来看，矿工收入稳定和不稳定的各占25%左右。②从地区来看，东部地区矿工收入稳定性最优，西部地区次之，中部地区最差。③从所有制来看，国有重点煤矿企业矿工收入稳定性呈现异质性，收入稳定的占比高于其他煤矿，收入不稳定的也高于其他煤矿。

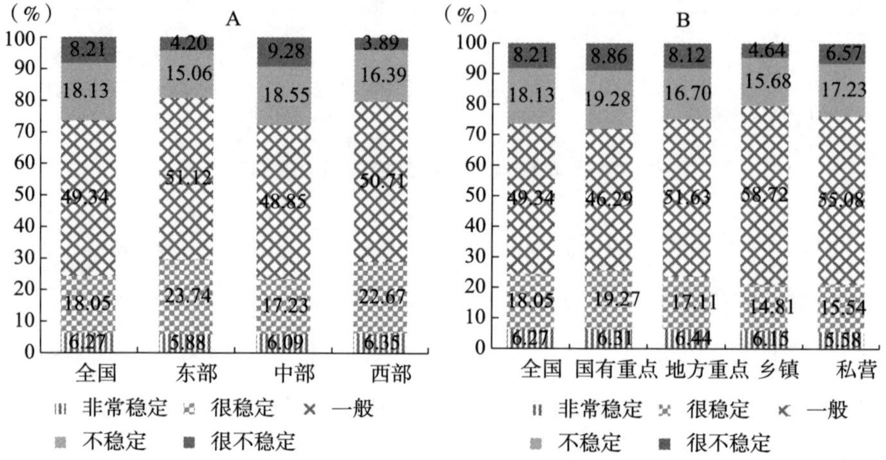

图 3. 51 产能调控对矿工收入稳定性的影响

综上所述，产能调控对矿工的就业机会、可支配收入、经济压力、生活质量和收入稳定性均有一定影响，其中，对就业机会和经济压力的影响较为显著。从地区来看，产能调控对中部矿工的影响最大(除就业机会)。从所有制来看，产能调控对重点煤矿企业矿工就业机会和生活质量影响最大。

3. 3 本章小结

本章首先从行业基本面、行业供给、行业需求和行业绩效四个维度深入分析了煤炭行业发展状况。目前，煤炭行业集中度、市场化水平和对外开放程度均处于较低水平，而资本密集度处于高水平，这意味着煤炭行业基本面形势较差；原煤产量占能源生产总量、企业数量、用于扩建的固定资产投资、就业人员数量均在下降，而国有控股和大中型企业数量、固定资产投资、平均工资有所增加，这意味着煤炭行业供给总体状况呈下降趋势；煤炭消费量、库存、工业销售产值均呈现下降趋势，这意味着煤炭行业需求呈现显著的下降趋势；煤炭行业偿债能力、运营能力、盈利能力、成长能力总体上均低于平均水平，这意味着煤炭行业绩效处于较低水平。综合来看，煤炭行业在行业基本面、供给、需求和绩效四个方面都表现较差，行业发展面临着严峻的挑战。

其次从矿工的基本情况、自然资本、经济资本、人力资本、社会资本、产能调控影响六个方面调查分析了矿工所拥有的生计资本数量和结构状况，总结和剖析了矿工生计状况及所面临的问题。其中，中部地区和乡镇煤矿的矿工的自然资本、经济资本、人力资本和社会资本均较差，生计问题较为严峻。

4 产能调控下矿工生计脆弱性分析框架与响应机理

揭示产能调控下矿工生计脆弱性的响应机理，是矿工生计脆弱性评估和降低策略研究的基础和前提。为此，本章致力于厘清矿工生计脆弱性的科学内涵和表现特征，并在此基础上，利用现有生计分析框架从内外两个方面探寻矿工生计脆弱性的关键要素及其作用关系，并研究经济波动下我国矿工生计脆弱性的响应机理，以期提供理论基础和支撑。

4.1 矿工生计脆弱性的内涵

煤炭城市通常是指通过采掘煤炭资源而形成或发展起来，且煤炭工业尤其是煤炭开采和洗选业在城市经济结构中占有重要地位和相当比重的城市。煤炭产业的增加值占城市 GDP 的 10%以上，煤炭产业就业人口占全部就业人口的 15%以上的城市，统称为煤炭城市（钱家欢，1996；陈慧远，1989）。矿工是为了获得矿物（尤其是煤）而在矿山工作的人。本书中，矿工特指煤炭城市中煤炭产业从业人员。与其他劳动就业者相比，一方面，矿工年龄较大，受教育程度较低，就业观念较为保守，技能单一，与外界的联系较少；另一方面，矿工作业现场环境恶劣且存在大量有害健康的污染物（如粉尘、氢氧化钠和酸雾等化学物质），导致矿工职业病频发。国家卫生计生委2015年12月发布的全国职业病报告显示，在2014年报告的职业病病例中，职业性尘肺病占26873例，为2014年职业病报告总例数的89.66%，其中煤炭开采和洗选业、有色金属矿采选业和开采辅助活动行业的职业病病例数分别为11396例、4408例和2935例，共占全国报告职业病例数的62.52%。不利的工作环境给矿工的身心健康带来巨大负面影响，世界卫生组织发布的《世界卫生统计》(2015)指出，中国人口平均寿命为男性74岁、女性77岁；而煤矿工人的平均寿命低至58岁。因此，矿工作为一个脆弱性群体，其生计本身就处于相对不利的状态，当面临产能调控等外在风险时，他们由于自身资本的匮乏和应对能力的缺失，导致自身生计水平大幅下跌，表现出生计的高脆弱性。

20世纪90年代以来，全球气候变化和人类活动频繁导致生计问题愈加突出，从而引起了学者们对该领域的关注(苏飞等，2016)。那么，何为生计脆弱性？这一概念包含两层含义，就生计多样性而言，生计包括资产(自然、物质、人力、金融和社会资本)、行动和获得这些资产的途径(Ellis，2000)；就生计可持续而言，生计由生活所需的能力、资产(物资、社会资源)以及行动组成(Scoones，1998)。综合来看，生计的概念主要包含三个方面，即能力、资本和活动。目前学界一般将生计定义为“生计包括能力、资产及一种生活方式所需要的活动”(Carney，1998)。该定义聚焦于生计所需要的资产，以及提高生存所需资产的过程。20世纪60年代，自然灾害领域首先展开了对脆弱性的相关研究，并认为：“脆弱性是系统对扰动的敏感性以及缺乏应对能力从而使系统结构和功能容易退化的一种属性”(Janssen et al.，2007)。伴随人类活动对全球变化的影响加剧，人文系统、人—环境系统脆弱性研究逐渐被重视，目前脆弱性的概念和研究方法已被广泛运用于灾害管理、生态学、可持续生计等学科(Marshall et al.，2014；Matson et al.，2012)。在生计研究领域，世界银行(World Bank)提出的脆弱性概念被运用得最为广泛，“脆弱性是指个人或家庭面临某些风险的可能，并且由于遭遇风险而导致财富损失或生活质量下降到某一社会公认的水平之下的可能"(世界银行，2001)。该定义的核心是受到的风险和应对冲击的能力。也就是说，个人或家庭的脆弱性程度取决于受到的风险特征和风险应对能力，当受到的风险相同时，风险应对能力弱的脆弱性高。

综合而言，生计是一种谋生方式，其中个体和家庭构成主体，生计资本构成生计的基础。同时，生计还是脆弱性实现的载体，脆弱性建立在生计各要素及其特征之上。从形成原因来看，生计脆弱性受内外两方面的影响，即外部风险特征及建立在生计资本基础上的内部应对冲击能力，生计脆弱性是由外界经济、社会、自然环境和个体或家庭内部共同作用产生的；从表现形式来看，生计脆弱性主要体现在外部压力和风险的程度、生计资本的变化幅度和生计能力的变化趋势上。脆弱性高体现在外部风险和压力的增加、生计资本的下滑和生计能力的缺失上。基于上述分析，本书对矿工生计和生计脆弱性的内涵进行界定，认为煤炭城市矿工生计是指矿工在拥有一定资本的基础上，利用可获资源谋生的能力和手段的总和。矿工生计脆弱性指矿工在生计过程中，暴露于外部经济和社会变化带来的压力下，由于缺乏适应能力而形成的生计易受伤害的状态。

4.2 矿工生计脆弱性分析框架

近年来，伴随着生计和脆弱性研究的深入和发展，涌现出众多探讨生计脆弱性的分析框架，其中最具代表的两类框架为基于暴露—敏感性—适应能力的 AHV 脆弱性分析框架和 SLA 可持续生计框架。AHV 脆弱性分析框架从与分析对象相关的风险入手，强调外部风险对生计的影响，SLA 框架则将脆弱性作为一个重要的生计背景，从分析对象所拥有的各种资产入手，强调内在因素的主导作用。本书基于这两种框架的特性分别从外部和内部两方面对产能调控下矿工生计脆弱性进行分析。

4.2.1 矿工生计脆弱性的 AHV 模型分析

正如 Adger、Reed 和 Smit 等所述，脆弱性的关键参数是系统暴露的压力、敏感性和自适应能力（Adger，2006；Reed et al.，2013；Smit & Wandel；2006）。这三个方面正是AHV模型（如图4.1所示）的关键内涵，该模型以人类—环境耦合系统为对象，从暴露、敏感性和恢复力三大方面分析系统的脆弱性，强调扰动的多重性及多尺度性，突出脆弱性产生的内因机制及地方特性，是一个多要素、多流向、跨尺度、多重循环的闭合回路（黄建毅等，2012；Turner et al.，2003；Polsky et al.，2007）。AHV模型中，暴露与一些自然环境、经济、社会和政治进程相关联，这些过程会给系统带来风险（Montaña et al.，2016）。敏感性是系统受暴露影响的程度，主要由人文社会资产禀赋（如人口、机构和经济结构等）和自然生态资源禀赋（如水、土、气候和生态系统结构等）所决定，而适应能力是系统能够承受或从暴露中恢复的能力（Ebi et al.，2006）。这种脆弱性方法提供了一个三维框架，用于分析因外部变化而面临风险的生计（Huang et al.，2017），能够综合考虑系统表现出来的敏感性、易损性和适应响应能力甚至退化趋势的脆弱性综合性质，为矿工生计脆弱性的分析提供强有力的指导。

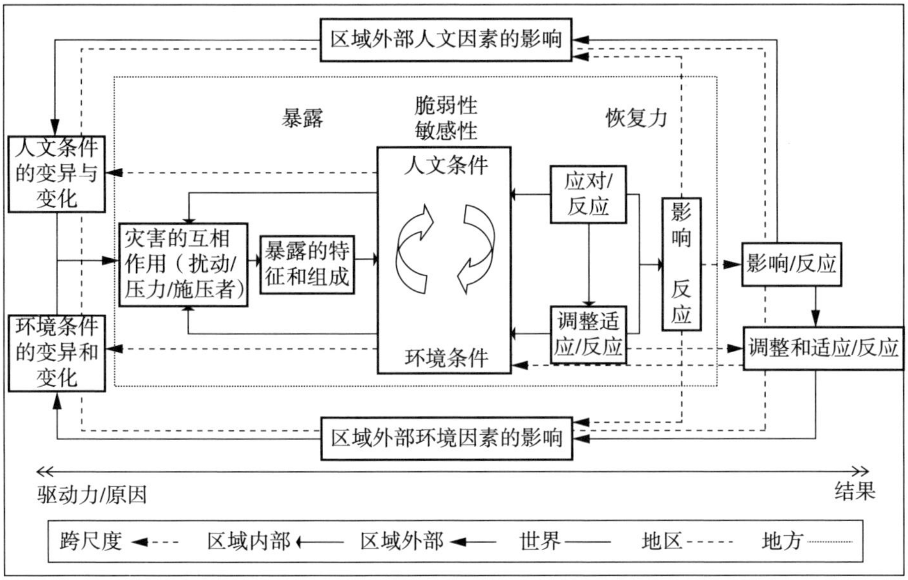

图4.1　AHV理论模型

在产能调控下，矿工生计脆弱性受到一系列内外部因素的影响，并在内外因素的推动下实现生计脆弱性的不断演化。结合 AHV 模型，内外因素可以被概括为人文因素和自然因素。基于不同的空间尺度，人文因素分为系统内部人文因素和跨尺度人文因素，自然环境因素分为系统内部自然环境因素和跨尺度环境因素(徐君和李贵芳，2017)，矿工生计脆弱性人文社会—自然环境因素的相互作用模型如图 4.2 所示。根据上文对矿工生计脆弱性内涵的分析可知，煤炭城市矿工生计脆弱性是一个多重复杂性问题，其内部不同因素之间存在非线性相干机制的复杂关系。图 4.2 的中心部分，三个顶点分别代表煤炭城市、煤炭产业和矿工，圆形表示矿工生计脆弱性，矿工的生计脆弱性与煤炭城市、煤炭产业、矿工都有重合的部分。当煤炭城市、煤炭产业和矿工均向可持续方向健康发展时，矿工生计脆弱性会降低，整个系统会趋于稳固；若煤炭城市、煤炭产业和矿工发展不均衡，某些或全部的发展遭到破坏时，矿工生计的稳定性就会遭到破坏，进而导致矿工生计脆弱性增加。在矿工生计脆弱性演化过程中，内部人文社会因素起到了决定性作用，它们主要包括矿工所处的社会经济结构和水平(如产业结构、劳动力结构、消费结构、经济发展、社会保障等)、煤炭产业盈利状况以及矿工自身的资本构成；跨尺度人文社会因素起到关键引导作用，这些因素主要包括政策制度、技术结构、市场需求引起的价格变动等；系统内部的自然环境因素构成了矿工生计演化的依存环境，主要包括煤炭资源储量和生态环境，它们之间又存在相互影响相互制约的复杂关系，煤炭产业的发展一方面能够推动区域经济向好，促进矿工生计资本的累加，但另一方面其高污染高能耗的特性也会对矿工所处的生态环境带来巨大冲击，进而导致矿工生计平衡被破坏，生计脆弱性增加；而跨尺度自然环境因素主要包括环境和气候条件、自然灾害等。

在矿工生计脆弱性演化过程中，人文社会因素和自然环境因素的耦合作用表现在三个方面，即不同尺度的人文社会因素的相互作用、不同尺度的自然环境因素相互作用、人文社会和自然环境因素的相互作用(徐君和李贵芳，2017）。具体来说，一方面，无论是人文社会还是自然环境，系统内部和跨尺度因素都不是孤立存在的，它们之间有着密切的联系，是互为因果的统一整体。系统内部因素的变化对生计脆弱性的演化起到关键和主导作用，而跨区域因素的调整和改变会在很大程度上影响系统内部因素的发展，进而影响矿工生计脆弱性的演化趋势。例如，矿工收入的单一性导致矿工缺乏应对外部风险的能力，使得矿工生计处于相对脆弱状态，而煤价下跌和产能调控等外部因素的影响，会进一步加剧这种脆弱性。另一方面，人文社会与自然环境之间存在相互作用。矿工生计脆弱性是自然环境和人文社会共同作用的结果，自然环境因素决定了矿工所处环境的资源储备、自然气候条件和生态环境特征，而人文因素则是矿工所处环境的经济、社会和文化特征的综合体现。总的来说，煤炭产业、煤炭城市和矿工个体构成了生计脆弱性体系的主体，内外部人文社会和自然环境因素的相互作用共同催化了生计脆弱性的演化趋势和脆弱性结果。

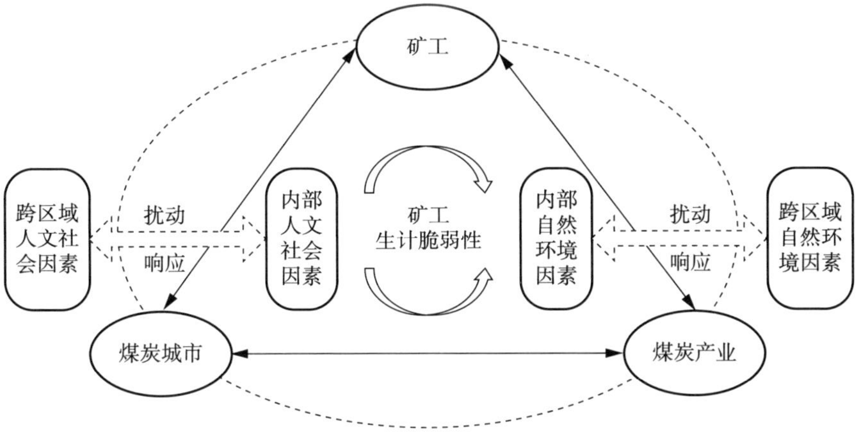

图 4.2　矿工生计脆弱性人文社会—自然环境因素的相互作用

4.2.2　矿工生计脆弱性的 SLA 模型分析

SLA 框架揭示了一个理解贫困的框架，指出了根除贫困的潜在机会，揭示出人们如何利用大量的财产、权利和可能的策略去追求某种生计出路的途径(苏芳等，2009)。SLA 可持续生计分析框架(如图 4.3 所示)由脆弱性背景、生计资本、结构和制度的转变、生计策略和生计输出 5 个部分组成(苏芳等，2009)。其中，脆弱性是一种承受灾害和损失的潜能，主要包括冲击、趋势和季节性；生计资本是 SLA 框架的核心，包括物质、自然、人力、金融和社会这 5 种生计资本(如图 4.4 所示)，其被认为是在个人、家庭和社会层面上支撑生计的基础(Morse et al.，2013)；结构和制度的转变是指形成生计的组织机构以及相应的政策制度的一种完善，这些结构和政策涉及个人、家庭、集体、公共领域的各个层面，它们决定着不同生计资本的拥有与相互转换、生计资本策略的实施和反馈等(苏芳等，2009；Leach et al.，2013；Barry et al.，2004)；生计策略是指人们对资本利用的配置和经营活动的选择，主要包括生产活动和投资策略等；生计输出是生计策略或目标的实现或结果。这些组成成分以复杂的方式相互作用、相互影响、相互转化。具体来说，在制度和政策等因素造就的脆弱性背景下，生计资本与政策制度相互影响，并共同决定了采用生计策略的类型，从而导致某种生计结果；而生计结果又反作用于生计资本，影响其性质和状况(苏芳等，2009)。

SLA 方法及其生计资本的构成分析为人们在日常生活实践中发现关键元素提供了重要的知识，也为本书的矿工生计资本的识别提供了重要参考。对于煤炭城市矿工而言，他们的生计能力很大程度上取决于其资本拥有量及资本结构。因此，从宏观经济风险的角度研究矿工的生计脆弱性更具有现实意义。在此基础上，本书结合现有研究文献(唐丽霞等，2010；冯茹，2015；苏芳等，2009)，认为矿工生计资本主要包含五个方面，即物质资本、自然资本、人力资本、金融资本和社会资本。其中，物质资本和金融资本构成矿工的经济资本，主要指多渠道的矿工货币性收入，包括矿工的工资收入和非工资性收入(如金融投资、房租收入等)；自然资本指矿工所处的环境质量，包括生活环境和生产作业环境质量；人力资本指矿工的受教育水平和身体健康水平；社会资本指矿工所处环境的社会关系和社会福利（社会保障水平等）。

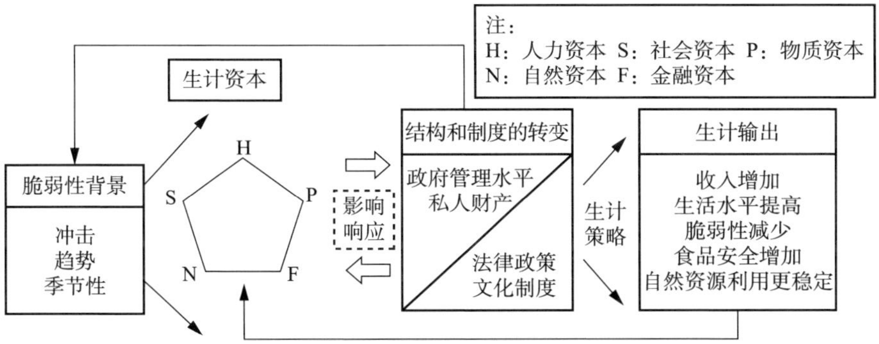

图 4.3　SLA 可持续生计分析框架

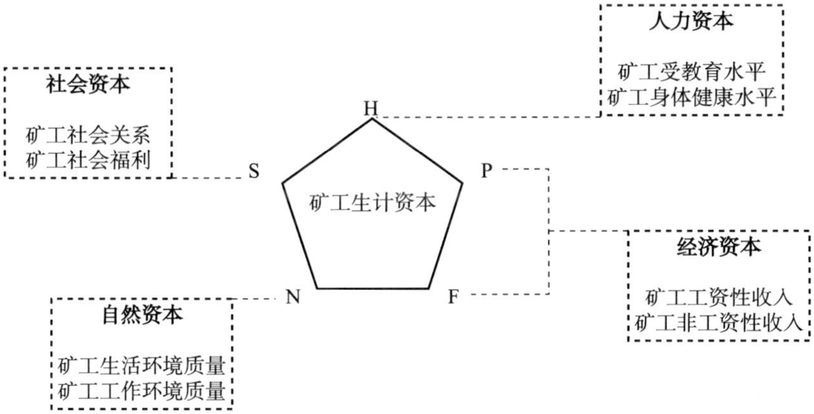

图 4.4　矿工生计资本构成

4.3　矿工生计脆弱性响应机理分析

目前，已有研究尝试将 AHV 脆弱性分析框架和 SLA 可持续生计分析框架结合起来，通过构建一个生计脆弱性综合分析框架来解决生计问题（Huang et al.，2017）。在这一综合框架中，AHV 从人文因素和自然因素的耦合关系出发，系统地阐述了外部风险对系统内部敏感性和适应力的影响作用；而 SLA 从对象所拥有的各种资产入手，细化了生计资本的构成和结构，强调了在生计过程中内在因素的主导作用。将这两种分析框架整合到一个生计脆弱性分析框架中，可以为研究生计问题、揭示生计困难的原因和随之产生的应对机制提供有效和系统的分析。然而，现有采用该方法的研究大都关注气候变化、生态退化等对农牧民家庭生计的影响，而矿工的生计脆弱性这一个严重的社会问题很少被考虑进去。因此，本书中，我们基于矿工生计脆弱性概念，采用生计脆弱性综合分析框架，分析矿工在产能调控背景下的生计脆弱性响应机理(如图 4.5 所示)。矿工生计脆弱性主要包括对风险和压力的暴露度、敏感性以及适应能力。

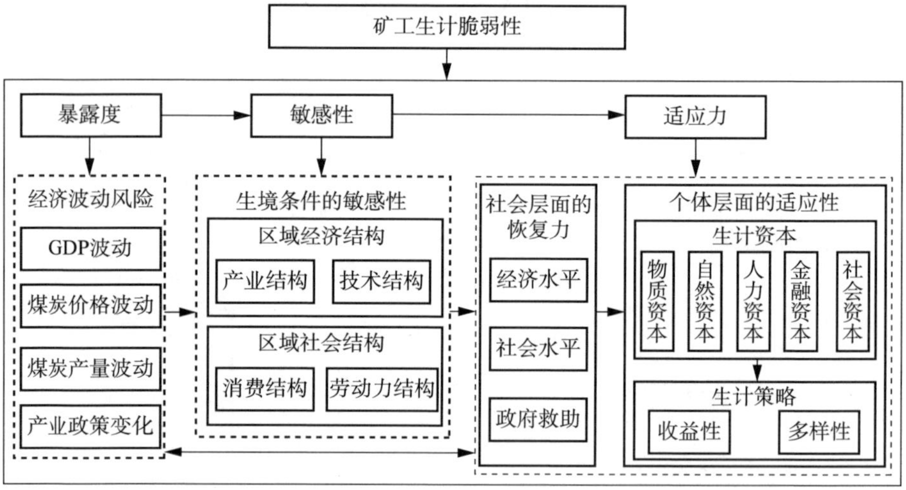

图 4.5 产能调控下矿工生计脆弱性响应机理

具体来说，矿工缺乏承受冲击和适应的能力是生计脆弱性产生的根本原因。适应力包括社会层面的恢复力和个体层面的适应性，两者都是由生计资本和生计策略决定的。生计资本是生计策略的基础(苏芳等，2009)，根据上文分析，我们将其划分为物质资本、自然资本、人力资本、金融资本和社会资本。暴露度是由区域生产总值(GDP)、能源价格、煤炭产量和经济政策波动等外部风险造成的下行压力。敏感性主要是指矿工生境条件的敏感性，包括区域经济结构和社会结构，其中，经济结构包含地区的产业结构和技术结构；社会结构主要指当地的消费结构和劳动力结构。对于煤炭城市、煤炭产业和矿工而言，经济社会结构的稳定性和合理性至关重要。以产业结构为例，对于产业结构过于单一的城市，在其支柱产业受挫时，地区经济发展会大幅下滑且不可避免。煤炭城市依靠煤炭等自然资源实现了快速发展，但是当全国经济增长放缓，煤炭需求不足时，地区的经济增长也会明显放缓甚至大幅下滑，进而导致矿工生计脆弱性的大幅上升。在这种情况下，如果煤炭城市能够通过拓展产业多样性，优化地区产业链，调整产业结构，就能够在风险来临时有效降低矿工生计脆弱性，保障矿工生活条件的相对稳定。具体而言，一方面，区域 GDP、煤炭产量和价格的波动等外部风险，打破了原有的经济社会结构平衡，从而导致矿工内部的生计平衡遭到破坏，进而改变了矿工原有的生计状况，激发了他们内在的脆弱性。同时，个人和政府通过采取有益的行动，以减轻矿工生计的脆弱性。上述要素相互影响，相互作用，构成了矿工生计脆弱性的最终结果。

4.4 本章小结

本章从我国实际问题出发，系统科学地阐释了煤炭城市、矿工和生计脆弱性等相关概念的内涵，并对矿工生计和矿工生计脆弱性的概念进行了界定。在此基础上，我们分别针对 AHV 脆弱性分析框架和 SLA 可持续生计框架从内外两个方面对矿工生计脆弱性进行了阐述，解释了影响矿工生计脆弱性的主要人文社会—自然环境因素，并分析了矿工生计资本的特征与内涵。本章进一步结合 AHV 脆弱性分析框架和 SLA 可持续生计框架，提出了产能调控下矿工生计脆弱性响应机理，并从经济波动风险、生境条件的敏感性、社会层面的恢复力和个体层面的适应性四个方面，阐述了应对外部经济风险时矿工生计脆弱性的演化过程，为矿工生计脆弱性的定量研究奠定了理论基础。

5 基于经济性和公平性的煤炭产能调控优化研究

产能过剩已成为我国煤炭行业可持续健康发展的桎梏，产能调控工作势在必行，这也必将对矿工生计脆弱性产生影响。为尽可能地降低产能调控对矿工生计脆弱性影响，进行兼顾成本和公平的产能调控优化尤为必要。立足于我国产能过剩复杂性和省区经济发展不平衡性的特征，本章首先基于二次分解策略构建全面、真实反映煤炭产能过剩规模发展趋势的预测模型，为产能调控提供精准的数据支撑；其次基于经济性和公平性构建多目标非线性的煤炭产能调控省区配额分配模型，以期在淘汰落后产能的同时，保障矿工的生存权益。

5.1 煤炭产能过剩组合预测模型及实证

5.1.1 模型构建

(1)模型框架

鉴于中国煤炭产能过剩的复杂性以及传统的分解策略特征提取不完全等局限性，本书提出一种基于二次分解策略的组合预测方法，对中国煤炭行业产能过剩问题进行定量分析和预测。该模型框架如图 5.1 所示，主要包括四个步骤：

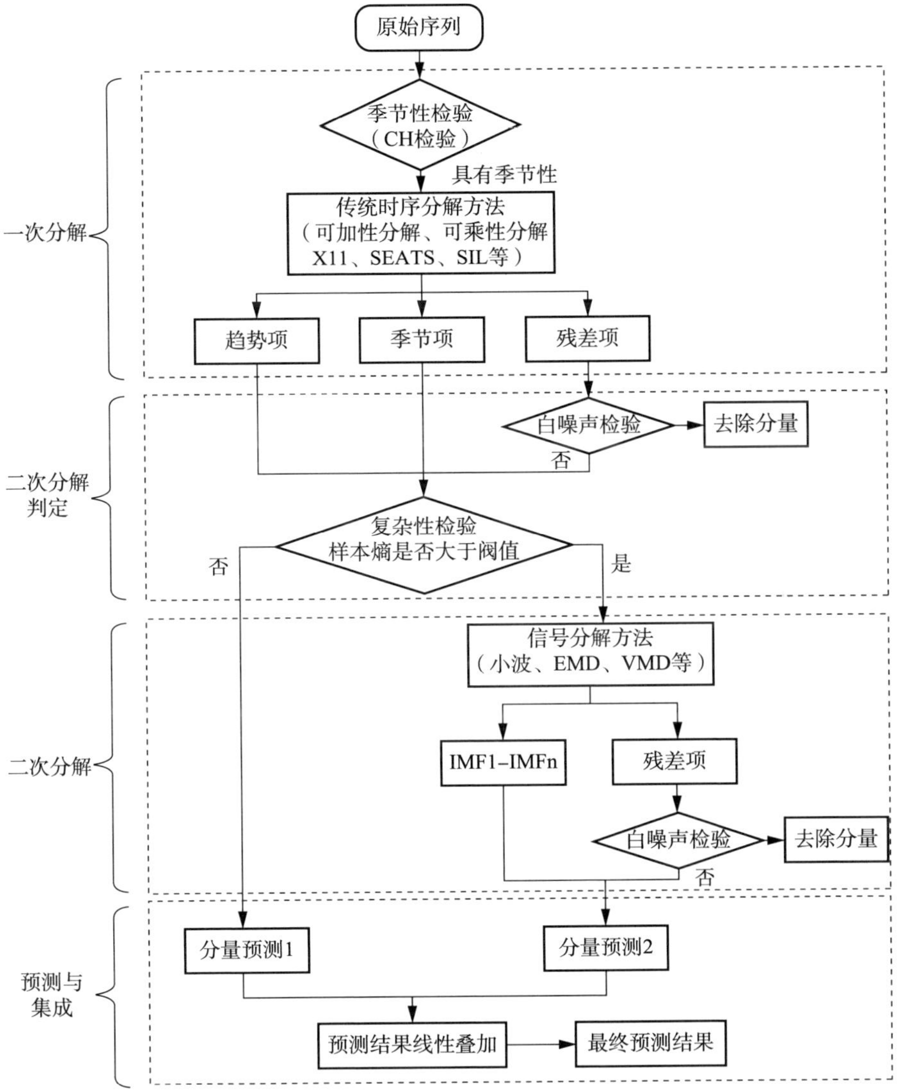

图 5.1 组合预测模型框架

1）一次分解。首先，采用 Canova-Hansen（CH）检验来识别时间序列的季节性；其次，对具有季节性的时间序列，采用传统时序分解方法将序列分解为趋势项、季节项和残差项。

2）二次分解判定。首先，对残差项进行白噪声检验，当且仅当残差项为非白噪声时，残差项进入下一步判定；其次，计算各项(趋势项、季节项等)的样本熵，判定各项的复杂性。

3)二次分解。选择自适应程度高的信号分解方法将复杂性高的各项序列进行二次分解，进一步降低数据的复杂性，揭露更多的隐藏信息。

4)预测与集成。首先，根据不同的复杂性，匹配对应的预测方法，一般而言，复杂性低的数据采用线性预测模型或者非线性映射能力较弱的模型去预测；复杂性高的数据使用非线性映射能力强的模型去预测(王德鲁等，2021)；其次，将不同模型的预测结果进行集成，得到最终的预测结果。

(2)数据检验

1)季节性检验

传统时序分解方法大多将序列分解为趋势项、季节项和残差项，因此，采用传统时序分解方法的前提为时序具有季节性。本书采用 Canova 和 Hansen 在 1995 年提出的 CH 检验来识别时序中的季节性，其零假设为序列中不存在季节单位根，即序列不存在季节性(Hylleberg，1995)。

2)白噪声检验

白噪声序列中任何两个时点的随机变量都不相关，序列中没有任何可以利用的动态规律，其并不会对预测模型提供有益的信息，反而增大建模难度，因此预测时需将其剔除。本书采用 Ljung-Box(LB)检验来检验时序是否为白噪声，其零假设为时序是白噪声。

3)复杂性检验

时序的复杂性是时序分解的基础。本书选取样本熵评估时序的复杂性，样本熵通过度量信号中产生新模式的概率大小来衡量时序复杂性，新模式产生的概率越大，序列的复杂性就越大。样本熵具有两个优势：样本熵的计算不依赖数据长度；样本熵具有更好的一致性，即参数 m 和 r 的变化对样本熵的影响程度是相同的(Niu et al.，2021)。

(3)基于时间序列季节性分解方法的一次分解

本书根据后续实证结果，针对序列具有季节性，选择对异常值不敏感的时间序列季节性分解方法（Seasonal-trend Decomposition Procedure Based on Loess，STL）。STL 是以鲁棒局部加权回归作为平滑方法的时间序列分解方法，其基于 Loess 将数据分解为趋势项、季节项和残差项（Bergmeir et al.，2016）。其中，趋势分量可以捕捉长期变化；季节分量可以捕捉一年内的周期变化；残差分量为趋势分量和季节分量无法解释的变化。STL 通过可加模式来分解数据：

$$Y_v = T_v + S_v + R_v，v = 1，2，\cdots，N \tag{5-1}$$

其中，Y 为原始时间序列；T 为长期趋势分量；S 为季节分量；R 为残差分量。

STL 有内循环和外循环两个递归过程，内循环主要进行趋势项和季节项的更新，外循环主要进行权重的更新。STL 主要过程如下：

Step1：去除趋势项，减去趋势分量 $Y_v - T_v^{(K)}$；

Step2：对 Y_v^d 进行平滑，得到子序列 $\widetilde{S}_v^{(n+1)}$；

Step3：对得到的子序列 $\widetilde{S}_v^{(n+1)}$ 进行处理，得到下一步的趋势项 $\widetilde{T}_v^{(n+1)}$；

Step4：再剔除子序列中的趋势项，得到季节性成分 $S_v^{(n+1)} = \widetilde{S}_v^{(n+1)} - \widetilde{T}_v^{(n+1)}$；

Step5：剔除季节性成分 $Y_v^d = Y_v - S_v^{(n+1)}$；

Step6：再次对 Y_v^d 进行平滑，得到趋势项 $T_v^{(n+1)}$。

（4）基于 VMD 模型的二次分解

本书根据后续实证结果，针对序列的高复杂性，选择自适应、采用完全非递归筛选模式的 VMD 方法。与小波分解、EMD 相比，VMD 在非线性复杂数据分解中更能降低时序的非平稳性，以及具有更强的分离相似频率的能力（Zhu et al.，2019）。VMD 的关键步骤是构建和求解变分优化问题，其实施步骤如下：

Step1：为确定 IMF 的带宽，对其进行希尔伯特变换，计算 $u_k(t)$ 的单侧频谱，得到解析信号：

$$\left[\delta(t)+\frac{j}{\pi t}\right]\times uk(t) \tag{5-2}$$

Step2：给 IMF 混合一个预计的中心频率 $e^{-j\omega_k t}$，将其频谱移动到基频带上，表达式为：

$$\left\{\left[\delta(t)+\frac{j}{\pi t}\right]\times uk(t)\right\}e^{-j\omega_k t} \tag{5-3}$$

Step3：引入约束条件，转化为变分优化问题：

$$\min_{\{u_k\},\ \{\omega_k\}}\left(\sum_{k=1}^{K}\left\|\partial_t\left\{\left[\delta(t)+\frac{j}{\pi t}\right]\times u_k(t)\right\}e^{-j\omega_k t}\right\|_2^2\right)$$

$$s.t.\ \sum_{k=1}^{K}u_k(t)=x(t) \tag{5-4}$$

式(5-4)中：K 为 IMF 分量个数；$\{u_k\}=\{u_1,\ u_2,\ \cdots,\ u_K\}$，$\{\omega_k\}=\{\omega_1,\ \omega_2,\ \cdots,\ \omega_K\}$表示 u_k 的频率中心。

Step4：引入二次惩罚因子 α 和拉格朗日乘子 $\lambda(t)$，构造式(5-5)所示的扩展拉格朗日函数 $L(\{u_k\},\ \{\omega_k\},\ \lambda)$，将约束问题转化为非约束问题：

$$L(\{u_k\},\ \{\omega_k\},\ \lambda)=\alpha\sum_{k=1}^{K}\left\|\partial_t\left\{\left[\delta(t)+\frac{j}{\pi t}\right]*u_k\right\}e^{-j\omega_k t}\right\|_2^2+$$

$$\left\|x(t)-\sum_{k=1}^{K}u_k(t)\right\|_2^2+\left[\lambda(t),\ x(t)-\sum_{k=1}^{K}u_k(t)\right] \tag{5-5}$$

(5)分项预测及集成预测方法

以各分量复杂性和曲线形状为关键依据，从现有广泛应用的预测方法中选取最优适配的预测方法和集成方法。就本书而言，根据后续实证结果，选择高斯过程回归(Gaussian Process Regression，GPR)—非线性自回归神经网络(Nonlinear Autoregressive Neural Network，NARX)预测模型与等权集成方法。

1)基于高斯过程回归的预测模型

GPR 是指用高斯函数对数据点集进行函数逼近拟合外推的模型。GPR 与多项式回归类似，不同的是多项式回归是用幂函数系，而 GPR 是用高斯函数系，其原理如下：

Step1：设数据为$(x_i, y_i)(i=1, 2, 3\cdots)$，用高斯函数描述为：

$$yi=y_{max}\times\exp\left[-\frac{(x_i-x_{max})^2}{S}\right] \tag{5-6}$$

其中，待估参数y_{max}、x_{max}和S分别为高斯曲线的峰值、峰值位置和半宽度信息。

Step2：对公式(5-6)两边取自然对数，化为：

$$\ln yi=\ln y_m ax-\frac{(x_i-x_{max})^2}{S}=(\ln y_m ax-\frac{x_{max}^2}{S})+\frac{2x_i x_{max}}{S}-\frac{x_i^2}{S} \tag{5-7}$$

Step3：令$\ln y_i=z_i$，$\ln y_{max}-\frac{x_{max}^2}{S}=b_0$，$\frac{2x_i x_{max}}{S}=b_1$，$-\frac{1}{S}=b_2$，并将其表示为矩阵形式$\begin{bmatrix} z_1 \\ z_2 \\ \cdots \\ Z_n \end{bmatrix}=\begin{bmatrix} 1 & x_1 & x_1{}^2 \\ 1 & x_2 & x_2^2 \\ \cdots & \cdots & \cdots \\ 1 & x_n & x_n^2 \end{bmatrix}\begin{bmatrix} b_0 \\ b_1 \\ b_2 \end{bmatrix}$，并简记为$Z=XB$；

Step4：根据最小二乘原理，构成的矩阵B的广义最小二乘解为

$$B=(X^T X)^{-1}X^T Z \tag{5-8}$$

Step5：根据公式(5-7)求出待估参数y_{max}、x_{max}和S。

2)基于 NARX 的预测模型

NAXR 模型是线性外生输入的自回归(ARX)模型在非线性情况下的拓展，主要由回归分析器和非线性估计器两部分组成，其模型结构如图 5.2 所示。

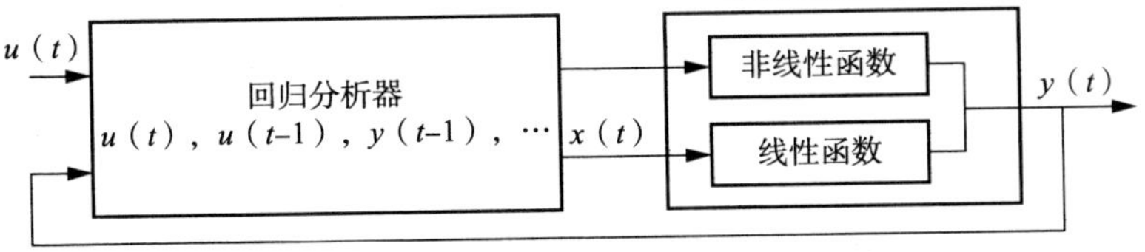

图 5.2　NAXR 模型

NAXR 模型的简化模型可以表述为：

$$y(t)=f[y(t-1), \cdots, y(t-n_a), u(t-n_k), \cdots, u(t-n_k-n_b+1)] \tag{5-9}$$

其中，$y(t)$为模型的输出值；$u(t)$为模型的输入值；$f(\cdot)$是一个非线性函数，它的确定取决于训练数据；n_a 是 NARX 模型的输出阶次；n_b 是 NARX 模型的输入阶次；n_k 是 NARX 模型输出的延时量。

3)集成预测

在分项预测的基础上，采用组合预测模型中的等权重方法，将分项预测的结果进行叠加求和得到最终的预测结果，预测得到的数据序列可以表示为：

$$x(t)=\text{趋势项}+\text{季节项}+\cdots+IMF1+IMF2+\cdots \tag{5-10}$$

(6)评价准则

为了全面评价预测性能，分别对模型的水平精度、方向精度、稳定性进行评价。其中，水平精度利用相对误差(*RE*)、均方根误差(*RMSE*)、平均相对误差绝对值(*MAPE*)指标进行评价；方向精度利用 *Dstat* 指标进行评价；稳定性利用相对误差绝对值的标准差(*Std.*)进行评价。上述五个指标的数学表达式如下：

$$RE=\frac{x_t-xo_t}{x_t};\ RMSE=\sqrt{\frac{1}{M}\sum_{t=1}^{M}(x_t-xo_t)^2};\ MAPE=\frac{1}{M}\sum_{t=1}^{M}\left|\frac{x_t-xo_t}{x_t}\right|;$$

$$D_{stat}=\frac{1}{M}\sum_{t=1}^{M}a_t\times 100\%; \tag{5-11}$$

$$Std.=\sigma$$

其中：x_t 为实际值，xo_t 为预测值，M 为测试集的样本数；σ 为 $|RE|$ 的标准差。如果$(xo_{t+1}-x_t)(x_{t+1}-x_t)\geqslant 0$，则 $a_t=1$，表明模型在 $t+1$ 时期的方向预测正确；否则 $a_t=0$，表明模型在 $t+1$ 时期的方向预测错误。显然，*RE*、*RMSE*、*MAPE* 的值越小模型的水平预测精度越高；*Dstat* 的值越大模型的方向预测精度越好；*Std.* 的值越小模型的预测稳定性越好。

5.1.2 数据来源

鉴于数据的可获得性以及核算的科学性，从成本的角度来直接测算产能过剩规模是非常困难的。在实际应用中，产能过剩的测度借助产能利用率来进行核算。本书利用产能利用率这个变量来间接测算煤炭行业产能过剩的规模。煤炭行业产能过剩的规模是实际产能与实际产量的差值，其计算方法如下：

$$OC = C - P = P/CU - P \tag{5-12}$$

其中 OC 代表产能过剩规模，C 代表实际产能，P 代表实际产量，CU 代表产能利用率。实际产出量 P 的数据来源于国家统计局数据库，时间区间为 1989 年 1 月至 2020 年 12 月。1989—2016 年的产能利用率 CU 的数据取三种不同意义上的产能利用率（即 ECU、TCU 和 PCU）的平均值，ECU、TCU 和 PCU 的数据可以根据现有研究的测算结果和《中国能源统计年鉴》《中国煤炭工业统计年鉴》中相关指标数据延续计算得出；2017—2020 年的产能利用率 CU 的数据来源于国民经济和社会发展统计公报。

参考已有关于产能利用率的文献，本书选取了 3 种不同意义上的产能利用率作为依据，即通过超越成本函数计算的经济意义上的产能利用率（ECU），通过数据包络分析（DEA）计算的技术意义上的产能利用率（TCU），以及通过生产函数计算的物理意义上的产能利用率（PCU）。通过对比三种不同意义上的测算结果发现，每种意义上的产能利用率数值比较接近。为了保证数据的科学性与合理性，本书通过计算 3 种不同意义上的产能利用率的算术平均值来获得产能利用率数据，如表 5.1 所示。

表 5.1 煤炭产能利用率 单位：%

年份	ECU	TCU	PCU	$CU=(ECU+TCU+PCU)/3$
1989	—	66.78	69.27	68.03
1990	—	69.95	70.36	70.16
1991	—	70.59	65.87	68.23
1992	—	65.06	64.65	64.86

续表

年份	*ECU*	*TCU*	*PCU*	*CU*=(*ECU*+*TCU*+*PCU*)/3
1993	—	66.28	62.08	64.18
1994	71.42	68.56	64.77	68.25
1995	71.19	69.03	67.25	69.16
1996	73.69	70.65	67.58	70.64
1997	71.57	65.99	65.24	67.60
1998	65.75	66.92	64.14	65.60
1999	67.41	58.31	53.70	59.81
2000	67.78	71.06	67.92	68.92
2001	76.38	82.25	64.39	74.34
2002	83.59	83.90	73.13	80.21
2003	83.10	84.39	86.02	84.50
2004	87.56	85.89	93.23	88.89
2005	76.37	87.02	95.28	86.22
2006	78.58	89.86	92.67	87.04
2007	81.78	93.64	91.21	88.88
2008	77.36	88.98	88.20	84.85
2009	91.50	85.42	86.59	87.84
2010	86.44	86.73	88.26	87.14
2011	82.47	88.56	91.16	87.40
2012	68.25	69.89	69.95	69.36
2013	78.03	70.25	71.59	73.29
2014	76.01	72.17	73.98	74.05
2015	72.02	69.87	71.05	70.98
2016	65.29	61.44	69.38	65.37
2017				70.50
2018				70.60
2019				70.60
2020				69.8

注：*ECU* 数据来源于赵宝福和黄振国(2014)，*TCU* 数据来源于冯东梅等(2015)，*PCU* 数据来源于张言方(2014)。

基于以上数据的整理和计算，得到本书的样本数据集，1989 年 1 月至 2020 年 12 月的中国煤炭行业产能过剩规模的时间序列，共 336 个以月度为单位的数据点，时间序列趋势如图 5.3 所示，可以发现，在 2016 年 12 月，煤炭产能过剩规模达到最大值 1.66 亿吨；煤炭产能过剩规模的最小值为 0.21 亿吨，出现在 2004 年 1 月；煤炭产能过剩规模的平均数和中位数分别为 0.63 亿吨和 0.45 亿吨。在预测时，样本数据分为训练集和测试集两个部分，其中 1989 年 1 月至 2019 年 12 月的数据用作模型训练的训练集，2020 年 1 月至 2020 年 12 月的数据用作评估模型性能的测试集。同时，为减少共线性、异方差等影响，将数据进行对数化处理。

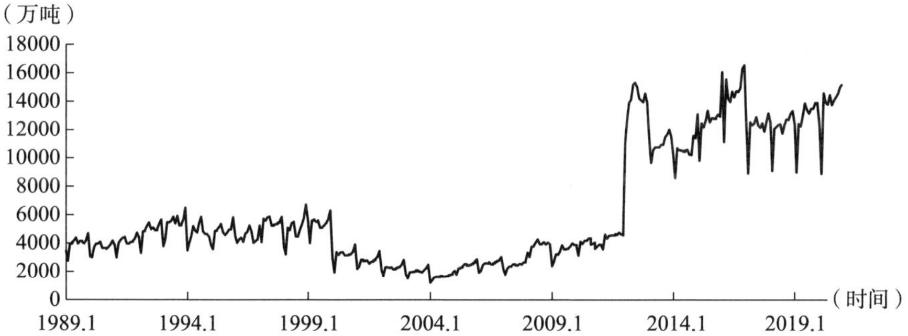

图 5.3　煤炭行业产能过剩规模时间序列

5.1.3　实证结果及讨论

（1）数据一次分解结果与分析

1）CH 检验结果

利用 CH 检验，识别 1989—2019 年煤炭产能过剩规模对数时间序列数据（以下简称为原序）的季节性，结果如表 5.2 所示，可以发现：在显著性水平为 1%时，原序的 LM 统计量大于临界值，说明在 99%的置信水平下拒绝零假设，即序列具有季节性。

表 5.2　CH 检验结果

LM 统计量	显著性水平	临界值
3.88	1%	3.27

注：CH 检验结果借助 Eviews11 得到。

2）STL 分解结果

由于原序具有季节性，因此采用能够提取季节特征且对异常点具有健壮性的 STL 将数据分解。值得说明的是，STL 分解只能进行可加性分解，但由于先前对序列进行了对数化运算，此处本质上是可乘性分解。原序分解结果如图 5.4 所示，可以发现季节项、趋势项和残差项各有特点，季节项规律性非常强，趋势项整体呈线性且变化幅度最大，残差项呈现复杂非线性且波动频率最大。

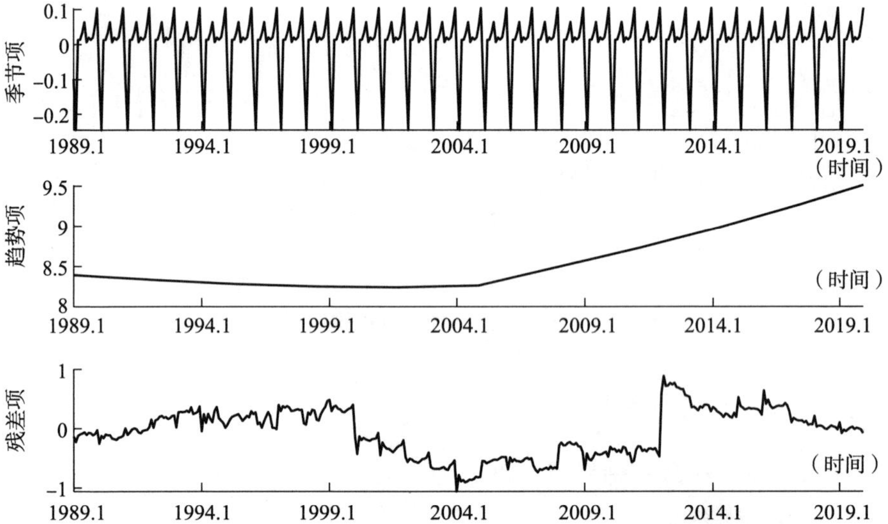

图 5.4　STL 分解结果

（2）二次分解判定结果

1）白噪声检验

由于白噪声没有预测价值，本书采用 LB 检验来判断残差项是否为白噪声。本书利用 R 语言对残差项进行 LB 检验，结果显示，其 p 值为 0，远小于 1%，说明在 99%的置信水平上拒绝零假设，即残差项为非白噪声。

2)复杂性检验

本书计算原序及其分解得到的趋势项、季节项、非白噪声的残差项的样本熵，判断各项是否进行二次分解，结果如表 5.3 所示。由表 5.3 可以发现：趋势项、季节项和残差项均小于原序，也意味着通过 STL 分解，各分量复杂性均小于原序；残差项的样本熵仅略低于原序，其仍较为复杂。因此，分解能够降低序列复杂性，且有必要对残差项进一步分解。

表 5.3 各序列样本熵

	对数序列	趋势项	季节项	残差项
样本熵	0.449	0.259	0.0073	0.439

注：样本熵的取值与 m 和 r 相关，但样本熵具有良好的一致性，其熵值增大与减小的趋势并不受 m 和 r 的影响，本书取 $m=2$，$r=0.2\mathrm{SD}$，SD 为各序列的标准差。

(3)二次分解结果与分析

1)残差项 VMD 分解结果

鉴于残差项的波动频率高且无显著的规律，采用信号分解中以非递归策略筛选模式的 VMD 方法将残差项分解成多个 IMF。在 VMD 分解之前，必须要确定合适的 IMF 个数(K 值)。K 值过小，可能会出现分解不完全，其本身规律性被破坏现象；而 K 值过大，则会出现模态混叠现象。本书通过观察不同 K 值对应的各模态瞬时频率的平均值来确定 VMD 分解的最佳 K 值。K 取 2~9 时的各模态瞬时频率平均值及其曲率如图 5.5 所示。由图 5.5 可知，当 K=5 时，曲率曲线出现显著的弯曲，即瞬时频率曲线有两个显著的弯曲，因此，最佳 K 值为 4。令 K=4，VMD 分解结果及其对应频谱如图 5.6 所示。从频谱上来看，IMF1-IMF4 振幅逐渐减少，波动频率逐渐增大。

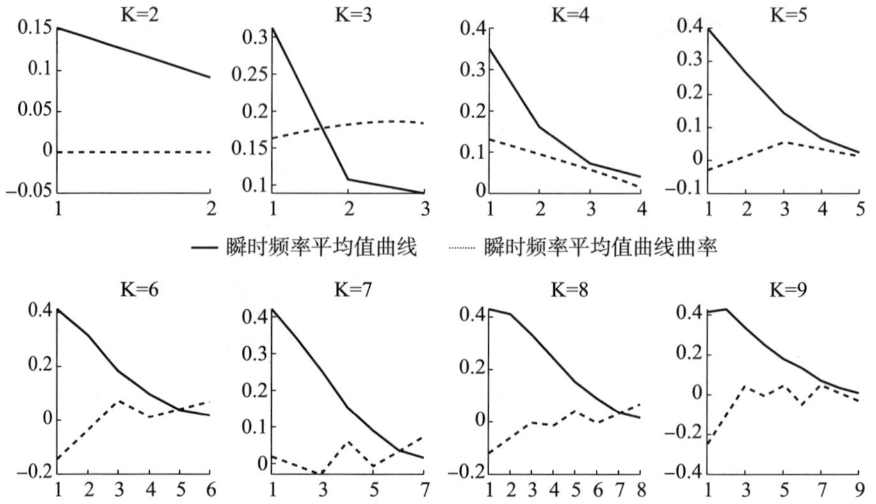

图 5.5 各模态瞬时频率平均值及其曲率曲线

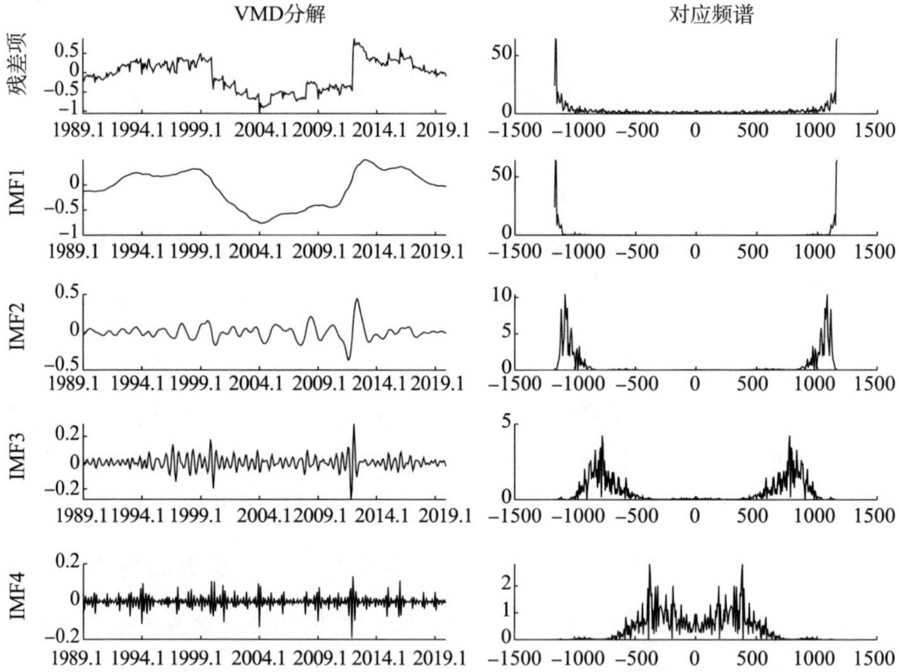

图 5.6 残差项分解结果及其对应频谱

2) VMD 余项白噪声检验

鉴于现有研究大多忽略 VMD 分解的余项，本书将余项纳入预测范围，通过残差项减去 IMF1-IMF4 得到 VMD 余项，如图 5.7 所示。对 VMD 余项进行白噪声检验，结果显示，VMD 余项的 LB 检验的 p 值为 0.00，即在 99%的置信水平上 VMD 余项不为白噪声，具有一定的预测价值。

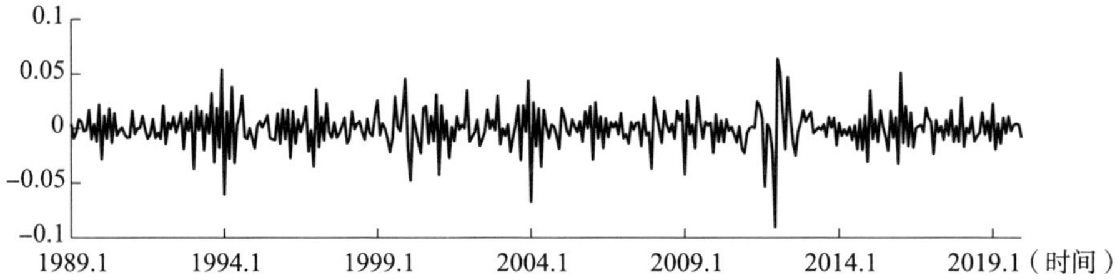

图 5.7　VMD 余项

（4）分项预测及集成预测结果

1）预测分量及其预测方法确定

需预测的分量及其预测方法如图 5.8 所示。根据数据分解和数据检验结果，进入预测的分量为通过 STL 分解原序得到的季节项、趋势项以及通过 VMD 分解得到的 IMF1、IMF2、IMF3、IMF4 和 VMD 余项。鉴于各分量不同的形状和特征，本书对其采用不同的方法预测。季节项固定不变，其预测值通过对应周期直接获得；趋势项较为简单且整体上为线性，对其采用 GPR 进行预测；IMF1-IMF4 和 VMD 余项呈现出复杂性和非线性，对其采用 NARX 进行预测。

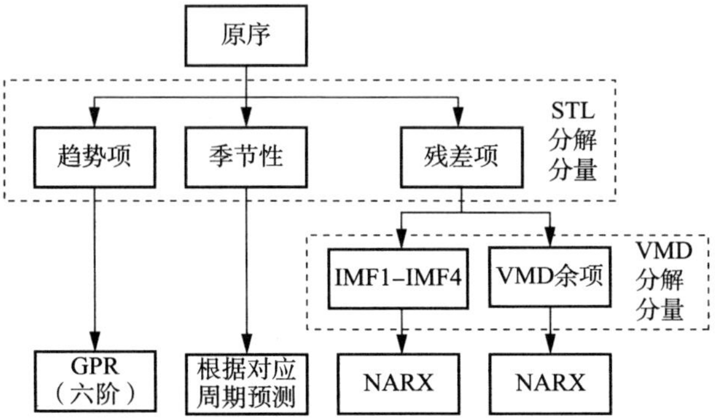

图 5.8　需预测的分量及其预测方法

2）预测性能评价

为了验证预测模型的有效性，以 2020 年 1 月—2020 年 12 月的煤炭产能过剩规模数据作为测试集，对比预测值和实际值以评估预测效果。经过多次试验，六阶 GPR 与趋势项拟合最好，各参数如表 5.4 所示。同时，本书将单模型（NARX）、一次分解模型（STL-GPR-NARX 和 VMD-NARX）和二次分解模型（VMD-REMD-NARX 和 STL-VMD-NARX）作为对照①，评估本书提出的 STL-VMD-GPR-NARX 模型的预测效果。图 5.9 和表 5.5 展示了不同预测模型样本外预测的拟合效果。结合图 5.9 与表 5.5 可以发现：

1）从单模型与分解集成预测模型来看，一般来说，分解集成模型能够降低预测难度，更好地捕捉数据隐藏的模式与规律。

2）从分解策略来看，二次分解策略不一定优于单次分解策略。由于每一次分解、预测都会产生一定误差，当无序分解预测时，非但不能降低预测难度，甚至还会因为累积估计误差降低预测精度，如 VMD-REMD-NARX 模型劣于 STL-GPR-NARX 模型。

3）从预测策略来看，预测模型应与数据特征、曲线形状相匹配，复杂度高的模型不一定优于复杂度低的模型，如 STL-VMD-GPR-NARX 模型优于 STL-VMD-NARX 模型。

4）就煤炭产能过剩规模而言，STL-VMD-GPR-NARX 模型在预测水平精度、方向精度和稳定性上优于单模型、一次分解集成模型以及其他二次分解集成预测模型。这也验证了本书提出的以数据特征为导向的二次分解策略的有效性。

---

① 为尽可能排除 EMD 模态混叠和端点效应的固有局限性的影响，本书采用 Liu Zhiliang 提出的鲁棒模式经验分解（Robust Empirical Mode Decomposition，REMD）。REMD 代码详见网页 https://www.mathworks.com/matlabcentral/fileexchange/70032-robust-empirical-mode-decomposition-remd.

表 5.4 GPR 参数

阶数	1	2	3	4	5	6
a	6.827	1.115	8.386	0.1103	1.936	0.4521
b	425	310.4	-13.68	156.4	234.5	122.1
c	121.1	65.89	399.9	34.33	79.81	64.18
SSE		0.003269		R^2		0.9999
RMSE		0.003039		调整后的 R^2		0.9999

表 5.5 不同模型的预测性能比较

月份	实际值	NARX		STL-GPR-NARX		VMD-NARX	
		预测值	误差	预测值	误差	预测值	误差
1	12271.89	13763.09	12.15%	12431.49	-1.30%	13677.88	-11.46%
2	8886.541	13883.99	56.24%	10484.31	-17.98%	13386.96	-50.64%
3	14592.05	12887.28	-11.68%	14541.14	0.35%	13574.82	6.97%
4	13937.04	12880.06	-7.58%	14614.72	-4.86%	13754.46	1.31%
5	13795.08	13028.12	-5.56%	15062.47	-9.19%	13666.86	0.93%
6	14462.94	13169.87	-8.94%	14008.08	3.15%	13634.64	5.73%
7	13756.19	13674.53	-0.59%	14620.24	-6.28%	13557.07	1.45%
8	14096.61	13804.23	-2.07%	13186.2	6.46%	13563.95	3.78%
9	14324.36	12529.33	-12.53%	14724.05	-2.79%	13725.95	4.18%
10	14564.71	13586.77	-6.71%	15325.08	-5.22%	13598.05	6.64%
11	15025.28	13431.86	-10.60%	16050.66	-6.82%	13624.13	9.33%
12	15225.17	13580.10	-10.80%	15995.57	-5.06%	13782.39	9.48%
MAPE			12.12%		5.79%		9.32%
RMSE			1892.92		856.91		1572.20
Dstat			50.00%		66.67%		41.67%
Std.			0.14		0.05		0.13
月份	实际值	VMD-REMD-NARX		STL-VMD-NARX		STL-VMD-GPR-NARX	
		预测值	误差	预测值	误差	预测值	误差
1	12271.89	13670.11	-11.39%	11529.53	6.05%	11497.95	6.31%
2	8886.541	13606.96	-53.12%	10112.54	-13.80%	10165.01	-14.39%
3	14592.05	13631.85	6.58%	14072.28	3.56%	13993.57	4.10%
4	13937.04	13716.78	1.58%	13360.25	4.14%	13558.29	2.72%

续表

月份	实际值	VMD-REMD-NARX		STL-VMD-NARX		STL-VMD-GPR-NARX	
		预测值	误差	预测值	误差	预测值	误差
5	13795.08	13615.39	1.30%	13289.29	3.67%	13579.89	1.56%
6	14462.94	13696.89	5.30%	13713.46	5.18%	14171.11	2.02%
7	13756.19	13562.96	1.40%	13266.74	3.56%	13442.38	2.28%
8	14096.61	13726.43	2.63%	13069.84	7.28%	13610.08	3.45%
9	14324.36	13818.03	3.53%	13114.49	8.45%	13743.91	4.05%
10	14564.71	13630.52	6.41%	13158.84	9.65%	13815.52	5.14%
11	15025.28	13696.47	8.84%	13507.05	10.10%	14334.52	4.60%
12	15225.17	13865.41	8.93%	14292.14	6.13%	15228.48	-0.02%
MAPE			9.25%		6.80%		4.22%
RMSE			1600.65		974.01		617.60
Dstat			41.67%		50.00%		66.67%
Std.			0.14		0.03		0.04

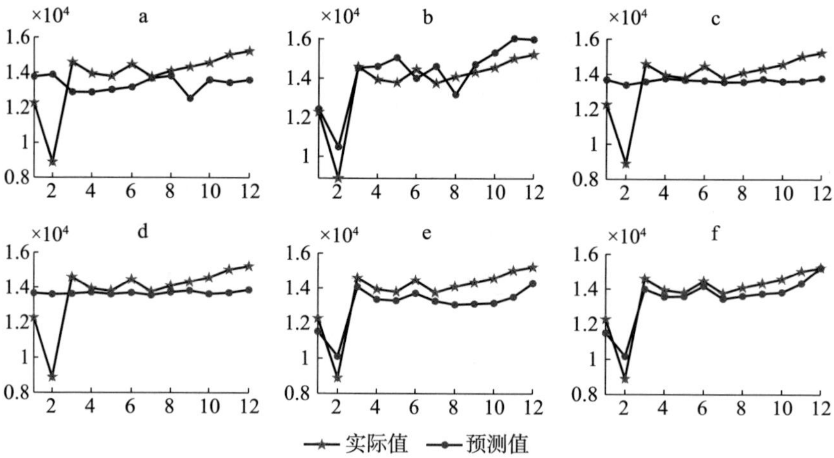

图 5.9　各模型样本外预测结果

(a) NARX (b) STL-GPR-NARX (c) VMD-NARX (d) VMD-REMD-NARX (e) STL-VMD-NARX (f) STL-VMD-GPR-NARX

2) 预测结果及讨论

基于以上分析，可以证明本书构建的 STL-VMD-GPR-NARX 模型具有较高的预测精度。囿于数据可获得性，经过训练后的模型可用于 2021 至 2023 年中国煤炭行业产能过剩规模和发展趋势预测，为政府和煤炭企业决策者、投资者提供依据。表 5.6 展示了 2021—2023 年产能过剩规模的预测值，根据预测结果可知，2021 年、2022 年、2023 年的煤炭产能过剩规模，分别为 15.79 亿吨、18.57 亿吨和 19.26 亿吨，说明煤炭行业产能过剩规模仍呈上升趋势，但短期内不会出现与 2012 年类似的大幅增加或减少。总体来看，不会出现过于剧烈的变化，但存在长期过剩的趋势，产能过剩问题仍不容忽视。

表 5.6　集成预测结果　　单位：万吨

月份	2021 年	2022 年	2023 年
1	12666.08	13767.76	14205.15
2	11033.24	11387.31	12169.98
3	14519.56	15485.84	16323.08
4	14590.01	15669.88	16333.55
5	15021.43	15583.84	16481.1
6	15443.3	16332.59	16935.52
7	14459.55	16058.39	16138.6
8	14758.32	15920.75	16444.97
9	14904.33	15616.94	16220.3
10	14910.13	15756.38	16440.52
11	15576.15	16751.72	17007.46
12	16730.22	17347.97	17868.88
总计	157882.10	185679.36	192569.11

5.2　煤炭产能调控省份配额分配模型及实证

5.2.1　模型构建

(1)基于面板变系数模型的省区煤炭边界生产函数估计

生产函数法是目前国际上估算潜在产出使用最多的方法。该方法建立在经济增长理论基础之上，能够揭示要素投入和产出之间的关系，便于分析资本、劳动力投入以及技术进步对产出的贡献度，且满足数据的可获得性要求（Klein & Preston，1967）。因此，本书选择生产函数法测度中国各省份煤炭产业的潜在产出。主要步骤如下：首先，确定边界生产函数的基本形式，利用普通最小二乘法估计出生产函数的具体形式；其次，计算样本区间内的产出量观测值与其相对应的平均生产函数的估计值之差，取其差的最大值加到平均生产函数的常数项上，得到边界生产函数的具体形式；最后，根据边界生产函数的具体形式，计算出潜在产出。

由于实证分析中所采用的数据为2000—2015年中国25个产煤省份的面板数据，在回归分析前需设定模型形式。面板数据模型一般可以为混合模型、固定效应模型、随机效应模型、变系数模型四类。由于中国各省区在煤炭资源禀赋、经济发展水平、技术水平等存在明显的异质性，采用不变系数模型不仅无法很好地刻画解释变量的参数随截面或时间的不同而发生的变化，而且会影响模型系数估计的有效性（Greene，2011），从而导致各省区煤炭产能的高估或低估。因此，我们采用面板变系数模型来估计煤炭生产函数的具体形式。

将边界生产函数设定为使用最为广泛的Cobb-Douglas生产函数，其基本形式为：

$$Y=f(K,\ L,\ A)e^{-u}=AK^{\alpha}L^{\beta}e^{-u} \tag{5-13}$$

其中Y表示产出，K表示资本投入，L表示劳动力投入，α和β分别表示资本和劳动的产出弹性。对式（5-13）两边取对数，得到：

$$\ln Y=\ln A+\alpha\ln K+\beta\ln L-u \tag{5-14}$$

则边界生产函数为：

$$\ln Y^{*}=\ln A+\alpha\ln K+\beta\ln L \tag{5-15}$$

其中Y^{*}表示最大的潜在产出水平。令$\ln A=\delta$，$E(u)=\varepsilon$，则式（5-14）可改写为：

$$\ln Y=\alpha\ln K+\beta\ln L+(\delta-\varepsilon)-(u-\varepsilon) \tag{5-16}$$

由 $E(u-\varepsilon)=0$，采用面板数据的变系数模型和最小二乘法进行估计，可以得到等式：

$$\ln \hat{Y}_i=\hat{\alpha}_i\ln K+\hat{\beta}_i\ln L+(\delta_i-\hat{\varepsilon}_i)，i=1，\cdots，n \tag{5-17}$$

式(5-17)即为平均生产函数。根据所有的实际产出量都在边界生产函数的下面这一性质，进一步得到：

$$\max(\ln Y_i-\ln\hat{Y}_i)=\max\{\ln Y_i-[\hat{\alpha}_i\ln K+\hat{\beta}_i\ln L+(\delta_i-\hat{\varepsilon}_i)]\} \tag{5-18}$$

式(5-18)即为 $\hat{\varepsilon}$ 的值，带入式(5-17)即可得到 $\hat{\delta}$ 的值。于是，估计出的边界生产函数为：

$$\hat{Y}_i=e^{\hat{\delta}_i}K^{\hat{\alpha}_i}L^{\hat{\beta}_i} \tag{5-19}$$

(2)省区煤炭去产能成本的估算

根据生产要素理论，煤炭去产能成本主要包括劳动力安置成本和固定资产处置成本两个部分。一方面，中国煤炭产业仍属于劳动密集型行业，[①] 去产能必然会引发大量人员下岗和安置问题；另一方面，煤矿生产设备与设施的专用性很强，其用途单一，难以移作他用，而且大部分固定资产投入到井下，一旦矿井关闭，这些资产往往难以处置和回收。因此，在本书中，我们主要考虑人员安置成本和固定资产处置成本。

1)人员安置成本

目前煤炭企业在去产能过程中采用的富余职工安置方式主要有内部退休、内部分流、外部分流、自主创业、解除劳动合同。根据国家相关政策和法律法规、各煤炭生产省区发布的煤矿职工分流安置方案，本书设计了煤矿职工安置成本的估算方法，如表 5.7 所示。

① 例如，2012 年美国煤炭产量为 10 亿吨，行业从业人员约 10 万人。同年中国煤炭产量为 36.5 亿吨，行业从业人员约 525 万人。也就是说，中国煤炭产量为美国的 3.6 倍，产业工人却为美国的 52.5 倍。

表 5.7　人员安置方式及成本估算方法

安置方式	基本含义	成本构成	估算公式
内部退休	指职工虽不到法定退休年龄，但符合一定条件，经相关部门批准后退职退岗	主要包括职工内退期间的日常生活成本、社会保险费用和住房公积金	$C_{I_i}=(S_{1i}a_{1i}+S_{2i}b_{1i}SR_{1i})t_{1i}$， C_{I_i}为退休职工人均安置成本，S_{1i}为煤炭产业从业人员平均工资(单位：元/年·人)，a_{1i}为退休人员生活费占煤炭采选业就业人员平均工资比例，S_{2i}为城镇单位在岗职工平均工资(单位：元/年·人)，b_{1i}为缴费基数占城镇单位在岗职工平均工资比例，SR_{1i}为社会保险与住房公积金缴纳比例之和，t_{1i}为内部退休期间缴费年限(单位：年)
分流安置	指将富余人员向企业内存量矿井、非煤产业进行分流，或通过建立劳务服务公司将富余人员向其他企业进行分流，或引导职工自主创业	分流职工待岗或创业期间的日常生活成本、社会保险费用、住房公积金和培训费	$C_{Ri}=(S_{mi}a_{2i}+b_{2i}S_{2i}SR_{2i}+S_{1i}\lambda)t_{2i}$， C_{Ri}为分流职工人均安置成本，S_{mi}为各省份最低工资标准(单位：元/年·人)，a_{2i}为分流职工待岗期间生活费占最低工资标准的比例，SR_{2i}为待岗期间社保费用及住房公积金缴纳比例之和，λ为培训费占煤炭行业从业人员平均工资的比例，t_{2i}为平均待岗年限(单位：年)
解雇	指企业与职工依法终止或解除劳动合同	企业向职工支付一次性经济补偿金	$C_{Di}=\frac{S_{1i}}{12}t_{3i}$ C_{Di}为解雇人员人均安置成本，t_{3i}为解雇人员的平均工作年限

2) 固定资产处置成本

由于煤炭生产的特殊性，煤炭产业大部分资产固化于煤田或矿井的建设中(例如井下采掘、通风与运输系统以及地面生产系统)，主要生产设施和设备只能用于煤炭生产，难以改作他用，资产专用程度高。一旦矿井关闭，这些固定资产通常难以回收和处置。因此，我们采用固定资产净损失表示去产能过程中发生的固定资产处置成本。用固定资产可回收金额与固定资产存量的比值表示固定资产可回收率(SI)，SI=固定资产原值×预计净残值率/固定资产净值平均余额，$(1-SI)$则表示固定资产损失率。

3）去产能成本估算

设人均资本为 k_i，$k_i=K_i/L_i$，将其带入估计出的生产函数 $\hat{Y}_i=e^{\hat{\delta}_i}K^{\hat{\alpha}_i}L^{\hat{\beta}_i}$，则 $K_i=(\hat{Y}_i k_i^{\hat{\beta}_i}/e^{\hat{\delta}_i})^{1/(\hat{\alpha}_i+\hat{\beta}_i)}$，$L_i=(\hat{Y}_i/k_i^{\hat{\alpha}_i}e^{\hat{\delta}_i})^{1/(\hat{\alpha}_i+\hat{\beta}_i)}$。设各省份去产能比例为 R_i，可以得到：

$$\Delta K_i=[1-(1-R_i)^{1/(\hat{\alpha}_i+\hat{\beta}_i)}](\hat{Y}_i k_i^{\hat{\beta}_i}/e^{\hat{\delta}_i})^{1/(\hat{\alpha}_i+\hat{\beta}_i)} \tag{5-20}$$

$$\Delta L_i=[1-(1-R_i)^{1/(\hat{\alpha}_i+\hat{\beta}_i)}](\hat{Y}_i/k_i^{\hat{\alpha}_i}e^{\hat{\delta}_i})^{1/(\hat{\alpha}_i+\hat{\beta}_i)} \tag{5-21}$$

由此，我们可以得到各省份煤炭去产能人员安置成本函数和固定资产处置成本函数：

$$C_i(\Delta K_i)=(1-SI_i)\Delta K_i=(1-SI_i)[1-(1-R_i)^{1/(\hat{\alpha}_i+\hat{\beta}_i)}](\hat{Y}_i k_i^{\hat{\beta}_i}/e^{\hat{\delta}_i})^{1/(\hat{\alpha}_i+\hat{\beta}_i)} \tag{5-22}$$

$$\begin{aligned}C_i(\Delta L)&=(C_{Ii}p_{1i}+C_{Ri}p_{2i}+C_{Di}p_{3i})\Delta L_i\\&=(C_{Ii}p_{1i}+C_{Ri}p_{2i}+C_{Di}p_{3i})\times[1-(1-R_i)^{1/(\hat{\alpha}_i+\hat{\beta}_i)}](\hat{Y}_i/k_i^{\hat{\alpha}_i}e^{\hat{\delta}_i})^{1/(\hat{\alpha}_i+\hat{\beta}_i)}\end{aligned} \tag{5-23}$$

其中 p_{1i}，p_{2i}，p_{3i}分别表示内部退休人员、分流人员、解除劳动人员占去产能过程中需要安置总人员的比例。

（3）去产能配额分配的线性规划模型

由于中国煤炭资源分布和经济发展的不平衡性，各地区煤炭产量和煤炭消费量也存在较大差异。为此，国家发改委和国家能源局 2016 年 12 月联合发布了《中国煤炭工业发展“十三五”规划》，一方面，为化解煤炭过剩产能，提出了 2020 年全国煤炭去产能的总体目标；另一方面，为保障区域煤炭市场需求，优化煤炭发展布局，又分别确定了东北地区、东部地区、中部地区和西部地区的最低煤炭产量。因此，在满足全国煤炭去产能总体目标及各地区煤炭产量的双重约束下，应选择合适的各省份去产能配额方案，以达到全国煤炭去产能成本最小的目标。这是一个非线性规划模型，可以表达如下：

$$
\begin{aligned}
\text{Min } TC &= \sum_i [C_i(\Delta K) + C_i(\Delta L)] \\
&= \sum_i [(1 - SI_i)\Delta K_i + (C_{Ii}p_{1i} + C_{Ri}p_{2i} + C_{Di}p_{3i})\Delta L_i] \\
&= \sum_i \Bigg\{(1 - SI_i)[1 - (1 - R_i)^{\frac{1}{(\hat{\alpha}_i+\hat{\beta}_i)}}](\frac{\hat{Y}_i k_i^{\hat{\beta}_i}}{e_i^{\hat{\delta}}})^{\frac{1}{(\hat{\alpha}_i+\hat{\beta}_i)}} + \\
&\quad (C_{Ii}p_{1i}+C_{Ri}p_{2i}+C_{Di}p_{3i})\times[1-(1-R_i)^{\frac{1}{(\hat{\alpha}_i+\hat{\beta}_i)}}]\frac{\hat{Y}_i}{(k_i^{\hat{\alpha}_i}e^{\hat{\delta}_i})^{1/(\hat{\alpha}_i+\hat{\beta}_i)}}\Bigg\}
\end{aligned}
$$

$$
s.t. = \begin{cases}
\sum_i \hat{Y}_i R_i = T & i = 1, \cdots, 25 \\
\sum_i \hat{Y}_i(1 - R_i) \geqslant A_1 & i = 1, \cdots, 3 \\
\sum_i \hat{Y}_i(1 - R_i) \geqslant A_2 & i = 1, \cdots, 5 \\
\sum_i \hat{Y}_i(1 - R_i) \geqslant A_3 & i = 1, \cdots, 6 \\
\sum_i \hat{Y}_i(1 - R_i) \geqslant A_1 & i = 1, \cdots, 11
\end{cases} \tag{5-24}
$$

其中，TC 为全国煤炭去产能的总成本，R_i 为第 i 个省份的煤炭去产能比例，为决策变量；T 为全国煤炭去产能总量；A_1、A_2、A_3 和 A_4 分别为东北地区、东部地区、中部地区和西部地区的最低煤炭产能。通过求解上述规划模型，得到全国煤炭去产能任务在各个省份的最优分配方案，从而达到全国去产能成本的最小化。

5.2.2 数据来源与参数设置

中国煤炭资源丰富，并主要分布于25个省份产区。这些省份包括东北地区的辽宁(LN)、吉林(JL)和黑龙江(HLJ)3个省份，东部地区的北京(BJ)、河北(HB)、江苏(JS)、福建(FJ)和山东(SD)5个省份，中部地区的山西(SX)、安徽(AH)、江西(JX)、河南(HN)、湖北(HB)和湖南(HUN)6个省份，西部地区的内蒙古(IM)、青海(QH)、宁夏(NX)、新疆(XJ)、广西(GX)、重庆(CQ)、四川(SC)、贵州(GZ)、云南(YN)、陕西(SHX)和甘肃(GS)11个省份。

对于各省份煤炭边界生产函数相关参数的估计，产出 Y 采用原煤产量（单位：万吨）测量，资本投入 K 采用煤炭产业固定资产净值平均余额测量，劳动力投入 L 采用煤炭行业从业人员平均人数测量。这些指标的数据来自《中国工业经济统计年鉴（1981—2016）》。

对于各省份去产能过程中固定资产处置成本的估算，煤炭产业固定资产原值和固定资产净值平均余额的数据来自各省份 2016 年统计年鉴。根据国家税务总局发布的《关于做好已取消的企业所得税审批项目后续管理工作的通知》，固定资产预计净残值率取 3%。

对于各省份去产能过程中富余人员安置成本的估算，煤炭产业从业人员平均工资数据来自《中国劳动统计年鉴》，城镇单位在岗职工平均工资数据来自《中国统计年鉴 2016》，最低工资标准数据来自人力资源和社会保障部官方网站（http：//www. mohrss. gov. cn）。根据人力资源和社会保障部发布的《关于加强国有企业下岗职工管理和再就业服务中心建设有关问题的通知》《关于调整工伤保险费率、降低社会保险费率、生育保险费率政策的通知》，以及《违反和解除劳动合同的经济补偿办法》，$a_{1i}=0.6$，$b_{1i}=0.7$，$SR_{1i}=0.38$，$t_{1i}=5$，$a_{2i}=0.7$，SR_{2i}，$\lambda=0.015$，$t_{2i}=3$，$t_{3i}=12$。对于各省份去产能过程中，内部退休人员、分流人员和解除劳动人员占需要安置总人数的比例（即 p_{1i}，p_{2i}和 p_{3i}），根据人力资源和社会保障部发布的《关于制止和纠正违反国家规定办理企业职工提前退休有关问题的通知》，结合各省份发布的煤炭行业富余人员安置方案和从业人员平均年龄进行确定。

为确定中国煤炭去产能总量，我们首先利用估计出的各省份煤炭产业边界生产函数，计算出 2015 年各省份煤炭产能。进而根据各省份 2016—2020 年的新增产能，可以得到各省份 2020 年的煤炭产能和全国煤炭总产能①，其中各省份 2016—2020 年的新增产能数据来源于中国煤炭资源网（http：//www. sxcoal. com）。然后，根据《中国煤炭工业发展“十三五”规划》提出的“2020 年中国煤炭产量将控制在 39 亿吨”的要求，并参照现有文献，以 78%~82%作为一个产业合理的产能利用率区间（本书取产能利用率为 80%），可以计算出 2020 年中国煤炭产业的合理产能（Y_r），Y_r = 煤炭产量需求/合理的产能利用率 = 39/0. 8 = 48. 750 亿吨。我们可以进一步计算出 2020 年中国的煤炭去产能总量。同理，我们可以根据《中国煤炭工业发展“十三五”规划》中关于 4 个地区煤炭最低产量，得到相应的各地区煤炭产能约束（A_1、A_2、A_3、A_4）。

5. 2. 3 实证结果及讨论

（1）煤炭去产能配额分配方案

1）全国煤炭产能过剩规模的估算结果

面板数据是既包括横截面也包括时间序列的数据，时间序列不平稳有可能产生伪回归问题，因此必须进行平稳性检验。常用的面板数据单位根检验方法有 ADF 检验、Levin 检验、PP 检验等。本书以 3 种方法中至少两种结果一致为准。检验结果显示，在 0 阶差分时，只有煤炭产业固定资产原值是非平稳时间序列，经过一阶差分，所有变量取对数后都是平稳时间序列。对于非平稳时间序列的面板数据，可以通过差分先转化为平稳时间序列再对它们进行处理，但这样必然会遗失大量信息。最好的处理方法是进行协整检验，如果它们是协整的，说明它们的线性组合确有可能是平稳的，可以直接进行动态面板估计（Greene，2011）。常用的面板数据协整检验方法是 KAO 检验，它是在 Engle-Grander 检验基础上发展起来的一种方法，无须人为确定滞后期。KAO 检验显示 t 检验值为-8. 566，相伴概率为

① 2016 年 2 月国务院发布的《关于煤炭行业化解过剩产能实现脱困发展的意见》明确指出，2016—2020 年，停止审批新建煤矿项目、新增产能的技术改造项目和产能核增项目；确需新建煤矿的，一律实行减量置换。由此可见，2016—2020 年全国煤炭新增产能，主要来源于目前已经通过政府审批的新建和在建项目。

0，表明煤炭产业投入产出之间存在协整关系，因此可以直接进行动态面板估计。

考虑到面板数据的个体间存在同期相关性和异方差，本书运用似乎不相关回归方法(Cross-section SUR)，同时使用 White 截面方法计算系数协方差，从而最大限度地克服随机误差项存在的截面异方差和同期相关问题。资本和劳动力的弹性系数的估计结果如表 5.8 所示。根据前文的计算步骤，可以得到相应的 $\hat{\delta}_i$，如表 5.8 第 5 列所示。结果表明，模型的整体拟合优度 R^2 为 0.993，总体水平较高；而且各省份的回归系数都通过了统计检验，说明模型结果总体是可靠的。

因此，本书利用估计出的各省份煤炭产业边界生产函数，计算出各省 2015 年煤炭产能(即最大潜在产出量)，并根据各省份 2016—2020 年的新增产能得到其 2020 年煤炭产能(如表 5.8 第 6、7 列所示)。可以发现，截至 2020 年中国煤炭产能达到 56.780 亿吨，而满足煤炭市场需求的合理产能仅为 48.750 亿吨，产能过剩规模高达 8.03 亿吨。这意味着中国煤炭行业产能过剩问题已十分严峻，化解煤炭过剩产能任务十分迫切。同时，该结果与国务院 2016 年 3 月提出的 2020 年煤炭去产能总目标相一致，从而验证了本书关于各省份边界生产函数和产能估算结果的合理性和有效性。

表 5.8 各省份煤炭产业边界生产函数估计及产能计算结果

省份	$\hat{\alpha}_i$	$\hat{\beta}_i$	$\delta_i-\hat{\varepsilon}_i$	$\hat{\delta}_i$	2015 年产能（万吨）	2020 年产能（万吨）
LN	0.145 (2.100)**	0.877 (4.494)***	5.006-8.996@ (-3.189)***	-3.827	6083.994	6293.994
JL	0.460 (5.075)***	1.732 (3.574)***	-8.865-8.996@ (-3.189)***	-17.598	4283.090	4484.090
HLJ	0.629 (3.628)***	0.397 (3.087)***	3.860-8.996@ (-3.189)***	-4.929	8891.674	10954.674

续表

省份	$\hat{\alpha}_i$	$\hat{\beta}_i$	$\delta_i-\hat{\varepsilon}_i$	$\hat{\delta}_i$	2015 年产能（万吨）	2020 年产能（万吨）
BJ	-0.882 (-4.197)***	1.696 (5.851)***	8.108-8.996@ (-3.189)**	-0.205	493.191	520.000
HB	0.786 (3.090)***	1.886 (2.617)**	-17.134-8.996@ (-3.189)**	-25.491	11444.331	11624.331
JS	0.068 (2.398)**	1.019 (4.200)***	3.717-8.996@ (-3.189)**	-4.743	2084.233	2084.233
FJ	0.118 (1.904)*	1.298 (18.755)***	0.707-8.996@ (-3.189)**	-7.761	1619.230	1730.230
SD	0.075 (1.852)*	0.944 (5.861)***	4.602-8.996@ (-3.189)**	-3.892	15948.871	16803.871
SX	0.410 (10.725)***	0.627 (3.125)***	7.503-8.996@ (-3.189)***	-4.003	117279.751	142059.751
AH	0.518 (11.303)***	0.718 (4.361)***	4.045-8.996@ (-3.189)***	-7.507	14909.991	15699.991
JX	0.454 (5.466)***	1.143 (4.853)***	0.584-8.996@ (-3.189)***	-10.772	3098.974	3218.974
HN	0.089 (1.943)*	2.575 (12.781)***	-13.935-8.996@ (-3.189)***	-25.481	14700.709	19575.709
HB	0.573 (3.843)***	0.504 (2.048)**	6.472-8.996@ (-3.189)***	-4.836	1324.072	2260.072
HUN	0.358 (4.005)***	1.662 (16.835)***	-4.670-8.996@ (-3.189)***	-16.115	4374.373	4464.373
IM	0.559 (6.213)***	1.304 (6.510)***	-7.365-8.996@ (-3.189)***	-13.382	132574.005	134754.005
GX	0.202 (2.352)**	0.853 (2.242)**	2.192-8.996@ (-3.189)***	-3.890	759.710	1014.710
CQ	0.186 (3.998)***	1.053 (15.285)***	-0.454-8.996@ (-3.189)***	-6.661	3590.015	4135.015
SC	0.178 (3.230)***	1.408 (29.642)***	-4.802-8.996@ (-3.189)***	-11.000	6404.460	7394.460

续表

省份	$\hat{\alpha}_i$	$\hat{\beta}_i$	$\delta_i-\hat{\varepsilon}_i$	$\hat{\delta}_i$	2015 年产能（万吨）	2020 年产能（万吨）
GZ	0.348 (3.101)***	0.704 (1.748)*	2.480−8.996@ (−3.189)***	−3.601	22696.244	27623.244
YN	0.100 (5.7215)***	0.979 (14.524)***	2.993−8.996@ (−3.189)***	−3.051	5296.952	6825.952
SHX	0.403 (5.998)***	1.810 (9.096)***	−11.110−8.996@ (−3.189)***	−17.152	84334.517	85371.517
GS	0.589 (8.159)***	0.471 (2.848)***	1.385−8.996@ (−3.189)***	−4.764	6700.177	9797.177
QH	0.712 (4.748)***	0.720 (2.549)***	−1.427−8.996@ (−3.189)***	−7.251	2528.726	2669.726
NX	0.568 (16.806)***	0.604 (2.310)***	0.225−8.996@ (−3.189)***	−5.787	13516.140	14656.140
XJ	0.544 (9.017)***	1.109 (4.900)***	−4.019−8.996@ (−3.189)***	−10.190	19103.802	31778.802

注：(1)*、**、***分别表示在 10%、5%、1%水平上统计显著，括号中的数字为 t 检验值；(2)模型检验结果为 $R^2=0.993$，F=4341.196，D.W=2.619。

2)最优分配比例

通过上述模型，本书得出了最优的煤炭去产能分配方案，即各产煤省份的煤炭去产能量占全国去产能总量的比重。图 5.10 显示了各省煤炭去产能量占全国去产能总量的最优比例以及相应的去产能量。可以看出，煤炭去产能规模最多的省份依次是山西、内蒙古和陕西，而去产能量最少的是青海、福建和广西。其中去产能量最大的前 5 个省份(山西、内蒙古、陕西、贵州和山东)去产能量占全国去产能总量的 55.478%，可见在全国去产能成本最小化的原则下，少数省份承担了大量的煤炭去产能任务。总体而言，去产能量较多的这些省份是中国煤炭产能较高的省份。这是因为，单位去产能成本是和去产能比例直接相关的，去产能比例相同时，煤炭产能大的省份去产能量更大。

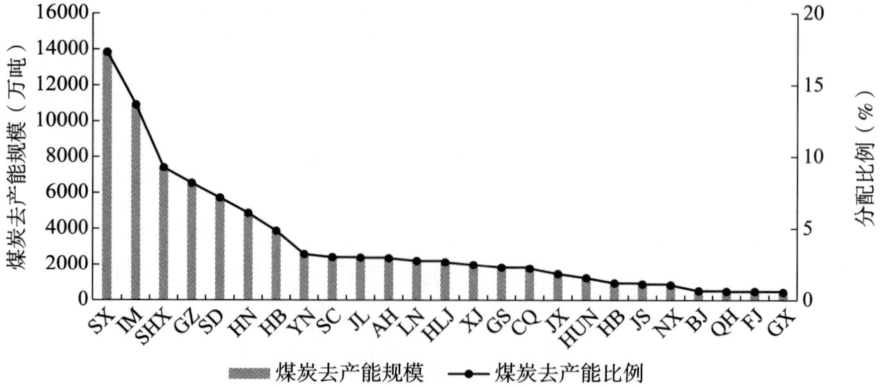

图 5.10　全国煤炭去产能总量在各省份的最优分配

（2）与政府去产能配额分配方案的对比

为了考察上述优化模型分配方案的有效性与合理性，本书考虑了政府管理机构提出的煤炭去产能配额分配初步方案，并从成本有效性和分配公平性两个方面进行对比分析。

1）去产能成本比较

国家发改委 2016 年初步制定了 25 个产煤省份的煤炭去产能任务，据此可以考察各省在两种方案下煤炭去产能的成本，计算结果如表 5.9 所示。结果显示，按照中央政府煤炭去产能配额分配方案，去产能量最多的省份依次为山西、贵州和山东，去产能量最小的省份为北京、贵州和青海。其中去产能量最大的前 5 个省份的去产能量占全国去产能总量的 47.163%，低于基于优化模型分配方案的相应的比例。进一步比较两种分配方案下各省份煤炭去产能量和去产能量占全国总量比重的标准差可以发现，基于中央政府分配方案的标准差（分别为 2710.140 和 0.034）明显小于基于优化模型分配方案的标准差（分别为 3386.830 和 0.042）。该结果表明，相较于优化模型分配方案，政府分配方案具有一定程度的平均主义色彩。

就全国煤炭去产能总成本而言，政府去产能配额分配方案比优化模型分配方案多 566.695 亿元，即优化模型分配方案可以节约成本 15.05%。其中，优化模型分配方案在固定资产处置成本方面节约 356.471 亿元，在人员安置成本方面节约 210.224 亿元。这是因为，相较于政府去产能分配方案，优化模型分配方案下去产能量增加的省份主要为青海、甘肃、云南、山西和内蒙古等省份。这些省份大都位于经济欠发达的西部地区，职工工资水平相对较低，因此下岗职工安置成本也就较低；同时，青海、甘肃、云南省的绝大部分矿区以及山西、内蒙古的部分矿区，开采条件复杂、装备水平较为落后，因此去产能过程中的固定资产处置成本也就较低。由此可见，增加这些省份煤炭去产能量，不仅有助于节约去产能成本，而且符合国家淘汰落后产能、优化煤炭生产结构的基本原则。

表 5.9　不同方案下各省份煤炭去产能成本对比

省份	优化模型分配方案				
	去产能量（万吨）	去产能比例（%）	总成本（亿元）	资产处置成本（亿元）	人员安置成本（亿元）
LN	2208.796	35.094	118.787	68.782	50.005
JL	2391.010	53.322	103.055	47.705	55.351
HLJ	2132.952	19.471	114.936	61.816	53.119
BJ	520.000	100	30.576	4.521	26.055
HB	3881.988	33.395	208.408	113.266	95.142
JS	891.727	42.784	53.359	33.437	19.923
FJ	485.185	28.042	28.287	9.375	18.913
SD	5733.765	34.122	350.150	240.454	109.696
SX	13887.821	9.776	633.447	437.650	195.797
AH	2356.006	15.006	105.967	68.558	37.410
JX	1468.485	45.620	59.324	32.314	27.010
HN	4878.812	24.923	203.260	124.054	79.207
HB	950.021	42.035	42.486	21.235	21.251
HUN	1237.725	27.724	51.936	27.080	24.856
IM	10949.622	8.126	322.801	265.631	57.170
GX	433.863	42.757	12.843	6.120	6.723

续表

省份	优化模型分配方案				
	去产能量（万吨）	去产能比例（%）	总成本（亿元）	资产处置成本（亿元）	人员安置成本（亿元）
CQ	1769.381	42.790	50.193	22.872	27.321
SC	2417.144	32.689	67.289	30.752	36.538
GZ	6557.518	23.739	195.811	103.143	92.668
YN	2587.800	37.911	76.349	42.367	33.983
SHX	7417.020	8.688	217.492	159.515	57.977
GS	1830.846	18.687	54.724	31.087	23.637
QH	486.912	18.238	14.192	8.951	5.240
NX	842.162	5.746	25.214	14.851	10.363
XJ	1978.479	6.226	58.738	44.995	13.742
全国	80295	14.142	3199.625	2020.529	1179.096
省份	政府分配方案				
	去产能量（万吨）	去产能比例（%）	总成本（亿元）	资产处置成本（亿元）	人员安置成本（亿元）
LN	3040	48.300	163.806	94.849	68.957
JL	2733	60.949	122.434	56.675	65.759
HLJ	2567	23.433	138.405	74.439	63.966
BJ	520	100.	30.576	4.521	26.055
HB	5103	43.899	287.338	156.163	131.175
JS	1182	56.711	71.354	44.713	26.641
FJ	600	34.677	35.428	11.741	23.687
SD	6460	38.444	394.716	271.058	123.658
SX	11400	8.025	598.522	420.181	178.342
AH	3258	20.752	169.405	111.621	57.785
JX	1868	58.031	89.649	50.000	39.649
HN	6314	32.254	310.688	193.485	117.203
HB	800	35.397	40.649	20.852	19.798
HUN	1500	33.599	73.246	39.152	34.093

续表

省份	优化模型分配方案				
	去产能量（万吨）	去产能比例（%）	总成本（亿元）	资产处置成本（亿元）	人员安置成本（亿元）
IM	6143	4.559	238.127	200.924	37.202
GX	473	46.614	17.676	9.087	8.588
CQ	2300	55.623	83.600	41.230	42.370
SC	3303	44.669	119.254	58.974	60.281
GZ	7414	26.840	281.441	158.744	122.697
YN	2178	31.908	81.716	48.351	33.365
SHX	4706	5.512	179.031	136.385	42.645
GS	1000	10.207	38.096	23.031	15.065
QH	276	10.338	10.239	6.809	3.429
NX	1119	7.635	43.010	26.876	16.133
XJ	3743	11.778	147.917	117.139	30.778
全国	80000	14.090	3766.320	2377.000	1389.320

2)分配结果的公平性比较

本书为了考察基于成本最小化的煤炭去产能分配方案的省域公平性，应用基尼系数进行测度。基尼系数是1922年意大利经济学家基尼依据洛伦兹曲线提出的测度收入分配公平程度的指标，通常基尼系数低于0.2表示收入绝对平均，0.2~0.3表示收入比较平均，0.3~0.4表示收入分配相对合理，0.4~0.5表示收入分配差距较大，大于0.5表示贫富差距悬殊。本书以人均去产能量和人均去产能成本作为绘制洛伦兹曲线的排序依据，分别以累计行业从业人员占比、累计去产能量(或累计去产能成本)占比作为横、纵坐标，得到各省份优化模型分配和政府现行分配方案的洛伦兹曲线，如图5.11所示。

本书采用梯形面积法估算基尼系数。基于人均去产能量的政府去产能分配方案和优化模型的基尼系数分别为0.227和0.245，基于人均去产能成本的政府去产能分配方案和优化模型的基尼系数分别为0.181和0.196。

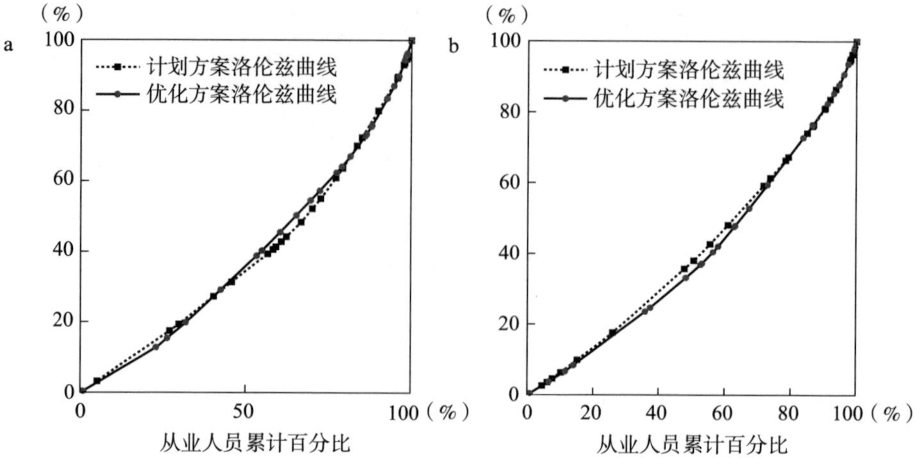

图 5.11 (a)基于人均去产能量的洛伦兹曲线;(b)基于人均去产能成本的洛伦兹曲线

可见，在全国去产能成本最小化目标下对去产能配额分配方案优化后，尽管损失了部分公平，但基尼系数仍分别小于 0.3 和 0.2，属于比较平均和绝对平均的范畴。因此，总体而言，本书所提出的煤炭去产能配额分配方案是公平的。

(3)情景分析

在前文的分析中，我们将 2020 年中国煤炭产量控制目标设置为 39 亿吨，并将 80%作为合理的产能利用率。事实上，不同的研究对于中国煤炭产量目标的认识存在一定差异(Han et al., 2018)。例如，根据 Liu(2017)的预测，到 2020 年中国煤炭实际产量将达到 41 亿吨左右；然而，“中国煤炭消费总量控制和政策研究”课题组 2015 年 10 月发布的《中国煤炭消费总量控制规划研究报告》指出，在生态环境资源红线约束下，2020 年中国煤炭产量将控制在 37 亿吨。此外，对于合理产能利用率的判定标准，西方国家通常认为某一产业的产能利用率处于 78%~82%时就是合理的(寇宗来等，2017)。产能利用率超过 90%，则说明生产能力不足，低于 79%表示产能过剩。因此，有必要进一步对不同产能利用率和中国煤炭产量控制目标情境下的去产能配额分配方案进行分析。为此，我们以全国煤炭产量控制目标为39亿吨、产能利用率为80%作为基准情景，在此基础上设置了78%和82%的产能利用率情景，以及37亿吨和41亿吨的全国煤炭总产量情景。

表5.10报告了不同情景下的煤炭去产能配额分配方案，图5.12、图5.13展示了不同情境下全国煤炭去产能总量在各省份的最优分配比例。显然，煤炭行业产能利用率越低、煤炭总产量越大，全国去产能总量就越小；反之，全国煤炭去产能总量越大。由图5.12可以发现，随着煤炭行业产能利用率的提高，SX、GZ和GS省去产能量占全国去产能总量的比例不断加大；HN、HB和JL省产能量占全国去产能总量的比例逐渐下降；其他省份在不同产能利用率情境下的去产能分配比例的变化不明显。由图5.13可以发现，随着煤炭总产量的提高，HN、HB、JL和SD省去产能分配比例不断增大；SX、GZ和GS省去产能分配比例则逐渐降低；其他省份在不同煤炭总产量控制目标情景下的去产能分配比例较为稳定。总体而言，除少数省份外，大部分省份在不同情境下的去产能分配比例大致相同，表明基于优化模型所得到的分配方案具有良好的稳健性。

表5.10 不同情景下的煤炭去产能配额分配方案

省份	产能利用率情景（煤炭总产量=39亿吨）				煤炭产量情景（产能利用率=80%）			
	78%		82%		37亿吨		41亿吨	
	去产能量（万吨）	分配比例（%）	去产能量（万吨）	分配比例（%）	去产能量（万吨）	分配比例（%）	去产能量（万吨）	分配比例（%）
LN	2071.107	3.055	2339.261	2.538	2482.512	2.358	1932.876	3.496
JL	2388.363	3.523	2393.598	2.597	2396.537	2.276	2385.787	4.315
HLJ	1888.673	2.786	2365.752	2.566	2622.940	2.491	1644.864	2.975
BJ	520.000	0.767	520.000	0.564	520.000	0.494	520.000	0.940
HB	3871.239	5.710	3892.653	4.223	3904.955	3.709	3860.926	6.982
JS	878.855	1.296	904.379	0.981	918.826	0.873	866.398	1.567
FJ	481.499	0.710	488.837	0.530	493.042	0.468	477.959	0.864
SD	5216.200	7.694	6225.089	6.753	6765.585	6.425	4697.638	8.496
SX	9859.194	14.543	17716.782	19.219	21934.696	20.832	5574.494	10.081
AH	2277.222	3.359	2432.767	2.639	2519.573	2.393	2200.304	3.979

续表

省份	产能利用率情景（煤炭总产量=39 亿吨）				煤炭产量情景（产能利用率=80%）			
	78%		82%		37 亿吨		41 亿吨	
	去产能量（万吨）	分配比例（%）	去产能量（万吨）	分配比例（%）	去产能量（万吨）	分配比例（%）	去产能量（万吨）	分配比例（%）
JX	1463. 218	2. 158	1473. 632	1. 599	1479. 469	1. 405	1458. 087	2. 637
HN	4852. 352	7. 157	4904. 697	5. 320	4934. 096	4. 686	4826. 620	8. 729
HB	929. 678	1. 371	969. 656	1. 052	991. 643	0. 942	909. 628	1. 645
HUN	1230. 539	1. 815	1244. 751	1. 350	1252. 727	1. 190	1223. 549	2. 213
IM	9401. 004	13. 867	12500. 916	13. 561	14306. 369	13. 587	7879. 104	14. 249
GX	365. 456	0. 539	495. 893	0. 538	560. 615	0. 532	291. 321	0. 527
CQ	1697. 650	2. 504	1839. 985	1. 996	1920. 588	1. 824	1625. 933	2. 940
SC	2339. 089	3. 450	2495. 088	2. 707	2585. 490	2. 455	2262. 147	4. 091
GZ	3970. 257	5. 856	8892. 931	9. 647	11317. 858	10. 749	1154. 957	2. 089
YN	2246. 387	3. 313	2908. 117	3. 155	3255. 074	3. 091	1888. 661	3. 416
SHX	6593. 866	9. 726	8243. 198	8. 942	9206. 785	8. 744	5786. 449	10. 465
GS	976. 951	1. 441	2612. 579	2. 834	3436. 913	3. 264	60. 557	0. 110
QH	444. 862	0. 656	528. 754	0. 574	577. 093	0. 548	403. 265	0. 729
NX	290. 127	0. 428	1380. 449	1. 497	1988. 687	1. 889	252. 856	0. 457
XJ	1541. 252	2. 273	2415. 520	2. 620	2922. 968	2. 776	1110. 661	2. 009
全国	67795. 041	100	92185. 285	100	105295. 041	100	55295. 041	100

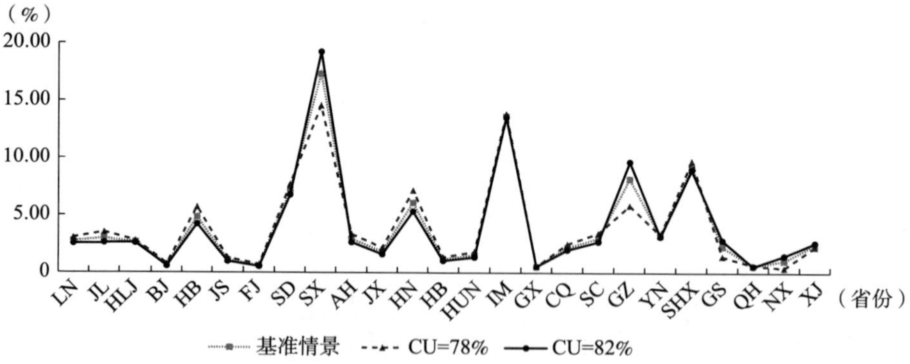

图 5. 12　不同产能利用率情境下全国煤炭去产能总量在各省份的最优分配比例

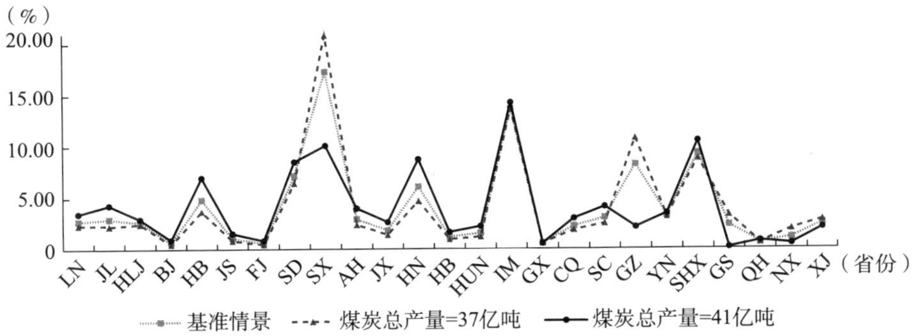

图 5.13 不同总产量控制情境下全国煤炭去产能总量在各省份的最优分配比例

5.3 本章小节

为尽可能降低煤炭产能调控对矿工生计脆弱性的影响，本书构建产能过剩组合预测模型和多目标的产能过剩调控省区配额分配模型。首先，本章引入二次分解策略，构建了煤炭产能过剩规模分解集成预测模型，定量研判了我国煤炭产能过剩的发展趋势，为产能调控提供了数据支撑；其次，本章立足于我国省域经济发展不平衡的特征事实，构建了兼顾经济性和公平性的产能调控省域配额分配模型。得到的主要结论如下：

第一，本书构建的 STL-VMD-GPR-NAXR 模型具有良好的预测效果。相比现有的单项预测模型、一次分解模型以及其他二次分解模型，该模型通过对复杂时间序列的多次分解，能够充分挖掘数据的隐藏模式，显著提高预测精度，无论是在预测精度(水平、方向)还是预测稳定性上都达到了较为理想的效果，也验证了提出的数据特征驱动的二次分解策略的有效性。

第二，从预测结果来看，2021 年、2022 年、2023 年的煤炭产能过剩规模，分别为 15.79 亿吨、18.57 亿吨和 19.26 亿吨，说明煤炭行业产能过剩规模仍呈上升趋势，但短期内不会出现与 2012 年类似的大幅增加或减少。总体来看，不会出现过于剧烈的变化，但存在长期过剩的趋势，产能过剩问题仍不容忽视。

第三，一个经济和公平的煤炭去产能配额分配方案，对于降低地方政府压力，促进中国煤炭产业供给侧结构性改革顺利实施具有重要意义。本章利用生产函数法，估计了 25 个产煤省份煤炭产业的边界生产函数和各省份 2020 年的煤炭产能。结果显示，在中国政府提出的煤炭生产总量控制目标下，到 2020 年全国煤炭产能过剩规模将达到 8.03 亿吨，煤炭产能过剩形势将十分严峻。这一测算结果与国务院提出的煤炭去产能目标相一致，从而验证了本书关于各省份煤炭产业边界生产函数和煤炭产能估计结果的合理性和有效性。鉴于当前用于去产能的配套资金压力巨大，我们以全国去产能总成本最小化为目标，以全国去产能总量和区域煤炭最低产量要求为约束条件，建立了基于非线性规划的省域煤炭去产能配额分配模型。利用本书提出的模型我们得到了 25 个产煤省份去产能配额分配方案，即全国煤炭去产能总量在各省份的最优分配比例。该分配方案与国家发改委当前初步确定的煤炭去产能分配方案存在一定差异。

第四，为检验优化模型分配方案的合理性，本章从成本和公平性两个方面，对比分析了优化模型分配方案与政府分配方案。成本分析结果显示，优化模型分配方案的去产能总成本比政府分配方案低 566.695 亿元，其中固定资产处置成本节约 356.471 亿元，人员安置成本节约 210.224 亿元。同时，公平性分析结果表明，尽管采用不同指标计算得到的基尼系数不相同，但是两种分配方案的基尼系数始终处于同一区间，且都小于 0.3，属于比较公平的范畴。由此可见，基于优化模型的分配方案兼具了经济性和公平性的优点。此外，考虑到合理产能利用率的不唯一性和未来煤炭市场需求的不确定性，我们还进一步测算了不同产能利用率和全国煤炭产量控制目标情境下的煤炭去产能最优分配比例。结果表明，尽管不同情境下的去产能配额分配方案存在一定差异性，但总体而言，除少数省份外，大部分省份在不同情景下的去产能分配比例大致相同。这一结果表明基于优化模型的分配方案具有良好的稳健性。

6 产能调控下典型地区矿工生计脆弱性综合评估

揭示产能调控下矿工生计脆弱性水平及其动态演变规律，是保障矿工生计和降低矿工生计脆弱性的基础和前提。为此，本章立足于产能调控下矿工生计脆弱性响应机理，采用集成化的最优数据挖掘方法，建立基于粗糙集法—逼近于理想解的排序方法—秩和比法(RS-TOPSIS-RSR)的多准则综合评估模型，并构建矿工生计脆弱性分层评估指标体系。本书以我国33个典型煤炭城市为对象，利用2007年、2010年、2013年、2016年和2019年的相关数据资料实证测算我国典型煤炭城市矿工生计脆弱性水平，并分别计算各煤炭城市矿工在生境条件的敏感性、社会层面的恢复力和个体层面的适应性上的脆弱性程度，以解析近年来各煤炭城市矿工生计脆弱性的主要影响因素。

6.1 基于RS-TOPSIS-RSR的评估模型基本框架

本书采用粗糙集—逼近于理想解的排序方法—秩和比(Rough Set-Technique for Order Preference by Similarity to Ideal Solution-Rank-Sum Ratio, RS-TOPSIS-RSR)集成算法来进行矿工生计脆弱性评估，如图6.1所示。具体流程如下：首先，根据上文阐述的产能调控下矿工生计脆弱性响应机理，构建矿工生计脆弱性评估初始指标体系，进而对初始指标进行属性约简。考虑到粗糙集(Rank-sum Ratio, RS)算法只能处理离散数据，本书先采用基于信息熵的模糊 C-均值聚类(Fuzzy c-mean, FCM)算法实现连续数据的离散化，然后根据粗糙集算法获得最终的评估指标体系。其次，在对数据进行标准化的基础上，利用最终确定的评估指标，采用逼近于理想解的排序方法(Technique for Order Preference by Similarity to Ideal Solution, TOPSIS)计算矿工生计脆弱性指数(CMLVI)，并据此对 33 个煤炭城市进行排序。最后，用 CMLVI 值取代秩和比(Rank-sum Ratio, RSR)算法中的 RSR_i 的值，计算回归方程并实现对 33 个煤炭城市的分组。

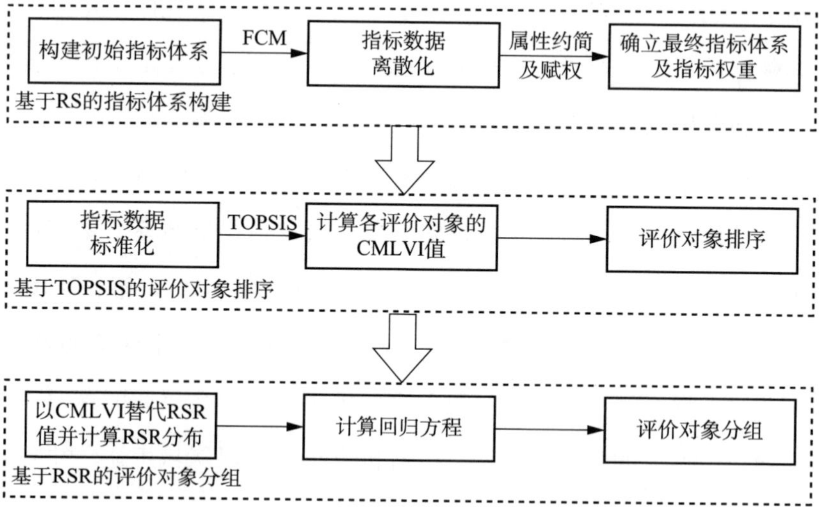

图 6.1　矿工生计脆弱性评估模型基本框架

6.2　基于 RS 的指标体系构建

RS 理论是一种新兴的数学分析方法，用来处理模糊和不确定的知识。它可以分析隐藏在数据中的规则，而不需要任何额外的信息(张文修，2001)。属性约简是 RS 理论的一个重要方面。这种约简可以在保持决策表具备相同分类能力的同时减少冗余的属性。因此，在初始指标体系构建的基础上，我们使用 RS 算法来减少指标个数并定义权重系数。由于本书确定的初始指标均为 RS 无法直接处理的连续数据，因此需要采用聚类算法对数据进行离散。为此，我们首先采用基于信息熵的模糊聚类算法对连续属性进行离散；然后根据 RS 理论进行初始指标的约简与赋权。

6.2.1 初始指标体系的构建

根据第 4 章生计脆弱性响应机理分析可知，矿工生计脆弱性是由外部经济波动风险、生境条件的敏感性、社会层面的恢复力和个体层面的适应性相互交织、相互作用而产生的最终结果。因此，这四大维度构成了矿工生计脆弱性的重要内核。本书结合现有相关文献（Hahn et al.，2009；Simane et al.，2016），构建了产能调控下矿工生计脆弱性评估的初始指标体系，并将指标体系划分为上述四个维度，即经济波动风险、生境条件的敏感性、社会层面的恢复力和个体层面的适应性。其中，经济波动风险是指间接导致矿工生计压力的外部因素，主要包括国内生产总值、能源价格、能源产出和地区产业政策的波动。生境条件的敏感性是指矿工生存条件对外部风险的敏感性，这种敏感性直接影响到矿工的生计脆弱性，主要由区域社会经济环境中的产业结构、技术结构、消费结构和就业结构决定。社会层面的恢复力是指一个社会从外部经济风险中恢复的能力。这种能力主要用社会和经济发展水平以及政府救助来表征与衡量。个体层面的适应性是指个体抵御风险的适应能力。这种能力主要是由矿工生计资本的拥有量和结构以及基于生计资本的生计策略选择能力来表征与衡量的。每个子维度被划分为若干指标，矿工生计脆弱性指标分层体系如图 6.2 所示，初始指标选取的依据和参考文献见表 6.1。

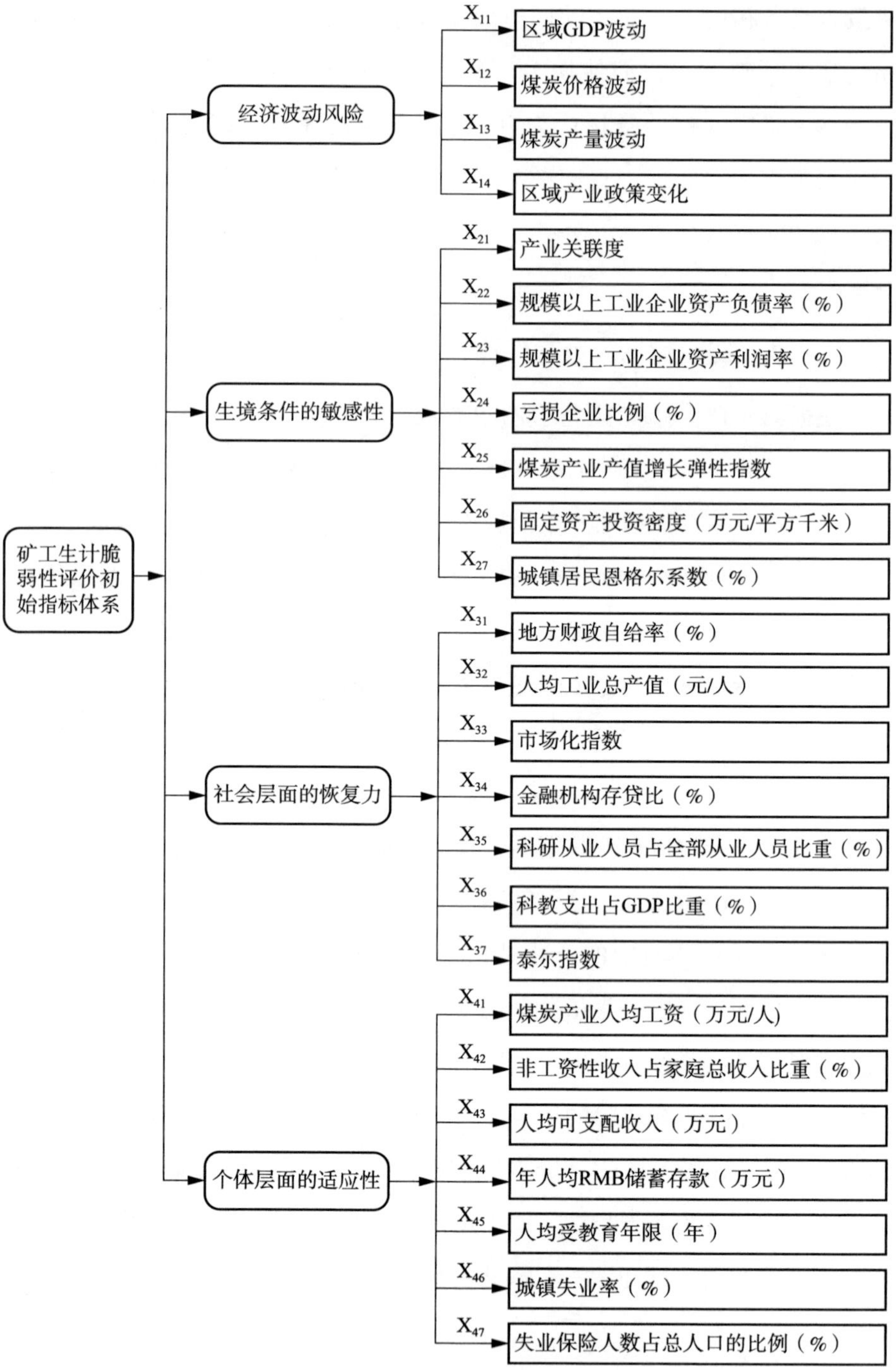

图 6.2　矿工生计脆弱性评估初始指标体系

表 6.1 矿工生计脆弱性评估指标

维度	指标	指标名称及计量方法	指标含义	选取依据
经济波动风险 X_1	X_{11}	滚动计算四个季度区域 GDP 增长率的标准差(郑建萍，2017)	反映区域经济波动的风险	Ahn et al.，2011；Moran et al.，2014
	X_{12}	滚动计算四个季度区域主要煤种价格波动的标准差	反映煤炭价格波动的风险	Ding et al.，2016
	X_{13}	滚动计算四个季度区域原煤产量波动的标准差(郑建萍，2017)	反映煤炭产量波动的风险	Ding et al.，2016；Wang et al.，2017a
	X_{14}	用以近似熵度量的当年区域产业政策颁布的非线性时间序列复杂性衡量(郑建萍，2017)	反映区域产业政策变化的风险	Li et al.，2013；Wang et al.，2017a
生境条件的敏感性 X_2	X_{21}	$X_{21}=L/S(S-1)$，最大值为 1，其中 L 为行业间的关联次数，S 为行业数	反映产业间的协作程度	Albinoet al.，2016 Korhonen et al.，2004
	X_{22}	规模以上工业企业负债总额/资产总额×100%	反映产业发展的潜在风险	Long et al.，2013
	X_{23}	规模以上工业企业利润总额/资产总额×100%	反映产业经营的现状	Long et al.，2013
	X_{24}	规模以上亏损企业数/规模以上工业企业个数×100%	反映产业系统的运行现状	Long et al.，2013
	X_{25}	煤炭开采与洗选业的产值增长率/GDP 增长率	反映煤炭产业对经济的重要程度	Qiu et al.，2011
	X_{26}	固定资产投资总额/土地面积	反映投资强度	Long et al.，2013
	X_{27}	城镇居民食物支出总额/城镇居民总支出×100%	反映区域消费水平和富裕程度	张哲晰等，2016
社会层面的恢复力 X_3	X_{31}	地方财政一般预算内收入/地方财政一般预算内支出×100%	反映区域应对产能调控的财政支撑能力	苏飞等，2013b
	X_{32}	工业总产值/总人口	反映社会产业发展水平	Cheong et al.，2015
	X_{33}	区域市场化指数	反映产能调控下企业战略调整的灵活性	樊纲等，2011
	X_{34}	金融机构年末贷款余额/金融机构年末存款余额	反映金融对经济发展的服务能力	Wang et al.，2017a
	X_{35}	科研从业人员总数/全部从业人员×100%	反映科技和智力支撑能力	Sun et al.，2015
	X_{36}	科教支出/GDP×100%	反映科技和智力支撑能力	Sun et al.，2015
	X_{37}	泰尔指数	反映不平等程度	Serebrenik et al.，2010

续表

维度	指标	指标名称及计量方法	指标含义	选取依据
个体层面的适应性 X_4	X_{41}	煤炭开采和洗选业的在岗职工平均工资	反映矿工工资水平和经济资本	樊纲等，2011
	X_{42}	非工资收入/家庭总收入×100%	反映矿工收入的灵活性与生计选择的多样性	Huang et al.，2017
	X_{43}	人均可支配收入	反映矿工经济资本拥有量	樊纲等，2011
	X_{44}	人均每年人民币存款储蓄	反映矿工经济资本拥有量	Wang et al.，2016
	X_{45}	人均受教育年限	反映矿工人力资本拥有量	Wang et al.，2016
	X_{46}	城镇失业人数/劳动力总数×100%	反映矿工失去工作的潜在风险	Hahn et al.，2009
	X_{47}	参加失业保险人数/人口总数×100%	反映矿工社会资本拥有量	Huang et al.，2017

6.2.2 基于 FCM 的指标数据离散化

基于 FCM 聚类的离散化算法在机器学习和数据挖掘中得到了广泛的应用。不同于严格地将对象分类到某个确定集群中，该算法通过隶属度函数来确定对象属于各集群的不确定性程度。因此，FCM 可以更客观地反映现实世界。该方法对初始聚类中心十分敏感，不合理的聚类数会导致分类结果与实际数据集的结构产生较大差异，因此必须从一开始就确定适当的聚类数目。本书中的基于谱系聚类(即依次选取不同聚类数目进行聚类)的方法，利用信息熵值作为判断聚类数量 M 的依据。聚类划分越合理，数据点在某一聚类上的归属越确定，该聚类的信息熵值也就越小。算法的具体步骤如下：

Step 1：确定聚类数目 $M \in [C_{\min}, C_{\max}]$，并设定准确度阈值 $\varepsilon \in [0, 1]$。ε 越小，结果的准确度越高，但同时所耗费的时间越久，一般设定 $\varepsilon \in [0.01, 0.2]$。

Step 2：从 $C_{\max}$ 到 $C_{\min}$，每一个聚类数 m 都会产生一个隶属度矩阵 w^m 及与之对应的信息熵值 H_m。选择 H_m 最小时对应的 m 作为最终的聚类数目。

$$H_m = -\sum_{i=1}^{N}\sum_{j=1}^{m}(w_{ij}\cdot\log_2 w_{ij}) \tag{6-1}$$

其中，i 为数据点序号，j 为聚类类别序号。

Step 3：得到最终数据离散化结果。

6.2.3 基于区分矩阵的启发式指标约简

经典的基于区分矩阵的属性约简是通过区分函数和逻辑运算实现的(Skowron & Rauszer，1992)。设有序对 $S=(U, A, V, f)$ 为一个信息系统，其中 $U=\{x_1, x_2, \cdots, x_m\}$ 为对象的非空有限集合；$A=\{a_1, a_2, \cdots, a_n\}$ 为属性的非空有限集合；$a_i(x_j)$ 为样本 x_j 在属性 a_i 上的取值。那么，该信息系统的区分矩阵 M 为由元素构成的对称矩阵 c_{ij}，并且区分函数可以根据区分矩阵相应得出(郑建萍，2017；Hu et al.，2003)。利用吸收定律构造和简化区分函数，可以得到所有的约简结果。

$$c_{ij}=\{a_l \mid a_l\in A\wedge a_l(x_i)\neq a_l(x_j)\},\ i=1,\ 2,\ \cdots,\ n,\ j=1,\ 2,\ \cdots,\ m. \tag{6-2}$$

然而，从计算复杂度的角度来看，发现最小约简是一个非确定性多项式时间困难问题(NP-hard)。因此，我们需要使用启发式信息来有效地提高搜索效率。算法流程如下(郑建萍，2017；Wang et al.，2017)：

Step 1：初始化，令核 $C=\varphi$，一个约简 $R=\varphi$。

Step 2：求得区分矩阵，$M=(c_{ij})_{n\times n}$。

Step 3：检查 $c_{ij}\neq\varphi$ 的每一项，若 $|c_{ij}|=1$，则令 $C=C\cup\{c_{ij}\}$。

Step 4：令 $R=C$。

Step 5：对于每一项 $c_{ij}\neq\varphi$，如果 $C\cap c_{ij}\neq\varphi$，则令 $c_{ij}=\varphi$；否则计算 c_{ij} 中各属性出现的频数 $\delta(a)$，记频数最大的属性为 a_{max}。

Step 6：如果 $\forall c_{ij}=\varphi$，则停止并输出 R 和 C；否则令 $R=R\cup a_{max}$，并转 Step 5。

6.2.4 基于知识信息熵的指标赋权

根据 RS 理论，我们可以利用知识信息量来度量属性的重要性。其核心思想是对比考察移除属性前后对信息系统熵值的影响程度从而计算属性的权重，具体赋权步骤如下：

Step 1：计算等价关系 E 的熵值 $I(E)$。

$$I(E)=1-\frac{1}{|U|^2}\sum_{i}^{l}|X_i|^2 \tag{6-3}$$

Step 2：移除属性 c，计算 $E-\{c\}$ 的熵值 $I(E-\{c\})$。

$$I(E-\{c\})=1-\frac{1}{|U|^2}\sum_{i}^{k}|X_i|^2 \tag{6-4}$$

Step 3：计算属性 c 的重要度 $S_E(c)$。

$$S_E(c)=I(E)-I(E-\{c\}) \tag{6-5}$$

Step 4：对所有 $S_E(c)$ 归一化处理，得到各属性的权重。

6.3 基于 TOPSIS 的评估对象排序

目前，TOPSIS 多准则决策分析方法已被应用于效益评估和决策管理等诸多领域。与其他相关方法相比，如 VIKOR 法（viskriterijumska Optimizacija I Kompromisno Resenje）（Xu et al.，2017；Hafezalkotob et al.，2017）、偏好顺序结构评估法（Preference Ranking Organization Methods for Enrichment E-valuations，PROMETHEE）（Brans and Mareschal，2005；Sennaroglu and Celebi，2018）、数据包络分析（Data Envelopment Analysis，DEA）（Chen and Jia，2017；Moutinho et al.，2017），TOPSIS 更简单易用且其结果能够引入 RSR 模型，实现对评估对象的分组分级。因此，本书将 TOPSIS 和 RSR 两种方法相结合，TOPSIS 用于评估对象的排序，RSR 用于评估对象的分组。TOPSIS 算法的基本流程如下：

Step 1：创建一个包含 n 个评估对象和 m 个属性的评估矩阵 $X=(x_{ij})_{n\times m}$。若属性 j 对脆弱性具有反向影响（j 越大，脆弱性越低），则令 $x_{ij}=-x_{ij}$。然后对所有 x_{ij} 进行标准化处理并构建如下矩阵 A。

$$A=(a_{ij})_{n\times m},\ a_{ij}=x_{ij}/\sqrt{\sum_{i=1}^{n}x_{ij}^{2}},\ i=1,\ 2,\ \cdots,\ n,\ j=1,\ 2,\ \cdots,\ m. \tag{6-6}$$

Step 2：令 A^-表示脆弱性最低的评估对象（负理想解），A^+表示脆弱性最高的评估对象（理想解），则：

$$A^-=(a_{i1}^-,\ a_{i2}^-,\ \cdots,\ a_{im}^-),\ A^+=(a_{i1}^+,\ a_{i2}^+,\ \cdots,\ a_{im}^+), \tag{6-7}$$

其中，$a_{ij}^-=\min\limits_{1\leqslant i\leqslant n}\{a_{ij}\}$，$a_{ij}^+=\max\limits_{1\leqslant i\leqslant n}\{a_{ij}\}$，$j=1,\ 2,\ \cdots,\ m$。

Step 3：计算评估对象 i 与负理想解 A^-和理想解 A^+之间的距离，分别记为 D_i^- 和 D_i^+。然后计算各评估对象与理想解 A^+的相对贴近程度，记为 C_i，并将 C_i 作为 CMLVI，CMLVI 的值越高，评估对象的脆弱性水平越高。

$$D_i^-=\sqrt{\sum_{j=1}^{m}w_j(a_{ij}-a_{ij}^-)^2};\ D_i^+=\sqrt{\sum_{j=1}^{m}w_j(a_{ij}^+-a_{ij})^2};\ C_i=\frac{D_i^-}{D_i^++D_i^-}. \tag{6-8}$$

其中，w_j 为属性 j 的权重。

Step 4：以 CMLVI 为依据实现评估对象的排序。

6.4 基于 RSR 的评估对象分组识别

RSR 是一种利用秩和比进行统计分析的综合评估方法。该方法融合了古典参数估计与近代非参数统计的优点，兼具描述性与推断性，在多指标综合评估、统计预测预报、统计质量控制等领域已得到广泛的应用。其基本思想是利用秩转换的方法进而获得介于 0~1 的无量纲统计量 RSR_i，并据此对评估对象进行排序或分档。为了降低转换过程中的信息损失，我们将 TOPSIS 方法中计算得到的 C_i 作为 RSR 模型中 RSR_i 的值（Chen et al.，2015），然后根据 RSR_i 值对评估队形进行分组分类。算法流程如下：

Step 1：确定各评估对象的 RSR 分布。首先，用 TOPSIS 中的相对贴进度 C_i 替换 RSR 模型中 RSR_i 的值。然后，依据 RSR_i 的值对评估对象升序排序。最后，计算 RSR 的概率单位 X_i。具体方法如下：编制 RSR 频数分布表，列出各 RSR 值的频数 f_i，计算各组累计频数 $\sum f_i$，确定各组的秩次 R_i 和平均秩次 $\overline{R}_i$。计算累计频率 p_i 并将其转换为概率单位 X_i。

$$\sum f_i = f_1 + f_2 + \cdots + f_i ;\ p_i = \overline{R}/n,\ i = 1,\ 2,\ \cdots,\ n-1 ;$$

$$p_n = 1 - 1/4n ;\ X_i = NORM.INV(p_i,\ 0,\ 1) + 5. \tag{6-9}$$

Step 2：计算回归方程。以概率单位 X 值为自变量，以 RSR 值为应变量，则：

$$RSR = a + bX \tag{6-10}$$

其中，a 和 b 为回归系数。

Step 3：根据 RSR 值对评估对象进行分档排序。参照常用分档标准表(见表 6.2 所示)，选择合适的分档数目，并依据其对应的累计频率 p' 和概率单位 Probit 临界值 X' 按照上述回归方程(式 4-8)推算对应的 RSR 临界值 RSR'。

$$RSR' = a + bX' \tag{6-11}$$

同理，通过回归方程计算各评估对象的 RSR'_i 值，并根据临界值 RSR' 对评估对象进行分档排序。最后，对分组进行方差分析以检验分组的有效性。

表 6.2　分组数及相应的百分比和概率单位

分组数	百分比 p'	概率单位 X'
3	<15. 866	<4
	15. 866-	4-
	84. 134-	6-
4	<6. 681	<3. 5
	6. 681-	3. 5-
	50-	5-
	93. 319-	6. 5-
5	<3. 593	<3. 2
	3. 593-	3. 2-
	27. 425-	4. 4-
	72. 575-	5. 6-
	96. 407-	6. 8-

续表

分组数	百分比 p'	概率单位 X'
6	<2. 275	<3
	2. 275-	3-
	15. 866-	4-
	50-	5-
	84. 134-	6-
	97. 725-	7-
7	<1. 618	<2. 86
	1. 618-	2. 86-
	10. 027-	3. 72-
	33. 36-	4. 57-
	67. 003-	5. 44-
	89. 973-	6. 28-
	98. 352-	7. 14-
8	<1. 222	<2. 78
	1. 322-	2. 78-
	6. 681-	3. 5-
	22. 663-	4. 25-
	50-	5-
	77. 337-	5. 75-
	93. 319-	6. 50-
	98. 678-	7. 22-
9	<0. 99	<2. 67
	0. 99-	2. 67-
	4. 746-	3. 33-
	15. 866-	4-
	37. 07-	4. 67-
	62. 93-	5. 33-
	84. 134-	6-
	95. 254-	6. 67-
	99. 01-	7. 33-

6.5 典型煤炭城市矿工生计脆弱性评估结果

6.5.1 数据来源

中国有46个主要煤炭城市，大多分布在山西、内蒙古、陕西、新疆、贵州、宁夏、安徽、云南、河南、山东、黑龙江等省份。考虑到数据的可获取性，我们选取其中33个煤炭城市(如表6.3)进行矿工生计脆弱性评估。此外，为了在时间维度上揭示矿工生计脆弱性的波动规律，本书选取2007年、2010年、2013年、2016年、2019年的数据来对矿工生计脆弱性进行评估。

表6.3 本书所选取的33个煤炭城市

代码	城市	所属省份	代码	城市	所属省份	代码	城市	所属省份
OR	鄂尔多斯	内蒙古	QJ	曲靖	云南	ZZ	枣庄	山东
BT	包头	内蒙古	YL	榆林	陕西	SQ	商丘	河南
FX	阜新	辽宁	XY	咸阳	陕西	ZH	郑州	河南
LY	辽源	吉林	YC	银川	宁夏	PD	平顶山	河南
SY	双鸭山	黑龙江	UR	乌鲁木齐	新疆	SM	三门峡	河南
JX	鸡西	黑龙江	IL	伊犁	新疆	TY	太原	山西
QT	七台河	黑龙江	LZ	兰州	甘肃	YQ	阳泉	山西
XZ	徐州	江苏	TS	唐山	河北	SZ	朔州	山西
HN	淮南	安徽	HD	邯郸	河北	CZ	长治	山西
HB	淮北	安徽	TA	泰安	山东	DT	大同	山西
PZ	攀枝花	四川	JN	济宁	山东	JC	晋城	山西

指标X_{11}、X_{12}、X_{13}、X_{14}、X_{33}和X_{37}所涉及的数据分别来源于国家统计局(www. stats. gov. cn)、中国煤炭市场网(www. cctd. com. cn)、中国煤炭资源网(www. sxcoal. com)、《中国煤炭工业年鉴(2007—2019)》、《中国市场

化指数》(2007—2019 年)和中国各省份泰尔指数(2007—2019 年)。其余指标的数据均来源于各地区统计年鉴(2008—2019 年)。这些指标的取值会对生计脆弱性产生不同影响，有些指标取值越高，矿工生计脆弱性越高，有些则相反。我们将前一种作为正向指标{X_{11}，X_{12}，X_{13}，X_{14}，X_{22}，X_{24}，X_{27}，X_{37}，X_{46}}，而将后一种作为逆向指标{X_{21}，X_{23}，X_{25}，X_{26}，X_{31}，X_{32}，X_{33}，X_{34}，X_{35}，X_{36}，X_{41}，X_{42}，X_{43}，X_{44}，X_{45}，X_{47}}。

6.5.2 指标约简与赋权

基于上述约简及赋权算法，本书利用 MATLAB 9.0 软件完成矿工生计脆弱性评估指标的约简，并计算出各指标的权重，结果如表 6.4 所示。我们可以得到一个包含 16 个指标的相对最小属性约简集{X_{11}，X_{13}，X_{21}，X_{22}，X_{23}，X_{24}，X_{25}，X_{27}，X_{31}，X_{34}，X_{36}，X_{37}，X_{41}，X_{42}，X_{46}，X_{47}}和权重向量 w = {0.0263，0.1316，0.0263，0.0789，0.0263，0.0789，0.0263，0.1053，0.0789，0.0263，0.1053，0.0526，0.0526，0.0789，0.0526，0.0526}。

表 6.4 指标约简与赋权结果

维度	指标	离散化结果	约简结果	权重
经济波动风险 X_1	X_{11}	2 类	保留	0.0263
	X_{12}	4 类	删除	—
	X_{13}	2 类	保留	0.1316
	X_{14}	3 类	删除	—
生境条件的敏感性 X_2	X_{21}	2 类	保留	0.0263
	X_{22}	3 类	保留	0.0789
	X_{23}	2 类	保留	0.0263
	X_{24}	2 类	保留	0.0789
	X_{25}	4 类	保留	0.0263
	X_{26}	2 类	删除	—
	X_{27}	3 类	保留	0.1053

续表

维度	指标	离散化结果	约简结果	权重
社会层面的恢复力 X_3	X_{31}	3 类	保留	0.0789
	X_{32}	2 类	删除	—
	X_{33}	2 类	删除	—
	X_{34}	3 类	保留	0.0263
	X_{35}	2 类	删除	—
	X_{36}	3 类	保留	0.1053
	X_{37}	4 类	保留	0.0526
个体层面的适应力 X_4	X_{41}	2 类	保留	0.0526
	X_{42}	3 类	保留	0.0789
	X_{43}	2 类	删除	—
	X_{44}	3 类	删除	—
	X_{45}	2 类	删除	—
	X_{46}	4 类	保留	0.0526
	X_{47}	2 类	保留	0.0526

6.5.3 基于 CMLVI 的评估对象排序

本书利用前文所述的 RS-TOPSIS-RSR 方法，得到了 33 个煤炭城市在 2007 年、2010 年、2013 年、2016 年和 2019 年的矿工生计综合脆弱性指数的评分结果(CMLVI 得分)。然后，本书按照该 CMLVI 得分对 33 个煤炭城市进行排序(CMLVI 得分越高，脆弱性越高，排序越靠后)，从横向地域维度和纵向时间维度两个层面对数据进行了总结，具体结果如表 6.5 所示。结果表明：XZ、HB、TA、JN 和 ZZ 这五大煤炭城市的矿工生计脆弱性水平较低，其 CMLVI 得分在 2007 年、2010 年、2013 年、2016 年和 2019 年中均排名在前十名。与之相对的，YQ 的生计脆弱性水平较高，因为其 CMLVI 得分排名在 2007 年、2010 年、2013 年、2016 年和 2019 年均在后十名，分别为第 25、30、30、32 和 33 名。这表明 YQ 所面临的生计挑战十分严峻。

表 6.5　基于 CMLVI 的煤炭城市排序

城市	2007		2010		2013		2016		2019	
	CMLVI	排名	CMLVI	排名	CMLVI	排名	CMLVI	排名	CMLV1	排名
OR	0. 4828	6	0. 5413	26	0. 4966	24	0. 5617	28	0. 5213	28
BT	0. 5019	9	0. 5413	27	0. 4363	8	0. 4585	10	0. 4928	25
FX	0. 4928	7	0. 4632	14	0. 4495	11	0. 4715	13	0. 4483	6
LY	0. 6163	28	0. 4609	12	0. 5353	27	0. 5095	25	0. 4761	13
SY	0. 5140	12	0. 4628	13	0. 6189	32	0. 6560	33	0. 4838	19
JX	0. 6257	29	0. 4680	17	0. 6425	33	0. 5660	30	0. 5996	15
QT	0. 5567	23	0. 4652	15	0. 5525	29	0. 5371	26	0. 4777	14
XZ	0. 4466	1	0. 3934	1	0. 3977	4	0. 4024	3	0. 4387	4
HN	0. 5209	14	0. 4220	6	0. 4803	19	0. 4828	17	0. 4862	21
HB	0. 4748	5	0. 4076	5	0. 4474	10	0. 4473	8	0. 4668	10
PZ	0. 6469	32	0. 4689	18	0. 4694	15	0. 4809	15	0. 4860	20
QJ	0. 6598	33	0. 5063	24	0. 4965	23	0. 5084	24	0. 4785	17
YL	0. 5512	22	0. 5029	23	0. 4925	22	0. 5042	22	0. 4994	26
XY	0. 6443	31	0. 4893	20	0. 4714	17	0. 4818	16	0. 5297	30
YC	0. 5271	16	0. 3945	2	0. 4388	9	0. 4372	6	0. 4393	5
UR	0. 6131	27	0. 5794	32	0. 4726	18	0. 4986	20	0. 4912	22
IL	0. 6336	30	0. 5818	33	0. 4535	12	0. 4753	14	0. 4725	11
LZ	0. 5260	15	0. 5657	31	0. 4639	14	0. 4841	18	0. 5155	27

续表

城市	2007		2010		2013		2016		2019	
	CMLVI	排名	CMLVI	排名	CMLVI	排名	CMLVI	排名	CMLV1	排名
TS	0. 5071	11	0. 4282	7	0. 4977	25	0. 4995	21	0. 4913	23
HD	0. 4937	8	0. 4402	9	0. 4602	13	0. 4607	11	0. 4618	8
TA	0. 4711	4	0. 4050	3	0. 4263	6	0. 4255	5	0. 4285	3
JN	0. 4676	3	0. 4334	8	0. 3610	1	0. 3711	1	0. 3418	1
ZZ	0. 4638	2	0. 4060	4	0. 4338	7	0. 4083	4	0. 4133	2
SQ	0. 5170	13	0. 4832	19	0. 3920	3	0. 4448	7	0. 4594	7
ZH	0. 5031	10	0. 4485	10	0. 4148	5	0. 4499	9	0. 4782	16
PD	0. 5330	17	0. 4509	11	0. 3817	2	0. 3920	2	0. 4633	9
SM	0. 5414	19	0. 4666	16	0. 4704	16	0. 4647	12	0. 4734	12
TY	0. 5574	24	0. 4916	21	0. 5493	28	0. 5895	31	0. 5440	32
YQ	0. 5738	25	0. 5575	30	0. 5536	30	0. 6321	32	0. 5838	33
SZ	0. 5383	18	0. 5002	22	0. 4870	20	0. 4918	19	0. 4918	24
CZ	0. 5469	21	0. 5459	28	0. 5768	31	0. 5649	29	0. 4795	18
DT	0. 5458	20	0. 5260	25	0. 5250	26	0. 5475	27	0. 5044	29
JC	0. 5832	26	0. 5525	29	0. 4879	21	0. 5082	23	0. 5269	31

6.5.4 基于 RSR 的评估对象分组

尽管我们可以将众多煤炭城市进行一一比较以对比其差异性，然而该方法耗费大量时间和精力，且所得结果过于特殊化，不具有代表性。为此，本书按照相似背景对煤炭城市进行划分，然后在此基础上进行对比分析。该方法可以为解决矿工生计问题的相关政策制定提供更多参考价值。本书以矿工生计脆弱性水平(CMLVI 值)为依据对煤炭城市进行分类。回归方程如下：

$$RSR'(2007)=0.05754X+0.2498 \tag{6-12}$$

$$RSR'(2010)=0.05476X+0.2025 \tag{6-13}$$

$$RSR'(2013)=0.06351X+0.1576 \tag{6-14}$$

$$RSR'(2016)=0.06428X+0.1652 \tag{6-15}$$

$$RSR'(2019)=0.04480X+0.2557 \tag{6-16}$$

其中，四个回归方程的 P 值均小于 0.001，说明在置信水平为 95%条件下，方程系数均具有统计显著性。

参考回归结果及常用分档标准表，本书将煤炭城市划分为三个大类，并确定对应的累计频率 p'和概率单位 Probit 临界值 X'。然后，根据上述回归方程计算得出每个 RSR'的值。最后，依据它们的 RSR'_i 值对 33 个煤炭城市进行划分，结果如表 6.6 所示。

从脆弱性最低到最高，33 个煤炭城市被划分为三组：低脆弱性(Ⅰ)、较高脆弱性(Ⅱ)和高脆弱性(Ⅲ)组。划分结果能够很清晰地展现各煤炭城市生计水平所处的大致位置以及历年变化整体趋势。以 2013 年为例，JN、PD、SQ、XZ 和 ZH 被划分为低脆弱性(Ⅰ)组(RSR'的值小于等于 0.41)，与其他城市相比，这些地区的矿工生计脆弱性较低，整体生计水平较高，矿工生计处于相对健康状况。TY、QT、YQ、CZ、SY 和 JX 被划分为高脆弱性(Ⅲ)组(RSR'的值高于 0.54)，这意味着这些城市矿工具有较高的生计脆弱性，矿工生计状况亟须改善。其余煤炭城市统一被划分为较高脆弱性（Ⅱ）组（*RSR′*的值介于0.41和0.54之间）。此外，根据划分结果可以得出，一些城市（如LY、JX、ZH、CZ、HB、IL、LY和OR）在不同年份的划分是不同的，这意味着他们在不同年份的生计脆弱性存在较大差异。

表6.6　煤炭城市分组结果

分组		低脆弱性（Ⅰ）	较高脆弱性（Ⅱ）	高脆弱性（Ⅲ）
p′		<15.87	15.87-	84.13-
X′		<4	4-	6-
2007	*RSR′*	<0.48	0.48-	0.60-
	城市	XZ，ZZ，JN，TA，HB	OR，FX，HD，BT，ZH，TS，SY，SQ，HN，LZ，YC，PD，SZ，SM，DT，CZ，YL，QT，TY，YQ，JC，UR	LY，JX，IL，XY，PZ，QJ
2010	*RSR′*	<0.42	0.42-	0.53-
	城市	XZ，YC，TA，ZZ，HB	HN，TS，JN，HD，ZH，PD，LY，SY，FX，QT，SM，JX，PZ，SQ，XY，TY，SZ，YL，QJ，DT，OR，BT	CZ，JC，YQ，LZ，UR，IL
2013	*RSR′*	<0.41	0.41-	0.54-
	城市	JN，PD，SQ，XZ，ZH	TA，ZZ，BT，YC，HB，FX，IL，HD，LZ，PZ，SM，XY，UR，HN，SZ，JC，YL，QJ，OR，TS，DT，LY	TY，QT，YQ，CZ，SY，JX
2016	*RSR′*	<0.42	0.42-	0.55-
	城市	JN，PD，XZ，ZZ，TA	YC，SQ，HB，ZH，BT，HD，SM，FX，IL，PZ，XY，HN，LZ，SZ，UR，TS，YL，JC，QJ，LY，QT，DT	OR，CZ，JX，TY，YQ，SY
2019	*RSR′* 城市	<0.43 JN，ZZ，TA，XZ，YC	0.43- FX，SQ，HD，PD，HB，IL，SM，LY，QT，JX，ZH，QJ，CZ，SY，PZ，HN，UR，TS，SZ，BT，YL，LZ	0.52- OR，DT，XY，JC，TY，YQ

6.6 典型煤炭城市矿工生计脆弱性比较分析

6.6.1 矿工生计脆弱性综合维度对比分析

本书基于CMLVI排序，得出33个煤炭城市2007年、2010年、2013年、2016年和2019年的生计脆弱性排名变化趋势，如图6.3所示。从时间维度上来看，城市的生计脆弱性随时间不断演化；即使同一城市四年的脆弱性也不尽相同。其中，SM的生计脆弱性逐年降低；YQ和DT两个城市的生计脆弱性逐渐升高。从横向上进行比较，总体上XZ、HB、TA、JN和ZZ这5个煤炭城市的CMLVI得分保持在较低水平(生计脆弱性排名一直保持在前十名)。相对地，YQ的CMLVI得分一直较高(生计脆弱性排名一直保持在后十名)。为进一步揭示生计脆弱性的地区特征进而提出更具针对性的政策意见，我们对生计脆弱性的地区分布进行讨论(如图6.3所示)。可以看出，生计脆弱性较低的城市大都分布在经济相对发达的中东部地区，而脆弱性较高的城市大多分布于经济欠发达的西部地区和东北地区。以2007年为例，生计脆弱性最低的城市TA、JN、XZ、ZZ和HB均位于环境优越、物产丰富、工业门类齐全的中国华东地区；相对地，生计脆弱性最高的城市LY、JX、IL、XY、PZ和QJ分布于中国经济相对欠发展的西部地区和东北地区。

值得注意的是，自2007年后，在城市脆弱性分布基本保持不变的情况下，中国中部地区开始出现脆弱性较高的城市，如2010年的YQ、CZ和JC以及2013年的TY、YQ和CZ，这些城市无一例外都属于中国的山西省。这一现象说明，在经济危机的干扰下，山西省的矿工生计遭受的损害较大且恢复力较差。一方面，矿工赖以生存的煤炭企业是高敏感、高脆弱的。作为我国第一产煤、输煤和出口大省及能源重化工基地，山西煤炭在市场的份额一度达到80%。近几十年来，山西的煤炭产量随着时间不断推进而增大，开采强度也日益加强。但是，山西的煤炭产业发展远不如表面上美好。2002—2012 年是中国煤炭发展的黄金十年，这十年期间，煤炭在带来巨大经济效益的同时，也促成了山西“一煤独大”的经济格局。这种单向的发展方式，使山西的产业结构变畸形——煤炭开采业发达，但煤炭加工业相对滞后；煤炭产品初级加工较发达，深加工、精加工欠缺；产业链短、产品附加值低，所产生的经济价值也难以提高。为解决这一问题，2009 年前后，山西历时 2 年实施煤炭企业大重组。山西省内煤炭企业数量从原来的 2200 家骤减至 100 家左右。但是，这一举措直接导致大量矿工失业，矿工生计脆弱性增高。另一方面，山西矿工自身的恢复力较差。山西煤矿产业的分散化和低技术性，加之小煤窑的大量存在，导致矿工工作环境恶劣、收入低和没有保障。此外，大量外来矿工没有基本的社会保障，因此，当煤炭企业关闭或效益变低时，矿工就很难寻求其他生计出路。

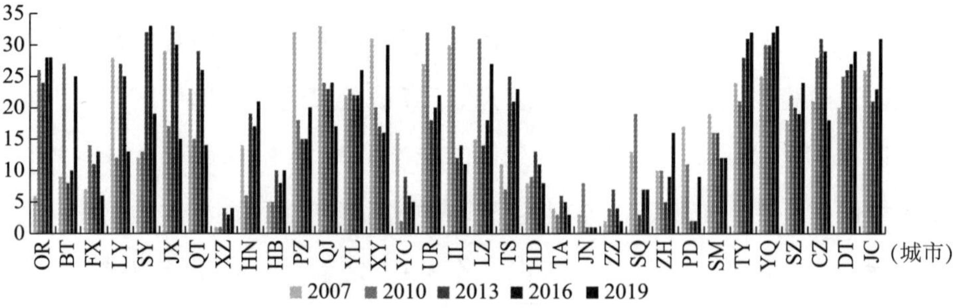

图 6.3　基于 CMLVI 得分的煤炭城市排序

6.6.2　矿工生计脆弱性分维度比较分析

为了更好地识别各地区脆弱性的成因，本书将生计脆弱性分维度进行分解，分别计算生境条件的敏感性指数（SEI）、社会层面的恢复力（RI）和个体层面的适应性（STI），并据此对各煤炭城市矿工的生计脆弱性进行比较分析，具体结果如表 6.7、表 6.8、表 6.9、表 6.10 和表 6.11 所示。基于 SEI、RI 和 STI 得分的煤炭城市排名结果见图 6.4、图 6.5 和图 6.6。

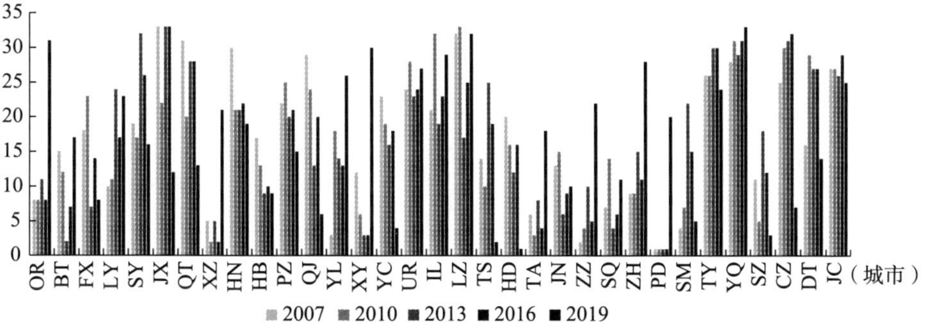

图 6.4　基于 SEI 得分的煤炭城市排名

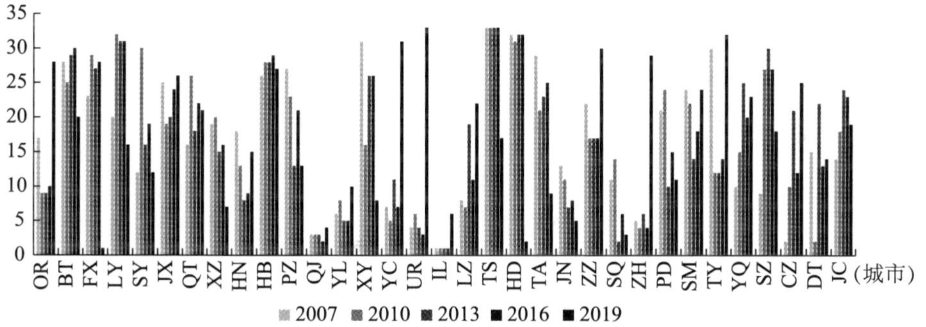

图 6.5　基于 RI 得分的煤炭城市排名

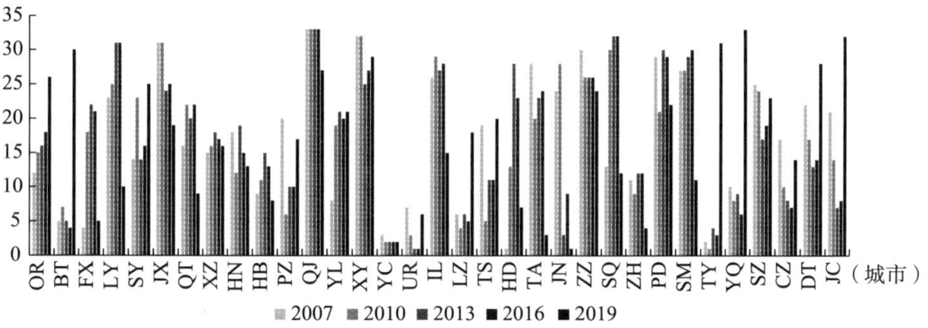

图 6.6　基于 STI 得分的煤炭城市排名

表 6.7 2007 年各煤炭城市基于 CMLVI，SEI、RI 和 STI 得分的排名

城市	矿工生计脆弱性		生境条件的敏感性		社会层面的恢复力		个体层面的适应性	
	CMLVI 值	排名	SEI 得分	排名	RI 得分	排名	STI 得分	排名
OR	0. 4828	6	0. 4603	8	0. 6073	17	0. 5442	12
BT	0. 5019	9	0. 5213	15	0. 6580	28	0. 4905	5
FX	0. 4928	7	0. 5656	18	0. 6416	23	0. 4894	4
LY	0. 6163	28	0. 4679	10	0. 6286	20	0. 6850	23
SY	0. 5140	12	0. 5741	19	0. 5707	12	0. 5705	14
JX	0. 6257	29	0. 8137	33	0. 6438	25	0. 7497	31
QT	0. 5567	23	0. 7023	31	0. 5852	16	0. 5902	16
XZ	0. 4466	1	0. 4518	5	0. 6243	19	0. 5869	15
HN	0. 5209	14	0. 6981	30	0. 6083	18	0. 5974	18
HB	0. 4748	5	0. 5644	17	0. 6454	26	0. 5286	9
PZ	0. 6469	32	0. 6250	22	0. 6573	27	0. 6203	20
QJ	0. 6598	33	0. 6927	29	0. 4859	3	0. 8145	33
YL	0. 5512	22	0. 4319	3	0. 5095	6	0. 5191	8
XY	0. 6443	31	0. 4927	12	0. 7032	31	0. 8095	32
YC	0. 5271	16	0. 6278	23	0. 5302	7	0. 4562	3
UR	0. 6131	27	0. 6391	24	0. 4872	4	0. 5142	7
IL	0. 6336	30	0. 6005	21	0. 4607	1	0. 7126	26
LZ	0. 5260	15	0. 7266	32	0. 5511	8	0. 5124	6
TS	0. 5071	11	0. 5020	14	0. 7255	33	0. 6022	19
HD	0. 4937	8	0. 5885	20	0. 7147	32	0. 4355	1
TA	0. 4711	4	0. 4531	6	0. 6681	29	0. 7271	28
JN	0. 4676	3	0. 4983	13	0. 5720	13	0. 7049	24
ZZ	0. 4638	2	0. 4272	2	0. 6380	22	0. 7481	30
SQ	0. 5170	13	0. 4595	7	0. 5687	11	0. 5469	13
ZH	0. 5031	10	0. 4669	9	0. 5008	5	0. 5435	11
PD	0. 5330	17	0. 3882	1	0. 6297	21	0. 7311	29
SM	0. 5414	19	0. 4324	4	0. 6418	24	0. 7212	27
TY	0. 5574	24	0. 6528	26	0. 6791	30	0. 4398	2

续表

城市	矿工生计脆弱性		生境条件的敏感性		社会层面的恢复力		个体层面的适应性	
	CMLVI 值	排名	SEI 得分	排名	RI 得分	排名	STI 得分	排名
YQ	0. 5738	25	0. 6893	28	0. 5671	10	0. 5412	10
SZ	0. 5383	18	0. 4882	11	0. 5584	9	0. 7110	25
CZ	0. 5469	21	0. 6401	25	0. 4802	2	0. 5906	17
DT	0. 5458	20	0. 5363	16	0. 5811	15	0. 6407	22
JC	0. 5832	26	0. 6636	27	0. 5771	14	0. 6215	21

表 6. 8　2010 年各煤炭城市基于 CMLVI，SEI、RI 和 STI 得分的排名

城市	矿工生计脆弱性		生境条件的敏感性		社会层面的恢复力		个体层面的适应性	
	CMLVI 值	排名	SEI 得分	排名	RI 得分	排名	STI 得分	排名
OR	0. 5413	26	0. 3026	8	0. 6345	9	0. 5961	15
BT	0. 5413	27	0. 3260	12	0. 7048	25	0. 5061	7
FX	0. 4632	14	0. 3987	23	0. 7307	29	0. 6223	18
LY	0. 4609	12	0. 3253	11	0. 7551	32	0. 7038	25
SY	0. 4628	13	0. 3623	17	0. 7310	30	0. 6925	23
JX	0. 4680	17	0. 3973	22	0. 6806	19	0. 7545	31
QT	0. 4652	15	0. 3731	20	0. 7062	26	0. 6921	22
XZ	0. 3934	1	0. 2541	2	0. 6883	20	0. 5971	16
HN	0. 4220	6	0. 3845	21	0. 6561	13	0. 5747	12
HB	0. 4076	5	0. 3303	13	0. 7264	28	0. 5698	11
PZ	0. 4689	18	0. 4360	25	0. 6944	23	0. 5021	6
QJ	0. 5063	24	0. 4359	24	0. 5040	3	0. 8972	33
YL	0. 5029	23	0. 3646	18	0. 6257	8	0. 6488	19
XY	0. 4893	20	0. 2738	6	0. 6727	16	0. 7952	32
YC	0. 3945	2	0. 3707	19	0. 5942	5	0. 3163	2
UR	0. 5794	32	0. 4890	28	0. 5968	6	0. 3962	3
IL	0. 5818	33	0. 5705	32	0. 3498	1	0. 7510	29
LZ	0. 5657	31	0. 7337	33	0. 6241	7	0. 4716	4
TS	0. 4282	7	0. 3245	10	0. 7670	33	0. 4967	5

续表

城市	矿工生计脆弱性		生境条件的敏感性		社会层面的恢复力		个体层面的适应性	
	CMLVI 值	排名	SEI 得分	排名	RI 得分	排名	STI 得分	排名
HD	0. 4402	9	0. 3619	16	0. 7430	31	0. 5888	13
TA	0. 4050	3	0. 2609	3	0. 6914	21	0. 6597	20
JN	0. 4334	8	0. 3605	15	0. 6408	11	0. 7402	28
ZZ	0. 4060	4	0. 2610	4	0. 6736	17	0. 7085	26
SQ	0. 4832	19	0. 3306	14	0. 6570	14	0. 7520	30
ZH	0. 4485	10	0. 3195	9	0. 5918	4	0. 5514	9
PD	0. 4509	11	0. 2529	1	0. 6994	24	0. 6847	21
SM	0. 4666	16	0. 2816	7	0. 6926	22	0. 7259	27
TY	0. 4916	21	0. 4417	26	0. 6543	12	0. 2617	1
YQ	0. 5575	30	0. 5137	31	0. 6581	15	0. 5136	8
SZ	0. 5002	22	0. 2652	5	0. 7121	27	0. 7022	24
CZ	0. 5459	28	0. 4991	30	0. 6403	10	0. 5629	10
DT	0. 5260	25	0. 4978	29	0. 4915	2	0. 6005	17
JC	0. 5525	29	0. 4641	27	0. 6790	18	0. 5958	14

表 6. 9　2013 年各煤炭城市基于 CMLVI，SEI、RI 和 STI 得分的排名

城市	矿工生计脆弱性		生境条件的敏感性		社会层面的恢复力		个体层面的适应性	
	CMLVI 值	排名	SEI 得分	排名	RI 得分	排名	STI 得分	排名
OR	0. 4966	24	0. 3409	11	0. 5987	9	0. 6277	16
BT	0. 4363	8	0. 2597	2	0. 6921	29	0. 4248	5
FX	0. 4495	11	0. 3184	7	0. 6660	27	0. 6810	22
LY	0. 5353	27	0. 4234	24	0. 7215	31	0. 7937	31
SY	0. 6189	32	0. 6168	32	0. 6208	16	0. 6114	14
JX	0. 6425	33	0. 6284	33	0. 6361	20	0. 7204	24
QT	0. 5525	29	0. 5088	28	0. 6324	18	0. 6556	20
XZ	0. 3977	4	0. 2945	5	0. 6201	15	0. 6316	18
HN	0. 4803	19	0. 4095	21	0. 5833	8	0. 6497	19
HB	0. 4474	10	0. 3265	9	0. 6875	28	0. 6140	15
PZ	0. 4694	15	0. 3955	20	0. 6120	13	0. 5372	10

续表

城市	矿工生计脆弱性		生境条件的敏感性		社会层面的恢复力		个体层面的适应性	
	CMLVI 值	排名	SEI 得分	排名	RI 得分	排名	STI 得分	排名
QJ	0.4965	23	0.3561	13	0.5111	3	0.8731	33
YL	0.4925	22	0.3600	14	0.5454	5	0.6637	21
XY	0.4714	17	0.2640	3	0.6638	26	0.7293	25
YC	0.4388	9	0.3633	16	0.6089	11	0.3543	2
UR	0.4726	18	0.4217	23	0.5325	4	0.3519	1
IL	0.4535	12	0.3946	19	0.3099	1	0.7399	27
LZ	0.4639	14	0.3874	17	0.6338	19	0.4663	6
TS	0.4977	25	0.4324	25	0.7538	33	0.5378	11
HD	0.4602	13	0.3501	12	0.7281	32	0.7402	28
TA	0.4263	6	0.3185	8	0.6468	23	0.6927	23
JN	0.3610	1	0.2948	6	0.5686	7	0.3959	3
ZZ	0.4338	7	0.3269	10	0.6283	17	0.7378	26
SQ	0.3920	3	0.2789	4	0.4664	2	0.8399	32
ZH	0.4148	5	0.3617	15	0.5581	6	0.5515	12
PD	0.3817	2	0.2312	1	0.6029	10	0.7791	30
SM	0.4704	16	0.4097	22	0.6160	14	0.7572	29
TY	0.5493	28	0.5846	30	0.6109	12	0.3979	4
YQ	0.5536	30	0.5502	29	0.6608	25	0.5320	9
SZ	0.4870	20	0.3924	18	0.7033	30	0.6316	17
CZ	0.5768	31	0.5963	31	0.6425	21	0.5278	8
DT	0.5250	26	0.4939	27	0.6443	22	0.5974	13
JC	0.4879	21	0.4451	26	0.6516	24	0.5272	7

表 6.10　2016 年各煤炭城市基于 CMLVI，SEI、RI 和 STI 得分的排名

城市	矿工生计脆弱性		生境条件的敏感性		社会层面的恢复力		个体层面的适应性	
	CMLVI 值	排名	SEI 得分	排名	RI 得分	排名	STI 得分	排名
OR	0.5617	28	0.3730	8	0.6519	10	0.6829	18
BT	0.4585	10	0.3730	7	0.7604	30	0.4304	4

续表

城市	矿工生计脆弱性		生境条件的敏感性		社会层面的恢复力		个体层面的适应性	
	CMLVI 值	排名	SEI 得分	排名	RI 得分	排名	STI 得分	排名
FX	0.4715	13	0.4214	14	0.7432	28	0.7176	21
LY	0.5095	25	0.4534	17	0.7800	31	0.8580	31
SY	0.6560	33	0.5207	26	0.6852	19	0.6787	16
JX	0.5660	30	0.7346	33	0.7045	24	0.7884	25
QT	0.5371	26	0.5951	28	0.6966	22	0.7363	22
XZ	0.4024	3	0.3045	2	0.6712	16	0.6828	17
HN	0.4828	17	0.4795	22	0.6473	9	0.6639	15
HB	0.4473	8	0.3828	10	0.7482	29	0.6460	13
PZ	0.4809	15	0.4792	21	0.6946	21	0.5809	10
QJ	0.5084	24	0.4629	20	0.5045	2	0.9437	33
YL	0.5042	22	0.4170	13	0.5897	5	0.7088	20
XY	0.4818	16	0.3096	3	0.7177	26	0.7999	27
YC	0.4372	6	0.4593	18	0.6149	7	0.3834	2
UR	0.4986	20	0.4954	24	0.5528	3	0.3808	1
IL	0.4753	14	0.4934	23	0.3355	1	0.8002	28
LZ	0.4841	18	0.5060	25	0.6584	11	0.4595	5
TS	0.4995	21	0.4619	19	0.8148	33	0.5816	11
HD	0.4607	11	0.4254	16	0.7871	32	0.7489	23
TA	0.4255	5	0.3269	4	0.7145	25	0.7788	24
JN	0.3711	1	0.3824	9	0.6307	8	0.5753	9
ZZ	0.4083	4	0.3451	5	0.6793	17	0.7976	26
SQ	0.4448	7	0.3454	6	0.6035	6	0.9078	32
ZH	0.4499	9	0.3993	11	0.5758	4	0.5964	12
PD	0.3920	2	0.2713	1	0.6705	15	0.8185	29
SM	0.4647	12	0.4234	15	0.6838	18	0.8422	30
TY	0.5895	31	0.6834	30	0.6661	14	0.4284	3
YQ	0.6321	32	0.6970	31	0.6878	20	0.5044	6
SZ	0.4918	19	0.4099	12	0.7200	27	0.7024	19

续表

城市	矿工生计脆弱性		生境条件的敏感性		社会层面的恢复力		个体层面的适应性	
	CMLVI 值	排名	SEI 得分	排名	RI 得分	排名	STI 得分	排名
CZ	0. 5649	29	0. 7211	32	0. 6605	12	0. 5701	7
DT	0. 5475	27	0. 5776	27	0. 6617	13	0. 6611	14
JC	0. 5082	23	0. 6434	29	0. 6994	23	0. 5708	8

表 6. 11　2019 年各煤炭城市基于 CMLVI，SEI、RI 和 STI 得分的排名

城市	矿工生计脆弱性		生境条件的敏感性		社会层面的恢复力		个体层面的适应性	
	CMLVI 值	排名	SEI 得分	排名	RI 得分	排名	STI 得分	排名
OR	0. 5213	28	0. 7379	31	0. 7603	28	0. 6051	26
BT	0. 4928	25	0. 6376	17	0. 6858	20	0. 6332	30
FX	0. 4483	6	0. 5489	8	0. 3312	1	0. 4952	5
LY	0. 4761	13	0. 6788	23	0. 6594	16	0. 5300	10
SY	0. 4838	19	0. 6334	16	0. 6339	12	0. 5996	25
JX	0. 5996	15	0. 5964	12	0. 7311	26	0. 5752	19
QT	0. 4777	14	0. 6132	13	0. 6926	21	0. 5290	9
XZ	0. 4387	4	0. 6764	21	0. 5879	7	0. 5664	16
HN	0. 4862	21	0. 6463	19	0. 6590	15	0. 5555	13
HB	0. 4668	10	0. 5613	9	0. 7533	27	0. 5286	8
PZ	0. 4860	20	0. 6228	15	0. 6357	13	0. 5700	17
QJ	0. 4785	17	0. 5123	6	0. 4105	4	0. 6070	27
YL	0. 4994	26	0. 6942	26	0. 6241	10	0. 5756	21
XY	0. 5297	30	0. 7323	30	0. 5998	8	0. 6255	29
YC	0. 4393	5	0. 4846	4	0. 7860	31	0. 4834	2
UR	0. 4912	22	0. 7169	27	0. 8220	33	0. 4987	6
IL	0. 4725	11	0. 7282	29	0. 5629	6	0. 5657	15
LZ	0. 5155	27	0. 7400	32	0. 6943	22	0. 5732	18
TS	0. 4913	23	0. 4712	2	0. 6635	17	0. 5756	20
HD	0. 4618	8	0. 3945	1	0. 3643	2	0. 5217	7
TA	0. 4285	3	0. 6405	18	0. 6220	9	0. 4876	3

续表

城市	矿工生计脆弱性		生境条件的敏感性		社会层面的恢复力		个体层面的适应性	
	CMLVI 值	排名	SEI 得分	排名	RI 得分	排名	STI 得分	排名
JN	0.3418	1	0.5763	10	0.5170	5	0.3467	1
ZZ	0.4133	2	0.6766	22	0.7795	30	0.5982	24
SQ	0.4594	7	0.5881	11	0.3863	3	0.5475	12
ZH	0.4782	16	0.7202	28	0.7777	29	0.4949	4
PD	0.4633	9	0.6571	20	0.6297	11	0.5868	22
SM	0.4734	12	0.5058	5	0.7210	24	0.5328	11
TY	0.5440	32	0.6877	24	0.8009	32	0.6522	31
YQ	0.5838	33	0.7422	33	0.7183	23	0.7622	33
SZ	0.4918	24	0.4837	3	0.6652	18	0.5979	23
CZ	0.4795	18	0.5169	7	0.7275	25	0.5616	14
DT	0.5044	29	0.6180	14	0.6469	14	0.6225	28
JC	0.5269	31	0.6904	25	0.6844	19	0.6885	32

首先，具有相同脆弱性水平的城市，其脆弱性模式可能不同。无论是低脆弱性、较高脆弱性，还是高脆弱性，这种现象均普遍存在。以 2007 年为例(见图 6.7)，ZZ 和 HB 均属于低生计脆弱性地区，ZZ 和 HB 总排名分别为第 2 和第 5 名，但根据图 6.7(a)可以看出，ZZ 在 SEI、RI 和 STI 三个维度上的排名分别为 2、22 和 30。HB 的排名分别为 17、26 和 9。很显然，ZZ 在 SEI 上的脆弱性远低于 HB，而 HB 在 STI 上的脆弱性远低于 ZZ。同样地，YC 和 PD 均属于较高脆弱性地区，但 YC 在三个维度上的排名与 PD 相差悬殊，根据图 6.7(b)可以看出，YC 在 SEI 上的脆弱性远高于 PD(YC 排名第 23，PD 排名第 1)，同时在 RI 和 STI 上的脆弱性远低于 PD(YC 排名 7 和 3，PD 排名 21 和 29)。这种现象同样存在于高脆弱性等级中，由图 6.7(c)可知，IL 在 RI 上的脆弱性远低于 XY(IL 排名第 1，XY 排名第 31)。IL 的高脆弱性主要由于其在 SEI 和 STI 上的脆弱性，而 STI 和 RI 上的脆弱性则是导致 XY 高脆弱性的主要因素。因此，在解决矿工生计脆弱

性问题时，需要正确识别该地区的脆弱性模式，从而制定更具针对性的政策建议。例如，对于 ZZ 应从提高其个人层面的适应力入手，提高职工的工资，增加就业以及加强社会保障。而对于 HB 则应更加关注其社会层面的恢复力，大力发展教育及促进公平等。

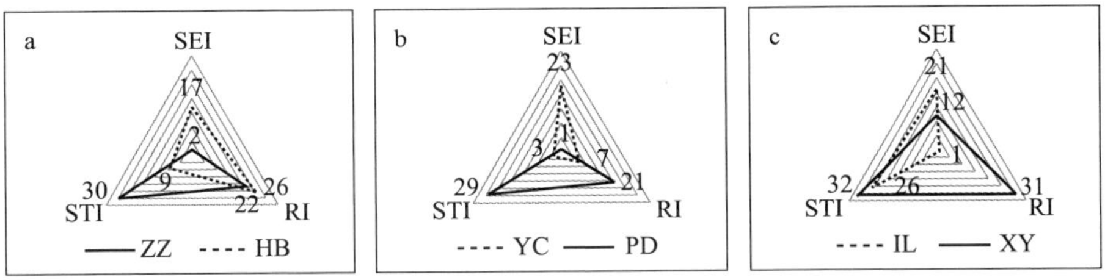

图 6.7　生计脆弱性概况

(a)低脆弱性城市 ZZ 和 HB，(b)较高脆弱性城市 YC 和 PD，(c)高脆弱性城市 IL 和 XY

其次，低脆弱性城市依旧可能在某一维度存在较高脆弱性，面临着一些急需解决的严重问题。以 ZZ 和 HB 为例，图 6.8(a)、6.8(b)、6.8(c)、6.8(d)和 6.8(e)分别是 2007 年、2010 年、2013 年、2016 年和 2019 年 ZZ 和 HB 的生计脆弱性三个维度上的脆弱性分解。ZZ 和 HB 在 5 个年度均属于低生计脆弱性水平的城市(5 年排名均在前 10 名)。然而，根据图 6.8 可知，ZZ 虽然整体生计脆弱性水平较低，但其 STI 维度上的脆弱性一直处于较高水平，其 STI 排名在 2007 年、2010 年、2013 年、2016 年和 2019 年分别为第 30、26、26、26 和 24 名。这表明 ZZ 在个人层面的适应力方面比较薄弱，这主要是 ZZ 地区矿工工资水平和社会保障水平偏低造成的。以 2013 年矿工工资水平为例，ZZ 在岗采矿业平均工资为 5.37 万元，较 33 个煤炭城市平均工资水平(6.25 万元)低 0.14 个百分点。同样地，HB 在整体脆弱性水平偏低的情况下，出现持续 RI 脆弱性偏高的现象，其在 RI 上的排名在 2007 年、2010 年、2013 年、2016 年和 2019 年分别为第 26、28、28、29 和 27 名，这说明 HB 在社会恢复力层面的脆弱性较高，造成该结果的主要原因是 HB 地区金融和教育投入偏低。因此，即使在综合脆弱性水平较低的情况下，HB 地区仍需要从教育和金融方面入手，进一步提高社会层面的恢复力，从而真正意义上降低矿工生计脆弱性，消除可持续发展的隐患。

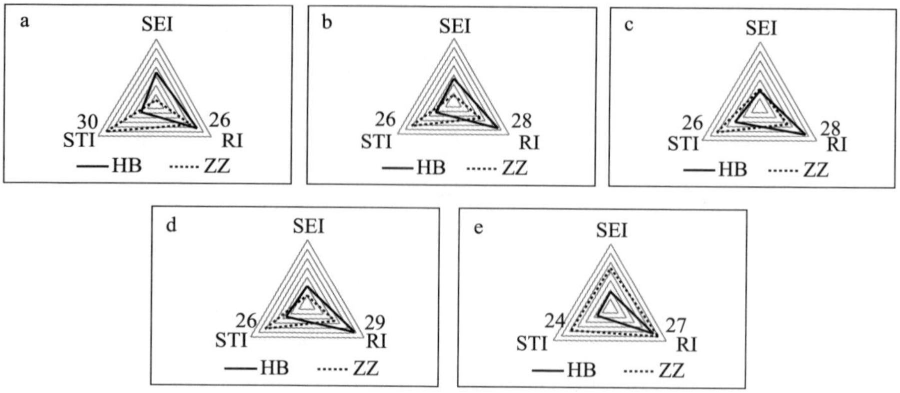

图 6.8　ZZ 和 HB 生计脆弱性概况

(a)2007，(b)2010，(c)2013，(d)2016，(e)2019

6.6.3　煤炭城市的分组识别

上文中，本书根据矿工生计脆弱性指数 CMLVI 得分，用 RSR 算法将矿工生计脆弱性划分为低、较高和高三个等级。基于划分的组别，本书利用 SPSS 19.0 对每个指标的数据进行描述性统计和方差分析，以检验分组是否具有统计学意义。这一步是十分关键的，因为检验的结果可以说明矿工生计脆弱性的分组是否具有意义，是否能够为决策者制定降低生计脆弱性的相关政策措施提供帮助。统计结果如表 6.12 所示。结果显示方差分析的显著性 $p<0.05$，因此分组是合理的。

煤炭城市的分组识别和比较可以帮助我们找到生计低、较高和高脆弱性组之间的差距，发现生计脆弱性低的标杆城市，为其他煤炭城市的生计发展提供有意义的参考。以 XZ(徐州)为例，该煤炭城市的矿工生计脆弱性在 2007 年、2010 年、2013 年、2016 年和 2019 年中均保持在较低水平(五年的排名分别为第 1、1、4、3 和 4 名)。这一结果得益于当地政府的努力。近年来，XZ 致力于产业转型，大力发展清洁能源和新能源。同时，通过建设其他省份的煤炭生产项目和供应基地，转移了大量的过剩劳动力。这种转移可以解决矿工的再就业问题，有效保障矿工的生计水平。因此，其他脆弱性较高城市可以借鉴 XZ 的发展经验，通过产业转型和建设异地项目缓解矿工生计困难问题，降低矿工生计脆弱性水平。

表 6.12 分组变量的描述性统计及方差检验

	分组	2007				2010			
		N	Mean	Std. Dev.	Sig.（P）	N	Mean	Std. Dev.	Sig.（P）
X_{11}	Ⅰ	5	0.501	4.521	0.002	5	0.511	24.305	0.009
	Ⅱ	22	0.530	14.164		22	0.519	30.588	
	Ⅲ	6	0.551	10.943		6	0.553	48.709	
X_{13}	Ⅰ	5	0.018	0.951	0.009	5	0.053	0.968	0.002
	Ⅱ	22	0.083	1.464		22	0.283	2.405	
	Ⅲ	6	0.138	1.024		6	0.492	1.442	
X_{21}	Ⅰ	5	0.147	1.360	0.002	5	0.146	1.552	0.001
	Ⅱ	22	0.169	1.327		22	0.171	1.588	
	Ⅲ	6	0.168	2.419		6	0.166	0.604	
X_{22}	Ⅰ	5	61.250	3.677	0.000	5	57.913	6.432	0.000
	Ⅱ	22	60.151	4.674		22	60.887	4.896	
	Ⅲ	6	65.226	2.531		6	59.618	3.699	
X_{23}	Ⅰ	5	9.915	0.005	0.000	5	10.312	0.016	0.000
	Ⅱ	22	6.884	0.025		22	8.646	0.024	
	Ⅲ	6	4.007	0.040		6	6.925	0.040	
X_{24}	Ⅰ	5	6.967	37.833	0.000	5	5.933	44.881	0.006
	Ⅱ	22	17.590	27.142		22	12.830	30.541	
	Ⅲ	6	24.007	14.011		6	28.081	9.686	
X_{25}	Ⅰ	5	1.070	1.367	0.000	5	2.229	1.438	0.000
	Ⅱ	22	1.664	0.796		22	1.998	1.101	
	Ⅲ	6	2.850	0.440		6	-0.195	0.694	
X_{27}	Ⅰ	5	35.778	0.115	0.000	5	34.994	0.480	0.000
	Ⅱ	22	33.689	0.584		22	33.714	0.394	
	Ⅲ	6	36.768	0.362		6	34.177	0.272	

续表

	分组	2007				2010			
		N	Mean	Std. Dev.	Sig.（P）	N	Mean	Std. Dev.	Sig.（P）
X_{31}	Ⅰ	5	63.730	3.866	0.007	5	63.436	17.578	0.008
	Ⅱ	22	58.484	24.213		22	51.994	10.420	
	Ⅲ	6	39.240	14.501		6	59.311	16.318	
X_{34}	Ⅰ	5	60.244	0.301	0.001	5	71.880	0.086	0.006
	Ⅱ	22	64.982	0.187		22	60.453	0.265	
	Ⅲ	6	60.901	0.345		6	50.560	0.305	
X_{36}	Ⅰ	5	1.976	17.925	0.000	5	2.154	14.438	0.002
	Ⅱ	22	2.516	17.705		22	2.577	16.417	
	Ⅲ	6	3.213	16.503		6	3.452	11.212	
X_{37}	Ⅰ	5	0.021	0.561	0.000	5	0.020	0.258	0.003
	Ⅱ	22	0.022	1.010		22	0.019	0.878	
	Ⅲ	6	0.021	0.762		6	0.022	1.653	
X_{41}	Ⅰ	5	30927.400	0.790	0.000	5	51129.600	1.005	0.000
	Ⅱ	22	30015.502	0.869		22	44143.342	0.781	
	Ⅲ	6	21349.506	0.277		6	46346.919	0.445	
X_{42}	Ⅰ	5	0.275	20.595	0.002	5	0.360	11.736	0.001
	Ⅱ	22	0.334	15.197		22	0.325	15.335	
	Ⅲ	6	0.254	31.324		6	0.334	22.010	
X_{46}	Ⅰ	5	3.152	0.790	0.000	5	3.244	1.005	0.000
	Ⅱ	22	3.390	0.869		22	3.479	0.781	
	Ⅲ	6	3.438	0.277		6	2.877	0.445	
X_{47}	Ⅰ	5	0.084	20.595	0.002	5	0.113	11.736	0.001
	Ⅱ	22	0.121	15.197		22	0.101	15.335	
	Ⅲ	6	0.080	31.324		6	0.134	22.010	
	分组	2013				2016			
		N	Mean	Std. Dev.	Sig.（P）	N	Mean	Std. Dev.	Sig.（P）
X_{11}	Ⅰ	5	0.491	19.594	0.003	5	0.508	18.614	0.004
	Ⅱ	22	0.527	39.503		22	0.545	37.528	
	Ⅲ	6	0.523	24.334		6	0.540	23.117	

续表

	分组	2013				2016			
		N	Mean	Std. Dev.	Sig.（P）	N	Mean	Std. Dev.	Sig.（P）
X_{13}	Ⅰ	5	0. 031	0. 232	0. 008	5	0. 039	0. 220	0. 009
	Ⅱ	22	0. 097	3. 956		22	0. 106	3. 758	
	Ⅲ	6	0. 093	4. 596		6	0. 102	4. 366	
X_{21}	Ⅰ	5	0. 149	1. 073	0. 002	5	0. 159	1. 019	0. 002
	Ⅱ	22	0. 154	3. 891		22	0. 164	3. 697	
	Ⅲ	6	0. 199	2. 837		6	0. 210	2. 695	
X_{22}	Ⅰ	5	47. 151	2. 781	0. 000	5	48. 101	2. 642	0. 000
	Ⅱ	22	62. 584	4. 334		22	63. 843	4. 117	
	Ⅲ	6	69. 967	2. 657		6	71. 373	2. 524	
X_{23}	Ⅰ	5	11. 051	0. 025	0. 000	5	11. 279	0. 024	0. 000
	Ⅱ	22	5. 995	0. 027		22	6. 122	0. 026	
	Ⅲ	6	1. 825	0. 042		6	1. 869	0. 040	
X_{24}	Ⅰ	5	4. 908	52. 265	0. 002	5	5. 013	49. 652	0. 000
	Ⅱ	22	18. 440	30. 105		22	18. 816	28. 600	
	Ⅲ	6	36. 809	17. 254		6	37. 552	16. 391	
X_{25}	Ⅰ	5	0. 105	2. 195	0. 000	5	0. 114	2. 085	0. 000
	Ⅱ	22	0. 427	1. 236		22	0. 443	1. 174	
	Ⅲ	6	−4. 386	0. 889		6	−4. 467	0. 845	
X_{27}	Ⅰ	5	33. 134	0. 299	0. 000	5	33. 804	0. 284	0. 000
	Ⅱ	22	33. 071	0. 391		22	33. 739	0. 372	
	Ⅲ	6	31. 790	1. 275		6	32. 433	1. 211	
X_{31}	Ⅰ	5	62. 067	2. 125	0. 005	5	63. 315	2. 019	0. 008
	Ⅱ	22	55. 129	15. 886		22	56. 239	15. 092	
	Ⅲ	6	51. 870	14. 750		6	52. 914	14. 013	
X_{34}	Ⅰ	5	63. 067	0. 052	0. 005	5	64. 335	0. 049	0. 005
	Ⅱ	22	68. 133	0. 283		22	69. 503	0. 269	
	Ⅲ	6	59. 474	0. 314		6	60. 670	0. 298	
X_{36}	Ⅰ	5	3. 367	21. 832	0. 000	5	3. 441	20. 740	0. 000
	Ⅱ	22	3. 016	17. 205		22	3. 083	16. 345	
	Ⅲ	6	3. 098	12. 769		6	3. 167	12. 131	

续表

	分组	2013				2016			
		N	Mean	Std. Dev.	Sig.（P）	N	Mean	Std. Dev.	Sig.（P）
X_{37}	Ⅰ	5	0.014	1.536	0.006	5	0.021	1.459	0.006
	Ⅱ	22	0.018	1.188		22	0.025	1.129	
	Ⅲ	6	0.018	0.331		6	0.025	0.315	
X_{41}	Ⅰ	5	58844.013	1.909	0.000	5	60020.900	1.814	0.000
	Ⅱ	22	65390.048	1.148		22	66697.856	1.091	
	Ⅲ	6	55186.667	0.483		6	56290.407	0.459	
X_{42}	Ⅰ	5	0.309	24.994	0.001	5	0.322	23.744	0.003
	Ⅱ	22	0.342	17.392		22	0.356	16.522	
	Ⅲ	6	0.399	12.487		6	0.414	11.863	
X_{46}	Ⅰ	5	2.844	1.909	0.000	5	2.908	1.814	0.000
	Ⅱ	22	3.174	1.148		22	3.244	1.091	
	Ⅲ	6	3.164	0.483		6	3.234	0.459	
X_{47}	Ⅰ	5	0.128	24.994	0.001	5	0.138	23.744	0.004
	Ⅱ	22	0.120	17.392		22	0.129	16.522	
	Ⅲ	6	0.137	12.487		6	0.147	11.863	

	分组	2019			
		N	Mean	Std. Dev.	Sig.（P）
X_{11}	Ⅰ	5	0.591	0.351	0.007
	Ⅱ	22	0.404	0.264	
	Ⅲ	6	0.341	0.133	
X_{13}	Ⅰ	5	0.428	0.570	0.006
	Ⅱ	22	0.099	0.076	
	Ⅲ	6	0.102	0.060	
X_{21}	Ⅰ	5	0.171	0.042	0.009
	Ⅱ	22	0.159	0.027	
	Ⅲ	6	0.165	0.023	
X_{22}	Ⅰ	5	71.352	4.810	0.003
	Ⅱ	22	65.168	7.956	
	Ⅲ	6	86.208	75.648	

续表

	分组	2019			
		N	Mean	Std. Dev.	Sig. (P)
X_{23}	Ⅰ	5	0. 230	5. 198	0. 006
	Ⅱ	22	3. 715	1. 531	
	Ⅲ	6	13. 736	16. 729	
X_{24}	Ⅰ	5	34. 026	16. 196	0. 007
	Ⅱ	22	19. 310	10. 837	
	Ⅲ	6	16. 017	12. 487	
X_{25}	Ⅰ	5	0. 237	2. 806	0. 006
	Ⅱ	22	0. 919	1. 664	
	Ⅲ	6	−2. 306	1. 839	
X_{27}	Ⅰ	5	26. 552	5. 217	0. 006
	Ⅱ	22	29. 028	4. 689	
	Ⅲ	6	23. 150	5. 877	
X_{31}	Ⅰ	5	42. 555	18. 329	0. 002
	Ⅱ	22	43. 555	14. 747	
	Ⅲ	6	48. 044	20. 276	
X_{34}	Ⅰ	5	68. 751	23. 705	0. 007
	Ⅱ	22	74. 831	19. 787	
	Ⅲ	6	122. 313	61. 801	
X_{36}	Ⅰ	5	3. 296	0. 846	0. 005
	Ⅱ	22	3. 494	1. 104	
	Ⅲ	6	3. 271	0. 433	
X_{37}	Ⅰ	5	0. 017	0. 005	0. 006
	Ⅱ	22	0. 018	0. 006	
	Ⅲ	6	0. 014	0. 002	
X_{41}	Ⅰ	5	65756. 600	11404. 820	0. 007
	Ⅱ	22	79222. 727	20137. 229	
	Ⅲ	6	107793. 833	31196. 705	
X_{42}	Ⅰ	5	0. 373	0. 130	0. 004
	Ⅱ	22	0. 381	0. 090	
	Ⅲ	6	0. 450	0. 125	

续表

	分组	2019			
		N	Mean	Std. Dev.	Sig.(P)
X_{46}	Ⅰ	5	3.258	0.508	0.000
	Ⅱ	22	2.858	0.837	
	Ⅲ	6	2.911	0.621	
	Ⅰ	5	0.191	0.118	0.005
	Ⅱ	22	0.125	0.075	
	Ⅲ	6	0.123	0.082	

6.7 本章小结

本章构建了基于 RS-TOPSIS-RSR 的煤炭城市矿工生计脆弱性评估框架，建立了矿工生计脆弱性分层评估体系，并构建了综合脆弱性评估 CMLVI。考虑到指标之间的相关性和冗余性，我们采用 RS 方法对初始指标体系进行约简，然后，采用 TOPSIS 和 RSR 方法实现煤炭城市的排序和分组。首先，本章根据上文阐述的产能调控下矿工生计脆弱性响应机理，构建矿工生计脆弱性评估初始指标体系，进而对初始指标进行属性约简。考虑到 RS 算法只能处理离散数据，本章先采用基于信息熵的 FCM 算法实现连续数据的离散化，然后根据 RS 算法获得最终的评估指标体系。其次，在对数据进行标准化的基础上，本书利用最终确定的评估指标，采用 TOPSIS 算法计算出 CMLVI，并据此对 33 个煤炭城市进行排序。最后，用 CMLVI 值取代 RSR 算法中的 RSR_i 的值，计算回归方程并实现对 33 个煤炭城市的分组。

本章选择了 33 个覆盖了中国东部和西部的代表性煤炭城市，采用 RS-TOPSIS-RSR 方法对 33 个煤炭城市进行了排序分组，揭示了不同城市、不同年份的生计脆弱性水平、区域分布以及发展趋势。为了更有效地识别各区域生计脆弱性模式，本书通过计算 SEI、RI 和 STI 来揭示矿工生计脆弱性的构成和成因。主要结论如下：从时间维度上来看，城市的生计脆弱性随时间不断演化；即使同一城市 5 年的脆弱性也不尽相同。其中，SM 的生计脆弱性逐年降低，而 YQ 和 DT 两个城市的生计脆弱性逐渐升高。从横向上比较，总体上 XZ、HB、TA、JN 和 ZZ 这五个煤炭城市的 CMLVI 得分保持在较低水平（生计脆弱性排名一直保持在前十名）。相对地，QJ 的 CMLVI 得分一直较高（生计脆弱性排名一直保持在后十名）。根据地理分布分析可知，相对发达的中东部地区（JN、XZ、ZZ、HB）的矿工生计脆弱性水平明显低于中国欠发达的西部和东北地区（JX、IL、XY、PZ、QJ）。此外，通过分析 SEI、RI 和 STI 可知，具有相同脆弱性水平的城市，其脆弱性模式可能不同。无论是低脆弱性、较高脆弱性还是高脆弱性，这种现象均普遍存在；而低脆弱性城市依旧可能在某一维度上存在较高脆弱性，面临着一些亟须解决的严重问题。

7 产能调控下矿工生计脆弱性降低策略研究

矿工生计脆弱性降低策略研究是提升产能调控背景下矿工可持续生计能力的关键。为此，本章结合矿工生计脆弱性实证评估结果，综合考虑地区经济发展水平等因素，选取生计脆弱性较高的鄂尔多斯市为对象进行深度案例研究，构建包含煤炭产业、其他产业、社会支撑和矿工个体四大子系统的矿工生计脆弱性系统动力学模型，并通过对不同外部扰动和降低策略情景下矿工生计脆弱性变化情况模拟仿真定量揭示了不同产能调控情境下不同降低策略的有效性以及不同策略间的阻碍效应、对冲效应、互补效应和叠加效应；在此基础上，结合煤炭城市矿工生计状况的特殊性，以提升矿工生计资本为核心探索降低矿工生计脆弱性的有效途径，提出产能调控下降低矿工生计脆弱性的对策建议。

7.1 系统动力学模型构建

7.1.1 研究对象的选取

鄂尔多斯市位于内蒙古自治区西南部，地处鄂尔多斯高原腹地，是中国最大的煤炭城市。其东部与呼和浩特市、山西，北部与包头、巴彦淖尔市，西部与宁夏回族自治区、阿拉善盟隔河相望；南部与陕西省榆林市接壤。地理坐标为北纬 37°35′24″~40°51′40″，东经 106°42′40″~111°27′20″。东西长约 400 千米，南北宽约 340 千米，总面积 86752 平方千米。鄂尔多斯市矿产资源丰富，已探明矿种 30 多种，优质煤闻名遐迩。按地域位置，全市可划分为东西南北四大煤田，东部准格尔煤田、西部桌子山煤田、南部东胜煤田、北部乌兰格尔煤田。其中，东胜煤田已探明储量 727 亿吨，与陕西神府煤田联袂，为世界七大煤田之最，被称为“乌金之海”。2018 年，鄂尔多斯市已探明煤炭储量 1496 多亿吨，约占全国总储量的1/6，煤炭产量达到 6.16 亿吨，约占全国总产量的 17.35%。

自 2004 年 8 月中国第一个煤制油项目在鄂尔多斯市开工建设以来，鄂尔多斯市的煤炭产业得到了迅速发展，煤炭产量逐年攀升。2004—2018 年，鄂尔多斯市煤炭产量由 1.18 亿吨增至 6.16 亿吨，年均增长 12.5%。然而，伴随中国经济增速的放缓和能源结构调整，煤炭产业占主导地位的鄂尔多斯经济受到极大影响(Song et al.，2017；Sun et al.，2017；Wang et al.，2018)，鄂尔多斯市煤炭产业产值在连年攀升后于 2013 年出现负增长(Wang et al.，2017)，企业效益下滑，矿工生计脆弱性显著提高。根据第 6 章矿工生计脆弱性评估结果(见表 6.5)可知，鄂尔多斯市在 2007 年、2010 年、2013 年、2016 年和 2019 年的生计脆弱性排名分别为第 6、26、24、28 和 28 名，整体脆弱性水平呈上升趋势，矿工生计问题严峻，亟须开展相关研究并制定相关政策以保障矿工生计可持续发展。基于此，本书选取具有代表性的鄂尔多斯市作为本章研究对象。

7.1.2 系统边界的确定

建立系统动力学的首要步骤是明确问题并确定系统边界。每个模型都是系统的代表，在这个系统里各种元素相互联系形成一个无限复杂的整体。然而，模型的有用性在于它简化了现实，创造了一个易于被人们理解的表达方式。这就要求在建模之初就有一个清晰的目的并据此明确必须考虑的关键要素和可以剔除的非关键变量。这里，我们所要研究的问题是

"产能调控下如何降低矿工生计脆弱性水平"。因此，我们需要从生计脆弱性的角度构建模型。具体而言，首先，矿工的生计水平与其赖以生存的煤炭产业息息相关，煤炭产业的兴衰与运作直接关系到矿工的生计，因此，有必要分析煤炭产业系统的内部因果关系及其对矿工生计的影响。其次，产业相关联的企业聚集在一起，形成产业集群，能够有效促进企业间的良性竞争与合作，从而推动产业持久健康发展。第三产业的发展也能够调整地区产业结构提高应对经济风险的能力，并为矿工提供潜在就业岗位，进而降低矿工的潜在生计风险。因此，分析其他产业运作有利于全面模拟煤炭产业的发展态势，也能为矿工的多样化生计寻求出路；再次，矿工作为一名社会成员，其生计水平在很大程度上受当地教育、文化、社会保障和环境质量的影响，因此从社会层面对矿工生计进行研究能够更加全面地刻画其生计水平。最后，生计资本作为矿工生计的核心，与矿工的生计脆弱性直接相关，从个体层面分析其资本拥有量和资本结构能够有效评估产能调控风险下矿工的适应能力。

基于此，参考已有研究文献和鄂尔多斯市矿工生计的实际状况，根据第 4 章中产能调控下矿工生计脆弱性响应机理和第 6 章中矿工生计脆弱性评估模型，本书从外部风险、暴露度、敏感性以及适应能力四个方面入手，将鄂尔多斯市矿工生计脆弱性系统划分为四大子系统，即煤炭产业子系统、其他产业子系统、社会支撑子系统和矿工个体子系统。煤炭产业子系统和其他产业子系统构成了矿工生存的主要经济环境，其中，其他产业子系统主要指非煤二产和第三产业的生产系统；社会支撑子系统构成了矿工生存的主要社会文化环境，主要指政府层面和社会层面的支撑系统。矿工个体子系统则以矿工生计资本为核心，包含矿工主要生计资本拥有量及资本结构。四大子系统相互作用、相互影响，共同决定了矿工生计脆弱性水平。

由第 4 章的分析可知，矿工生计脆弱性水平是一个综合性指标，要想对矿工的生计脆弱性有全面的把握，必须考察矿工生计涉及的各个方面。考虑到鄂尔多斯市的实际经济社会状况和系统动力学本身的特征，为了使政策制定具有更明确的指向性，增强模型的操作性，我们参照第 6 章 CMLVI 指数构建鄂尔多斯市矿工生计脆弱性表征指标体系，并据此计算鄂尔多斯市矿工生计脆弱性综合指数(ORLVI)，具体指标及权重如表 7.1 所示。各具体指标的耦合关系详见各子系统因果关系分析和系统存量流量图。

表 7.1　鄂尔多斯市矿工生计脆弱性表征指标及其权重

序号	主要指标	测量方法	指标权重
X_1	煤炭产业利润总额(亿元)	煤炭开采和洗选业利润总额	0.0989
X_2	煤炭产业增加值(亿元)	煤炭开采和洗选业增加值	0.0526
X_3	三产产值比重(%)	第三产业产值/地区生产总值	0.0126
X_4	固定资产投资密度(亿元/平方千米)	固定资产投资总额/土地面积	0.0397
X_5	人均 GDP(亿元/万人)	地区生产总值/人口总数	0.0526
X_6	人均财政收入(亿元/万人)	财政收入/人口总数	0.0789
X_7	金融服务水平(亿元)	金融业年平均贷款余额	0.0125
X_8	科教服务水平(亿元)	科教累计投入总额	0.0928
X_9	社会保障水平(亿元/万人)	社会保障投入/人口总数	0.0798
X_{10}	医疗卫生水平(人/万人)	以人均卫生员拥有量表示	0.0726
X_{11}	工业烟粉尘排放量(万吨)	工业烟尘排放量+工业粉尘排放量	0.0497
X_{12}	工业固体废弃物排放量(万吨)	工业固体废弃物排放量	0.0497
X_{13}	矿工工资收入(亿元/万人)	煤炭开采和洗选业职工平均工资	0.1537
X_{14}	矿工平均非工资性收入(亿元/万人)	城镇居民人均非工资性收入	0.0205
X_{15}	矿工非工资性收入占矿工总收入比重(%)	矿工平均非工资性收入/(矿工平均非工资性收入+矿工工资性收入)	0.0126
X_{16}	企业人均教育经费投入(亿元/万人)	煤炭开采和洗选业教育经费支出总额/煤炭开采和洗选业就业总人数	0.0482
X_{17}	矿工企业保险福利(亿元/万人)	煤炭开采和洗选业保险福利费/煤炭开采和洗选业就业总人数	0.0726

① ORLVI 采用加权求和法计算得到，$ORLVI = \sum_{i=1}^{17}(w_i * y_i)$，其中 y_i 表示各指标采用 Min-max方法标准化后的数据结果，w_i 表示通过熵权法确定的各指标的权重。

7.1.3 子系统因果关系分析

(1)煤炭产业子系统

煤炭产业子系统如图 7.2 所示。第一，煤炭产业子系统的利润总额主要受到总成本和总收入的影响，本书通过煤炭价格、煤炭销量来衡量其总收入，煤炭价格作为外生变量，煤炭销量受控于煤炭产量、煤炭库存量和煤炭产销比。煤炭产业总成本主要包含三大部分，即生产成本、库存成本和产业税费。第二，煤炭产业利润的增加会促进产业再生产，从而带动整个产业的发展，主要体现在煤炭利润增加会带来生产性投入的增加，进而增加煤炭产量。第三，煤炭产业总产值由煤炭价格和煤炭产量共同决定，煤炭产量越大、煤价越高，煤炭产业产值越大。此外，煤炭产业总收入影响煤炭产业矿工单位工资，进而决定了煤炭产业矿工工资性收入和保障水平。

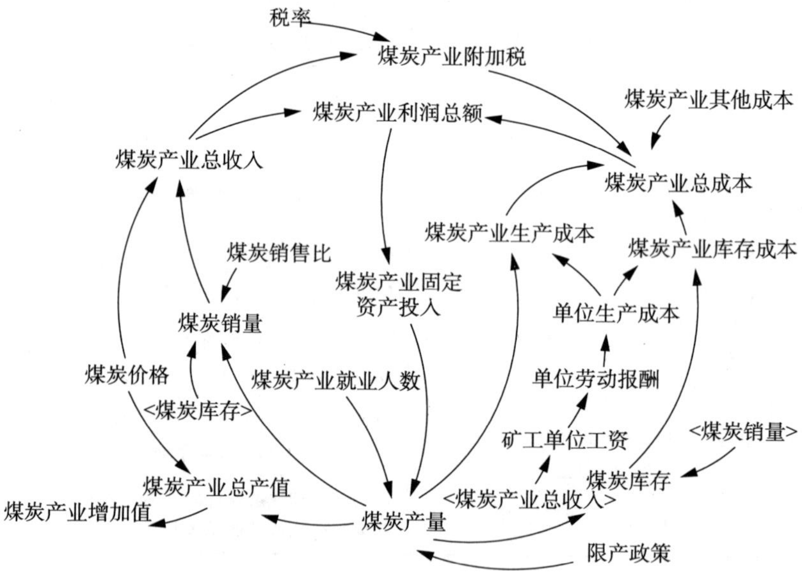

图 7.1 煤炭产业子系统因果关系图

(2)其他产业子系统

其他产业子系统如图 7.2 所示。首先，根据《国民经济行业分类》，我国第二产业包含采矿业、制造业、电力热力燃气水生产供应业和建筑业四大类。其中，前三类统称为工业。本书将煤矿产业子系统之外的第二产业统称为非煤第二产业，其产值主要由非煤二产就业人数和非煤二产固定资产投资总额所决定。第二，第三产业分为两大类，分别为生产性服务业和生活性服务业。其中，生产性服务业产值主要以金融服务业和科教服务业产值衡量，生活性服务业主产值要由生活性服务业就业人数和生活性服务业固定资产投资总额所决定。第三，第一产业与矿工生计脆弱性关联较弱，且近10年鄂尔多斯市第一产业产值占地区生产总值比重不足2%，因此该模型未将其纳入其他产业子系统。

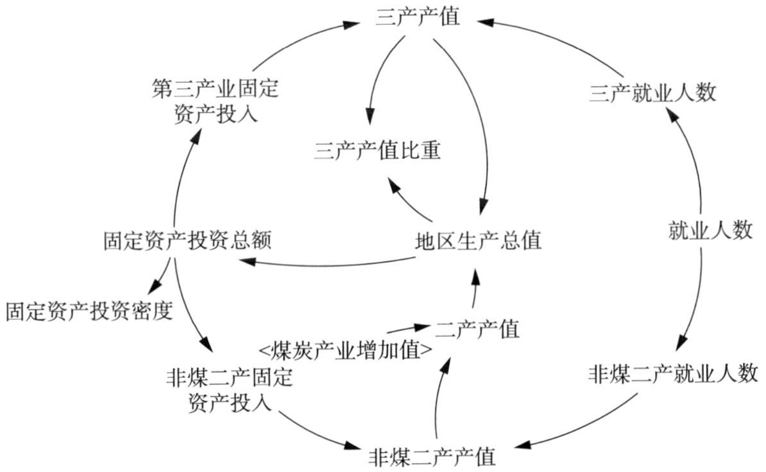

图 7.2　其他产业子系统因果关系图

(3)社会支撑子系统

社会支撑子系统如图7.3所示。首先，区域经济的发展能够激发市场活力，并增加政府的财政收入，进而提高政府和社会在科技、教育、医疗、社会保障、环境治理和金融方面的投入。其次，科技教育和金融的发展会通过不同路径对区域经济产生积极效应。具体来说，一方面，科教投入能够降低煤炭产业单位生产成本，提高其利润，从而带动区域经济进一步发展。另一方面，金融机构能够为实体经济提供更多的资金支持，促进产业资本投入，有助于扩大再生产。此外，金融服务水平的增长能够有效提升矿工非工资性收入，从而改善矿工收入结构，提高矿工应对风险的能力。

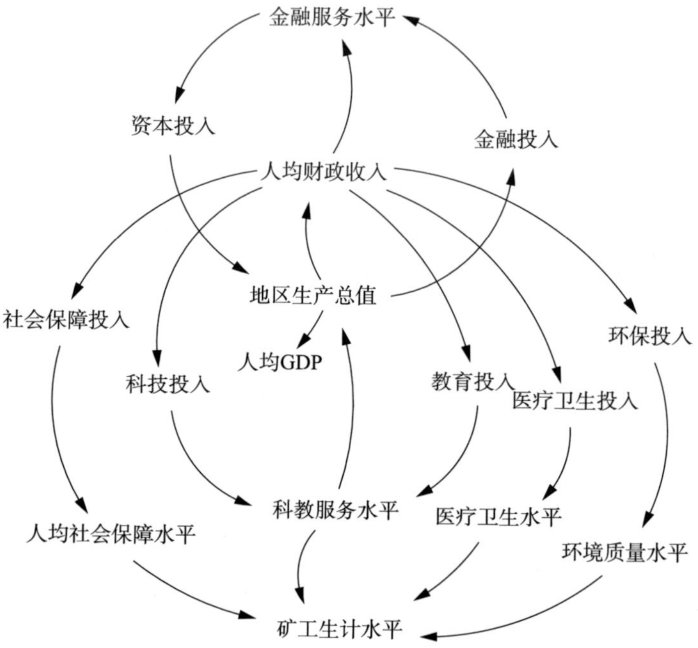

图 7.3　社会支撑子系统因果关系图

(4)矿工个体子系统

矿工个体子系统如图 7.4 所示。它主要刻画矿工资本拥有量和资本结构。生计资本主要由四种类型构成，分别为经济、人力、社会和自然资本。其中，矿工经济资本由矿工工资收入和矿工非工资性收入共同决定；矿工人力资本主要考虑矿工的身体健康水平和劳动技能水平，受企业人均教育经费投入、科技服务水平和医疗卫生水平影响；矿工社会资本主要由两部分构成，一部分来源于煤炭企业中矿工所得到的企业保险福利，另一部分来源于社会支撑子系统中，由政府财政带来社会保障和就业投入；矿工自然资本主要考察矿工所处的环境质量，主要由工业固体废弃物排放量和工业烟粉尘排放量所决定。此外，矿工生计资本结构主要体现在矿工非工资性收入占工资性收入比例上，矿工非工资性收入比例的增长能够帮助矿工在煤炭企业利润下滑情境下，降低自己的收入风险。

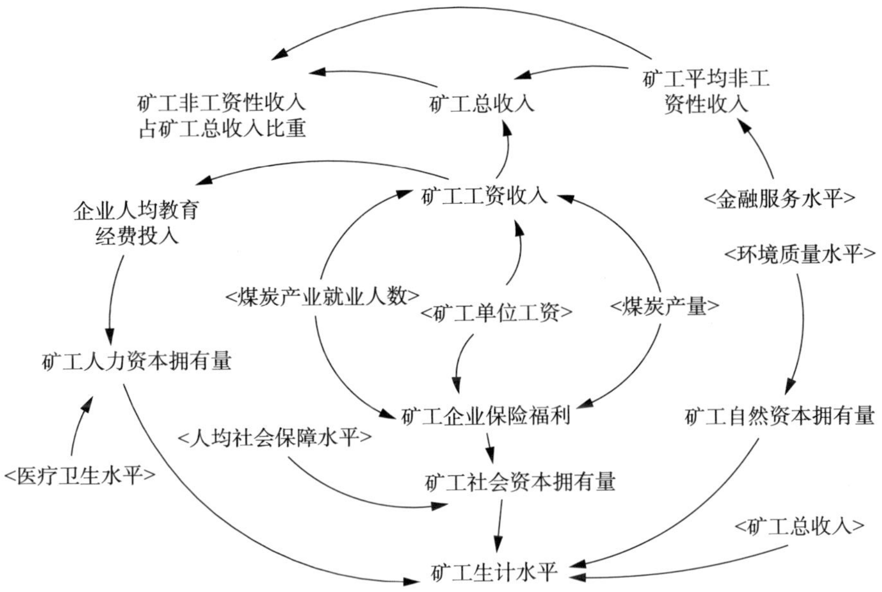

图 7.4　矿工个体子系统因果关系图

7.1.4　系统存量流量图构建

为了区分变量属性和为模型的量化奠定基础，本书在因果关系图的基础上构建了产能调控下鄂尔多斯市矿工生计脆弱性系统的存量流量图，如图 7.5 所示。模型共包含 8 个状态变量，其中煤炭产业子系统共包含 3 个状态变量，分别为煤炭产业固定资产总额、煤炭产业就业人数和煤炭产业库存量；其他产业子系统共包含 2 个状态变量，分别为非煤二产固定资产总额和生活性服务业固定资产总额；社会支撑子系统共包含 3 个状态变量，分别为科教服务水平、金融服务水平和人口总数。

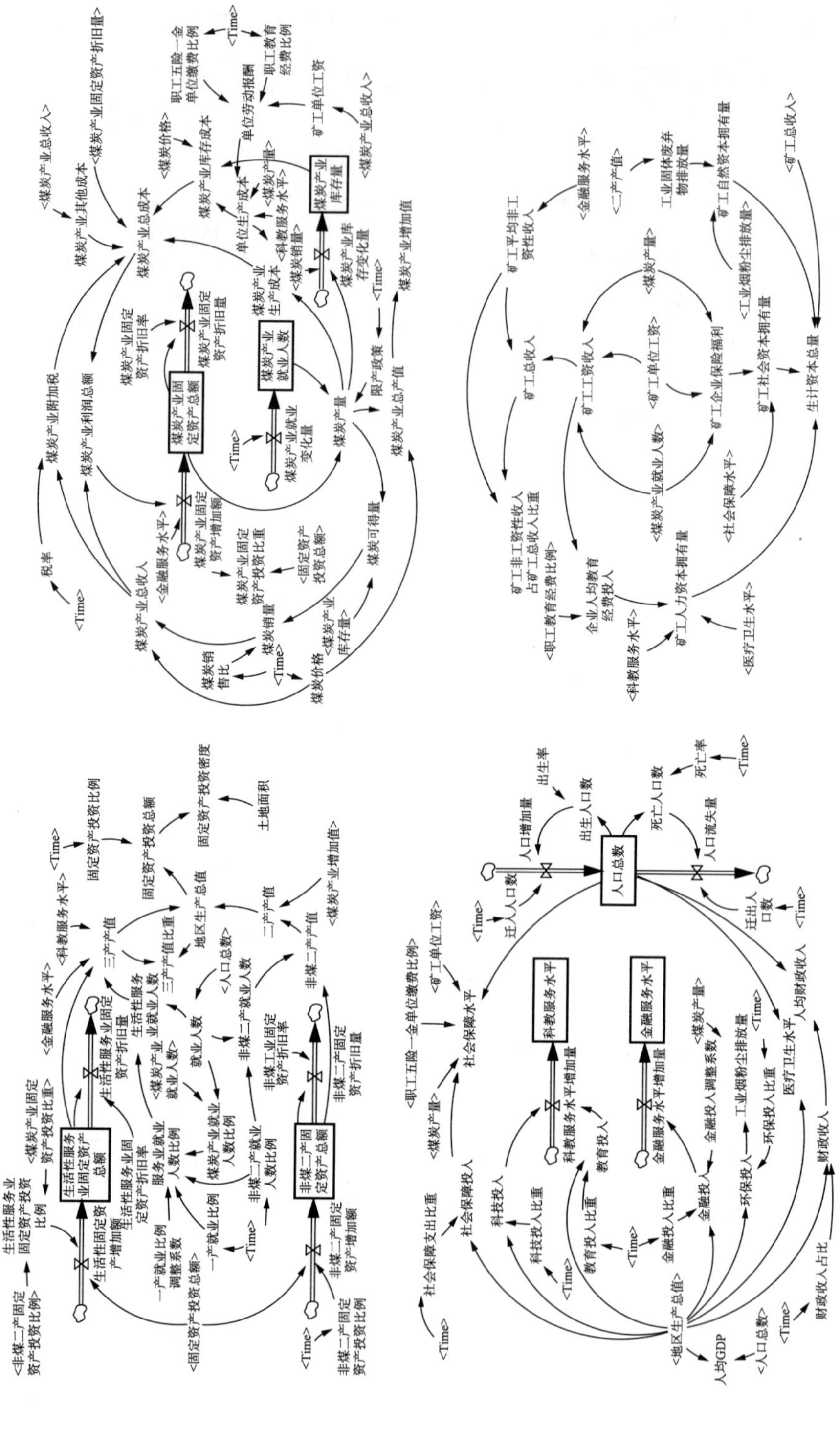

图7.5 鄂尔多斯市矿工生计脆弱性系统存量流量图

7.1.5 数据来源、参数设定与动态方程

本书在矿工生计脆弱性系统存量流量图的基础上，构造变量系统动力学方程(共计 112 个方程)，确定参数、行为关系和初始化条件。相关数据主要来源于《鄂尔多斯市统计年鉴》(2008—2018 年)、《内蒙古统计年鉴》(2008—2018 年)、《中国劳动统计年鉴》(2008—2018 年)、鄂尔多斯市统计与发展公报(2007—2017 年)、中国煤炭资源网(http://www.sxcoal.com/)、中国煤炭市场网(https://www.cctd.com.cn/)、内蒙古煤炭交易中心(http://www.imcec.cn/)、鄂尔多斯市人力资源和社会保障局(http://rsj.ordos.gov.cn/)和实地调研。

相关参数通过算术平均法、统计回归法和表函数法进行设定。具体而言，本书采用算术平均法利用历史数据的平均值对参数进行赋值，确定的参数主要包括：煤炭产业固定资产折旧量、非煤二产固定资产折旧量、生活性服务业固定资产折旧量和出生率；采用的回归分析法主要包括一元线性回归法、二元线性回归法和多项式回归法(利用 SPSS 19.0 实现)，确定的参数主要包括：煤炭产量、煤炭产业固定资产增加额、单位生产成本、煤炭产业其他成本、非煤二产产值、三产产值、就业人数、医疗卫生水平、工业固体废弃物排放量和工业烟粉尘排放量；采用表函数法确定的参数主要有：煤炭价格、限产政策、非煤二产固定资产投资比例、社会保障支出比重、科技投入比重、教育投入比重、金融投入比重、环保投入比重等。各子系统具体方程式和参数设定结果如下。

煤炭产业子系统的主要方程式：

(L)煤炭产业固定资产总额=INTEG(煤炭产业固定资产增加额-煤炭产业固定资产折旧量，155.7)，单位：亿元。

(L)煤炭产业库存量=INTEG(煤炭产业库存变化量，0.01)，单位：亿吨。

(L)煤炭产业就业人数=INTEG(煤炭产业就业变化量，4.95)，单位：

万人。

(R)煤炭产业固定资产增加额=-0.798043+煤炭产业利润总额×0.36741+金融服务水平×0.108501，单位：亿元/年。注：相关参数是以煤炭产业利润总额和金融服务水平为自变量，煤炭产业固定资产投入增加量为因变量进行统计回归得到。

(R)煤炭产业固定资产折旧量=煤炭产业固定资产总额×煤炭产业固定资产折旧率，单位：亿元/年。

(R)煤炭产业库存变化量=煤炭产量-煤炭销量，单位：亿吨。

(R)煤炭产业就业变化量=WITH LOOKUP(Time，([(0，-0.9)-(3000，10)]，(2007，2.03)，(2008，3.49)，(2009，2.03)，(2010，1.06)，(2011，-0.6)，(2012，-0.82)，(2013，-0.28)，(2014，-0.13)，(2015，-0.69)，(2016，0.48)，(2017，0)，(2018，0)，(2019，0)，(2020，0)，(2021，0)，(2022，0)，(2023，0)，(2024，0)，(2025，0))，单位：万人/年。

(A)煤炭产业总产值=煤炭产量×煤炭价格，单位：亿元。

(A)煤炭产业增加值=44.956+煤炭产业总产值×0.434027，单位：亿元。注：相关参数是以煤炭产业总产值为自变量，煤炭产业增加值为因变量进行统计回归得到的。

(A)煤炭产量=(2.718^(-1.805)×煤炭产业从业人数^0.498×煤炭产业固定资产总额^0.338)-(限产政策+限产政策×政策调整系数)，单位：亿吨。注：相关参数是以煤炭产业从业人数(取对数)和煤炭产业固定资产总额(取对数)为自变量，煤炭产量(取对数)为因变量进行统计回归得到的。

(A)煤炭可得量=煤炭产业库存量+煤炭产量，单位：亿吨。

(A)煤炭销量=煤炭可得量×煤炭销售比，单位：亿吨。

(A)煤炭调整价格=价格波动幅度×煤炭价格+煤炭价格，单位：亿元/亿吨。

(A)煤炭产业利润总额=煤炭产业总收入-煤炭产业总成本，单位：亿元。

(A)煤炭产业总收入=煤炭调整价格×煤炭销量，单位：亿元。

(A)煤炭产业总成本=煤炭产业附加税+煤炭产业库存成本+煤炭产业生产成本+煤炭产业其他成本+煤炭产业固定资产折旧量，单位：亿元。

(A)煤炭产业生产成本=单位生产成本×煤炭产量，单位：亿元。

(A)单位生产成本=138.691-0.0162058×科教服务水平-5.04477×煤炭产量+单位劳动报酬，单位：亿元/亿吨。注：相关参数是以科教服务水平和煤炭产量为自变量，单位生产成本为因变量进行统计回归得到。

(A)单位劳动报酬=矿工单位工资+矿工单位工资×职工教育经费比例+DELAY1(矿工单位工资，1)×职工五险一金单位缴费比例，单位：亿元/亿吨。注：根据《中华人民共和国社会保险法》和相关社会保障制度，企业以上年职工工资总数为基准，扣缴一定比例的五险一金，并划入生产成本；以当年职工工资总数为基准，扣缴一定比例职工教育经费，并划入生产成本。

(A)矿工单位工资=(5.8+0.0057×煤炭产业总收入)/1.584，单位：亿元/亿吨。注：相关参数是以煤炭产业总收入为自变量，矿工单位工资为因变量进行统计回归得到。

(A)税率=初始税率+初始税率×税率变化率，单位：Dmnl。

(A)煤炭产业附加税=税率×煤炭产业总收入×0.12，单位：亿元。

(A)煤炭产业库存成本=煤炭产业库存量×IF THEN ELSE(单位生产成本<煤炭调整价格)，单位：亿元。

(A)煤炭产业固定资产投资比重=煤炭产业固定资产增加额/固定资产投资总额，单位：Dmnl。

(A)初始税率=IF THEN ELSE(Time<=2008，0.13，0.17)，单位：Dmnl。

(A)煤炭价格=WITH LOOKUP(Time，([(2007，0)-(2025，700)]，

(2007, 235.3), (2008, 359.5), (2009, 351.8), (2010, 394.4), (2011, 440.3), (2012, 417.5), (2013, 409.6), (2014, 364.6), (2015, 265), (2016, 385), (2017, 405), (2018, 405), (2019, 405), (2020, 405), (2021, 405), (2022, 405), (2023, 405), (2024, 405), (2025, 405))), 单位：亿元/亿吨。

(A)煤炭销售比=WITH LOOKUP(Time, ([(2007, 0.99)-(2017, 1)], (2007, 0.992), (2008, 0.9929), (2009, 0.9932), (2010, 0.9933), (2011, 0.9933), (2012, 0.998), (2013, 0.9929), (2014, 0.995), (2015, 0.9948), (2016, 0.995), (2017, 0.995), (2018, 0.995), (2019, 0.995), (2020, 0.995), (2021, 0.995), (2022, 0.995), (2023, 0.995), (2024, 0.995), (2025, 0.995))), 单位：Dmnl。

(A)限产政策 = IF THEN ELSE (Time > 2014, IF THEN ELSE (Time > 2016, 0.5, 0.3), 0), 单位：亿吨。

(C)职工五险一金单位缴费比例=0.374，单位：Dmnl。注：具体扣缴比例见如表 7.2 所示。

(C)职工教育经费比例=0.025，单位：Dmnl。

(C)煤炭产业固定资产折旧率=0.28，单位：Dmnl。

表 7.2　鄂尔多斯市五险一金缴费比率及去向说明

五险一金	个人缴纳比率	企业缴纳比率	去向说明
养老保险	8.00%	20.00%	个人缴纳的全部划入个人账户
			企业缴纳的全部划入社会统筹
医疗保险	2.00%	6.00%	个人缴纳的全部划入个人账户
			企业缴纳的按个人缴费工资的 2% 划入个人账户，其余部分划入社会统筹
失业保险	0.50%	0.50%	全部划入社会统筹
工伤保险	—	1.90%	全部划入社会统筹
生育保险	—	1.00%	全部划入社会统筹
住房公积金	8.00%	8.00%	全部划入个人账户

其他产业子系统的主要方程式：

(L)生活性服务业固定资产总额=INTEG(生活性服务业固定资产增加额-生活性服务业固定资产折旧量，236.52)，单位：亿元。

(L)非煤二产固定资产总额=INTEG(非煤二产固定资产增加额-非煤二产固定资产折旧量，290.44)，单位：亿元。

(R)生活性服务业固定资产增加额=生活性服务业固定资产投资比例×固定资产投资总额，单位：亿元/年。

(R)生活性服务业固定资产折旧量=生活性服务业固定资产总额×生活性服务业固定资产折旧率，单位：亿元/年。

(R)非煤二产固定资产增加额=非煤二产固定资产投资比例×固定资产投资总额，单位：亿元/年。

(R)非煤二产固定资产折旧量=非煤二产固定资产总额×非煤工业固定资产折旧率，单位：亿元/年。

(A)三产产值=2.71^1.201×生活性服务业固定资产总额^0.36×生活性服务业就业人数^0.858+(-10.5+金融服务水平×0.05)+(13.5+0.11×科教服务水平)，单位：亿元。注：相关参数是以三产就业人数(取对数)和三产固定资产总额(取对数)为自变量，三产产值(取对数)为因变量进行统计回归得到的。

(A)非煤二产产值=2.71^(0.872297)×(非煤二产固定资产总额^0.360907)×(非煤二产就业人数^1.15826)，单位：亿元。注：相关参数是以非煤二产就业人数(取对数)和非煤二产固定资产总额(取对数)为自变量，非煤二产产值(取对数)为因变量进行统计回归得到的。

(A)生活性服务业固定资产投资比例=1-非煤二产固定资产投资比例-煤炭产业固定资产投资比例，单位：Dmnl。

(A)生活性服务业就业人数=就业人数×三产就业人数比例×生活性服务业就业系数，单位：万人。

(A)二产产值=煤炭产业增加值+非煤二产产值，单位：亿元。

(A)人均 GDP＝地区生产总值/人口总数，单位：亿元/万人。

(A)固定资产投资总额＝固定资产投资比例×地区生产总值，单位：亿元。

(A)固定资产投资比例＝固定资产投资初始比例+固定资产投资初始比例×固定资产投资比例变化率，单位：Dmnl。

(A)地区生产总值＝(三产产值+二产产值)/0.98，单位：亿元。

(A)就业人数＝人口总数×1.41205－114.196，单位：万人。注：相关参数是以人口总数为自变量，就业人数为因变量进行统计回归得到的。

(A)三产就业人数比例＝1－(一产就业比例+一产就业比例×一产就业比例调整系数)－煤炭产业就业人数比例－非煤二产就业人数比例，单位：Dmnl。

(A)煤炭产业就业人数比例＝煤炭产业从业人数/就业人数，单位：Dmnl。

(A)非煤二产就业人数＝就业人数×非煤二产就业人数比例，单位：万人。

(A)三产产值比重＝三产产值/地区生产总值，单位：Dmnl。

(A)非煤二产就业人数比例＝WITH LOOKUP(Time，([(2007，0)－(2025，1)]，(2007，0.16)，(2008，0.16)，(2009，0.156)，(2010，0.165)，(2011，0.169)，(2012，0.18)，(2013，0.184)，(2014，0.182)，(2015，0.172)，(2016，0.173)，(2017，0.173)，(2018，0.173)，(2019，0.173)，(2020，0.173)，(2021，0.173)，(2022，0.173)，(2023，0.173)，(2024，0.173)，(2025，0.173)))，单位：Dmnl。

(A)非煤二产固定资产投资比例＝WITH LOOKUP(Time，([(2007，0)－(2025，1)]，(2007，0.525)，(2008，0.474)，(2009，0.374)，(2010，0.337)，(2011，0.314)，(2012，0.415)，(2013，0.524)，(2014，0.546)，(2015，0.523)，(2016，0.513)，(2017，0.51)，

(2018, 0.51), (2019, 0.51), (2020, 0.51), (2021, 0.51), (2022, 0.51), (2023, 0.51), (2024, 0.51), (2025, 0.51))), 单位: Dmnl/年。

(A)固定资产投资初始比例=WITH LOOKUP(Time, ([(2007, 0)-(2025, 1)], (2007, 0.76), (2008, 0.64), (2009, 0.73), (2010, 0.72), (2011, 0.7), (2012, 0.7), (2013, 0.78), (2014, 0.59), (2015, 0.64), (2016, 0.69), (2017, 0.69), (2018, 0.69), (2019, 0.69), (2020, 0.69), (2021, 0.69), (2022, 0.69), (2023, 0.69), (2024, 0.69), (2025, 0.69))), 单位: Dmnl。

(A)一产就业比例=WITH LOOKUP(Time, ([(2007, 0)-(2025, 1)], (2007, 0.40169), (2008, 0.3649), (2009, 0.3205), (2010, 0.29), (2011, 0.29), (2012, 0.29), (2013, 0.26), (2014, 0.26), (2015, 0.26), (2016, 0.26), (2017, 0.25), (2018, 0.25), (2019, 0.25), (2020, 0.25), (2021, 0.25), (2022, 0.25), (2023, 0.25), (2024, 0.25), (2025, 0.25))), 单位: Dmnl。

(C)非煤工业固定资产折旧率=0.35, 单位: Dmnl。

(C)生活性服务业固定资产折旧率=0.35, 单位: Dmnl。

社会支撑子系统的主要方程式:

(L)人口总数=INTEG(人口增加量-人口流失量, 141), 单位: 万人。

(L)金融服务水平=INTEG(金融服务水平增加量, 445.98), 单位: 亿元。

(L)科教服务水平=INTEG(科教服务水平增加量, 30), 单位: 亿元。

(R)人口增加量=出生人口数+迁入人口数, 单位: 万人/年。

(R)人口流失量=死亡人口数+迁出人口数, 单位: 万人/年。

(R)金融服务水平增加量=金融投入, 单位: 亿元/年。

(R)科教服务水平增加量=教育投入+科技投入, 单位: 亿元/年。

(A)出生人口数=人口总数×出生率/100, 单位: 万人/年。

(A)死亡人口数=人口总数×死亡率/100，单位：万人/年。

(A)财政收入=地区生产总值×财政收入占比，单位：亿元。

(A)人均财政收入=财政收入/人口总数，单位：亿元/万人。

(A)金融投入=地区生产总值×(金融投入比重+金融投入比重×金融投入调整系数)，单位：亿元。

(A)科技投入=(科技投入比重+科技投入比重×科技投入调整系数)×地区生产总值，单位：亿元。

(A)教育投入=地区生产总值×(教育投入比重+教育投入调整系数×教育投入比重)，单位：亿元。

(A)社会保障投入=地区生产总值×社会保障支出比重，单位：亿元。

(A)环保投入=地区生产总值×环保投入比重，单位：亿元。

(A)医疗卫生水平=45.085×(地区生产总值^0.666)/人口总数，单位：Dmnl。注：医疗卫生水平采用人均卫生员拥有量来衡量，相关参数是以地区生产总值为自变量，医疗卫生水平为因变量进行统计回归得到的。

(A)人均社会保障水平=(社会保障投入/人口总数)+DELAY1(矿工单位工资，1)×(职工五险一金单位缴费比例-0.095)，单位：亿元/万人。注：根据《中华人民共和国社会保险法》和相关社会保障制度，职工以上年职工工资总数为基准，扣缴一定比例的五险一金(具体扣缴比例见表7.2)；我们用人均社会保障投入加上企业和个人缴纳比例中计入社会统筹的部分表示人均社会保障水平。

(A)工业烟粉尘排放量=IF THEN ELSE((17+煤炭产量×2.3-1.3×环保投入)>0，(17+煤炭产量×2.3-1.3×环保投入)，0)。注：相关参数是以煤炭产量和环保投入为自变量，工业烟粉尘排放量为因变量进行统计回归得到的。

(A)财政收入占比=WITH LOOKUP(Time，([(2007，0)-(2025，0.3)]，(2007，0.17)，(2008，0.16)，(2009，0.17)，(2010，0.2)，(2011，0.25)，(2012，0.22)，(2013，0.22)，(2014，0.11)，(2015，

0.11)，(2016，0.11)，(2017，0.11)，(2018，0.11)，(2019，0.11)，(2020，0.11)，(2021，0.11)，(2022，0.11)，(2023，0.11)，(2024，0.11)，(2025，0.11)))，单位：Dmnl。

(A)死亡率 = WITH LOOKUP(Time，([(2007，0)-(2025，2)]，(2007，0.454)，(2008，0.489)，(2009，0.384)，(2010，0.659)，(2011，0.4)，(2012，1.287)，(2013，0.512)，(2014，0.514)，(2015，0.511)，(2016，0.43)，(2017，0.529)，(2018，0.529)，(2019，0.529)，(2020，0.529)，(2021，0.529)，(2022，0.529)，(2023，0.529)，(2024，0.529)，(2025，0.529)))，单位：Dmnl/年。

(A)教育投入比重 = WITH LOOKUP(Time，([(2007，0)-(2025，0.1)]，(2007，0.013)，(2008，0.012)，(2009，0.012)，(2010，0.017)，(2011，0.015)，(2012，0.016)，(2013，0.016)，(2014，0.014)，(2015，0.013)，(2016，0.013)，(2017，0.013)，(2018，0.013)，(2019，0.013)，(2020，0.013)，(2021，0.013)，(2022，0.013)，(2023，0.013)，(2024，0.013)，(2025，0.013)))，单位：Dmnl。

(A)环保投入比重 = WITH LOOKUP(Time，([(2007，0)-(2025，0.01)]，(2007，0.0061)，(2008，0.0055)，(2009，0.0049)，(2010，0.0045)，(2011，0.0028)，(2012，0.0036)，(2013，0.0027)，(2014，0.0028)，(2015，0.0029)，(2016，0.0036)，(2017，0.0036)，(2018，0.0036)，(2019，0.0036)，(2020，0.0036)，(2021，0.0036)，(2022，0.0036)，(2023，0.0036)，(2024，0.0036)，(2025，0.0036)))，单位：Dmnl。

(A)社会保障支出比重 = WITH LOOKUP(Time，([(2007，0)-(2025，0.1)]，(2007，0.0094)，(2008，0.0115)，(2009，0.01)，(2010，0.0112)，(2011，0.0122)，(2012，0.0119)，(2013，0.0105)，(2014，0.0108)，(2015，0.0109)，(2016，0.0115)，(2017，0.0115)，(2018，

0.0115)，(2019，0.0115)，(2020，0.0115)，(2021，0.0115)，(2022，0.0115)，(2023，0.0115)，(2024，0.0115)，(2025，0.0115)))，单位：Dmnl。

(A)科技投入比重=WITH LOOKUP(Time，([(2007，0)-(2025，0.01)]，(2007，0.001)，(2008，0.001)，(2009，0.0015)，(2010，0.0011)，(2011，0.0022)，(2012，0.0013)，(2013，0.001)，(2014，0.0006)，(2015，0.0009)，(2016，0.0005)，(2017，0.0005)，(2018，0.0005)，(2019，0.0005)，(2020，0.0005)，(2021，0.0005)，(2022，0.0005)，(2023，0.0005)，(2024，0.0005)，(2025，0.0005)))，单位：Dmnl。

(A)金融投入比重=WITH LOOKUP(Time，([(2007，0)-(2025，1)]，(2007，0.1073)，(2008，0.2077)，(2009，0.2133)，(2010，0.1429)，(2011，0.1019)，(2012，0.0557)，(2013，0.0481)，(2014，0.0411)，(2015，0.038)，(2016，0.0235)，(2017，0.0235)，(2018，0.0235)，(2019，0.0235)，(2020，0.0235)，(2021，0.0235)，(2022，0.0235)，(2023，0.0235)，(2024，0.0235)，(2025，0.0235)))，单位：Dmnl。

(C)出生率=1.3425，单位：Dmnl/年。

矿工个体子系统的主要方程式：

(A)矿工工资收入=矿工单位工资×煤炭产量/煤炭产业就业人数，单位：亿元/万人。

(A)矿工平均非工资性收入=0.489+金融服务水平×(-9.983e-005)+金融服务水平^2×(1.496e-007)，单位：亿元/万人，注：相关参数是以金融服务水平为自变量，矿工平均非工资性收入为因变量进行统计回归得到的。

(A)矿工企业保险福利=(DELAY1(矿工单位工资，1)×煤炭产量×0.28)/煤炭产业就业人数，单位：亿元/万人。注：根据《中华人民共和国社会保险法》和相关社会保障制度，职工以上年职工工资总数为基准，扣缴一定比例的五险一金(具体扣缴比例见表7.2)；我们用企业和个人缴纳比例中划入个人账户的部分表示矿工企业保险福利。

(A)企业人均教育经费投入=职工教育经费比例×矿工工资收入，单位：Dmnl。

(A)工业固体废弃物排放量=546.271×[2.718^(二产产值×0.001)]，单位：万吨。注：相关参数以二产产值为自变量，工业固体废弃物排放量为因变量统计回归得到的。

(A)矿工非工资性收入占矿工总收入比重=矿工平均非工资性收入/矿工总收入，单位：Dmnl。

(A)矿工总收入=矿工平均非工资性收入+矿工工资收入，单位：亿元/万人。

7.2 模型有效性检验

7.2.1 真实性检验

煤炭城市矿工生计系统是一个复杂复合的系统，其内部涉及经济、社会和环境各类因素，且因素间相互关联互动，形成错综复杂的因果关系网络。上文所构建的生计各子系统的模型是对现实系统的抽象模拟，其精度将决定所构建的煤炭城市矿工生计提升策略模型是否能够较为客观地反映现实情况，同时也将决定后续政策调控的质量和水平。为此，本书需要针对所构建的矿工生计模型进行历史性模型校验。具体来说，首先，我们利用软件 Vensim DSS 6.4e 中“模型检验(Check Model)”和“单位检验(Units Check)”功能模块对生计模型进行初检，未发现错误信息，模型能够正常运行。其次，矿工生计系统模型的相关参数都是依据鄂尔多斯市相关历史数据计算所得，与本书研究目标相符，能够通过所设定的真实性检验。最后，本书以 2007 年作为仿真的基准年，步长设置为 1 年，运行期间为 2007—2017 年，通过对比模型中主要变量的仿真数据与历史数据进行历史真实性检验以验证模型有效性(结果见表 7.3 所示)。根据表 7.3 可知，预测值与真实值的误差率均不超过 8%，其中，绝对误差率在 2%以下的变量占 56%，绝对误差率在 6%~8%的仅占 6%。[①] 因此，我们可以判定鄂尔多斯市矿工生计脆弱性系统模型的整体拟合程度较好，主要变量模拟值与历史值的趋势大致相符，生计系统模型真实、可信、有效，能够较为准确地反映鄂尔多斯市矿工生计脆弱性状况的现实水平及发展演化趋势。

7.2.2 灵敏度检验

为实现系统的最优控制，发现对系统行为具有显著影响的参数，我们对所建立的生计系统模型进行灵敏度检验。本书选取固定资产投资比例、煤炭价格、限产政策和科教投入比重为测试参数，选取煤炭产业利润总额、煤炭产量、第三产业产值和矿工工资收入四个主要变量为观测量，设定煤炭价格和固定资产投资比例的参数变化率为-0.1~0.1；产能调控和科教投入比例的参数变化率为-0.2~0.2。在此基础上，设定模拟次数 200 次，选定平均随机分布进行模拟分析，得到灵敏度检验结果(参数敏感图如图 7.6 所示)。结果可以看出，固定资产投资比例对第三产业产值具有较大影响；产能调控对煤炭产业利润总额和矿工工资总收入有一定影响；煤炭价格对煤炭产量、煤炭产业利润总额和矿工工资总收入有较大影响，尤其对后两者的影响十分显著；而科教投入对煤炭产业利润总额有一定影响。这意味着，需要进一步对上述变量进行检验，并在情景分析中予以重视。

① 一般情况下，在进行系统动力学检验时没有固定的标准，在实际研究过程中，大都根据实际研究问题进行确定并通常以 10%或 20%的误差范围作为判别标准。

表 7.3 鄂尔多斯市矿工生计脆弱性系统历史性检验结果

检验指标	模拟误差	2007 年	2008 年	2009 年	2010 年	2011 年	2012 年	2013 年	2014 年	2015 年	2016 年	2017 年
煤炭产业增加值(亿元)	历史值	255.548	441.440	599.994	785.633	1112.479	1157.416	1087.913	1074.215	1010.933	1088.186	1100.030
	模拟值	250.179	458.983	626.353	847.769	1097.800	1182.940	1151.570	1054.910	937.974	1041.910	1103.840
	误差/%	-2.101	3.974	4.393	7.909	-1.319	2.205	5.851	-1.797	-7.217	-4.253	0.346
非煤二产产值(亿元)	历史值	377.550	503.110	660.500	765.810	821.200	1055.720	1172.610	1282.050	1289.080	1373.200	1430.150
	模拟值	379.289	533.644	619.303	755.805	860.619	1011.770	1148.590	1319.290	1309.980	1383.810	1462.000
	误差/%	0.461	6.069	-6.237	-1.306	4.800	-4.163	-2.048	2.905	1.621	0.773	2.227
二产产值(亿元)	历史值	633.100	944.550	1260.490	1551.440	1933.680	2213.132	2260.528	2356.263	2400.010	2461.383	2509.830
	模拟值	629.468	992.626	1245.660	1603.570	1958.420	2194.720	2300.160	2374.200	2247.950	2425.730	2565.840
	误差/%	-0.574	5.090	-1.177	3.360	1.279	-0.832	1.753	0.761	-6.336	-1.448	2.232
三产产值(亿元)	历史值	492.280	688.000	839.900	1020.980	1201.700	1353.531	1499.681	1599.636	1727.152	1848.948	1979.810
	模拟值	495.330	679.281	843.185	1081.840	1256.740	1427.030	1598.790	1698.830	1732.920	1802.370	1902.890
	误差/%	0.620	-1.267	0.391	5.961	4.580	5.430	6.609	6.201	0.334	-2.519	-3.885
地区生产总值(亿元)	历史值	1173.160	1690.200	2161.000	2643.230	3218.540	3656.801	3855.899	4055.487	4226.127	4417.934	4579.810
	模拟值	1147.750	1706.030	2131.470	2740.220	3280.780	3695.660	3978.530	4156.160	4062.110	4314.380	4559.910
	误差/%	-2.166	0.937	-1.366	3.669	1.934	1.063	3.180	2.482	-3.881	-2.344	-0.435
固定资产投资总额(亿元)	历史值	885.744	1088.387	1567.533	1898.395	2243.423	2570.576	2996.043	2390.445	2719.169	3050.076	3065.700
	模拟值	872.293	1091.860	1555.970	1972.960	2296.540	2586.960	3103.250	2452.130	2599.750	2976.920	3146.330
	误差/%	-1.519	0.319	-0.738	3.928	2.368	0.637	3.578	2.580	-4.392	-2.398	2.630

续表

检验指标	模拟误差	2007 年	2008 年	2009 年	2010 年	2011 年	2012 年	2013 年	2014 年	2015 年	2016 年	2017 年
煤炭产业利润总额（亿元）	历史值	146.996	338.309	369.900	509.580	694.260	719.477	594.850	429.602	291.906	436.488	490.500
	模拟值	146.667	346.683	387.567	536.244	715.131	712.708	584.007	423.460	286.176	438.860	493.568
	误差/%	-0.224	2.475	4.776	5.233	3.006	-0.941	-1.823	-1.430	-1.963	0.543	0.625
煤炭产量（亿吨）	历史值	2.009	2.576	3.818	4.715	5.317	5.967	6.237	6.383	6.150	5.963	6.020
	模拟值	2.009	2.653	3.808	4.690	5.509	5.993	6.225	6.382	6.142	5.966	6.024
	误差/%	0.000	3.000	-0.261	-0.523	3.608	0.428	-0.190	-0.012	-0.126	0.053	0.065
人口总数（万人）	历史值	141.000	143.990	146.690	149.480	152.380	154.180	152.080	154.340	155.900	157.320	159.440
	模拟值	141.000	143.788	146.226	148.982	151.006	153.347	153.801	155.598	157.318	159.093	160.827
	误差/%	0.000	-0.140	-0.316	-0.333	-0.902	-0.540	1.132	0.815	0.910	1.127	0.870
科技投入（亿元）	历史值	1.134	1.643	3.261	2.855	7.091	4.793	3.988	2.348	3.711	2.064	2.250
	模拟值	1.148	1.706	3.197	3.014	7.218	4.804	3.979	2.494	3.656	2.157	2.280
	误差/%	1.257	3.830	-1.944	5.574	1.794	0.241	-0.245	6.200	-1.482	4.505	1.331
教育投入（亿元）	历史值	14.885	19.898	26.864	43.853	48.962	59.229	60.698	56.505	54.700	56.677	59.090
	模拟值	14.921	20.472	25.578	46.584	49.212	59.131	63.656	58.186	52.807	56.087	59.279
	误差/%	0.241	2.886	-4.789	6.226	0.509	-0.166	4.874	2.975	-3.459	-1.041	0.320
环保投入（亿元）	历史值	7.168	9.227	10.610	11.790	9.100	13.014	10.106	11.463	12.256	15.870	16.760
	模拟值	7.001	9.383	10.444	12.331	9.186	13.304	10.742	11.637	11.780	15.532	16.146
	误差/%	-2.326	1.695	-1.563	4.589	0.950	2.234	6.292	1.519	-3.881	-2.131	-3.665

续表

检验指标	模拟误差	2007 年	2008 年	2009 年	2010 年	2011 年	2012 年	2013 年	2014 年	2015 年	2016 年	2017 年
社会保障投入（亿元）	历史值	10.978	19.358	21.549	29.533	39.188	43.572	40.330	43.908	46.081	50.612	52.760
	模拟值	10.789	19.619	21.315	30.691	40.026	43.978	41.775	44.887	44.277	49.615	52.439
	误差/%	-1.722	1.351	-1.088	3.919	2.138	0.932	3.582	2.228	-3.915	-1.970	-0.609
金融服务水平（亿元）	历史值	445.976	571.877	922.937	1383.900	1761.728	2089.719	2293.337	2478.653	2645.383	2805.895	2919.770
	模拟值	445.980	569.134	923.476	1378.120	1769.700	2104.010	2309.860	2501.220	2672.040	2826.400	2927.790
	误差/%	0.001	-0.480	0.058	-0.418	0.453	0.684	0.720	0.910	1.008	0.731	0.275

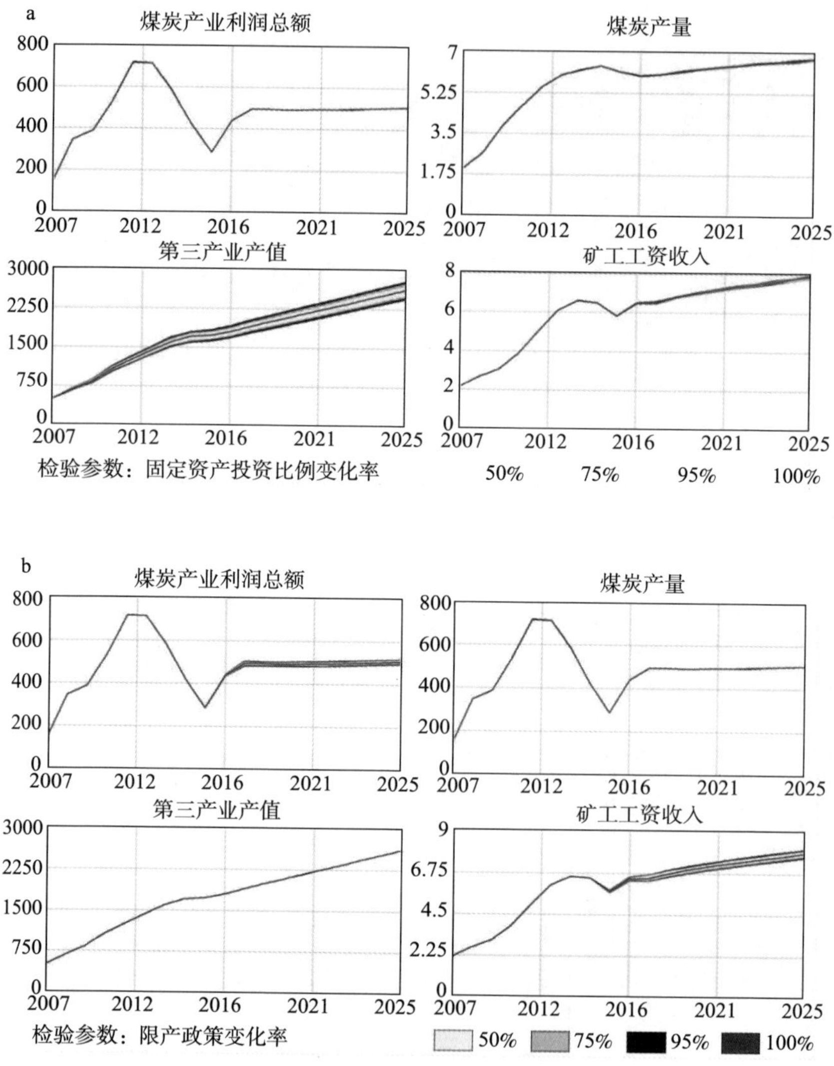
a
煤炭产业利润总额
800
600
400
200
0
2007
2012
2016
2021
2025
煤炭产量
7
5.25
3.5
1.75
0
2007
2012
2016
2021
2025
第三产业产值
3000
2250
1500
750
0
2007
2012
2016
2021
2025
矿工工资收入
8
6
4
2
0
2007
2012
2016
2021
2025
检验参数：固定资产投资比例变化率
50%
75%
95%
100%
b
煤炭产业利润总额
800
600
400
200
0
2007
2012
2016
2021
2025
煤炭产量
800
600
400
200
0
2007
2012
2016
2021
2025
第三产业产值
3000
2250
1500
750
0
2007
2012
2016
2021
2025
矿工工资收入
9
6.75
4.5
2.25
0
2007
2012
2016
2021
2025
检验参数：限产政策变化率
50%
75%
95%
100%

图 7.6　灵敏度检验结果

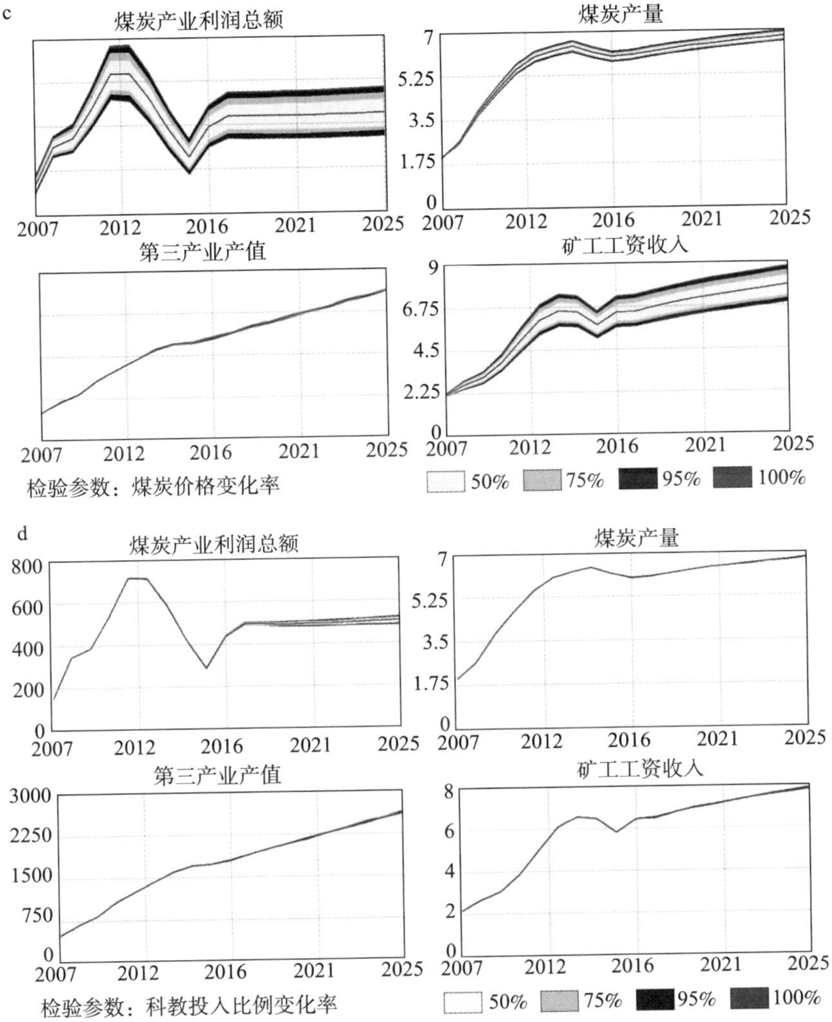

图 7.6 灵敏度检验结果（续）

7.3 情景设计

7.3.1 外部扰动情景设计

为探寻外部产能调控对矿工生计脆弱性的影响，本书根据中国宏观经济现状和煤炭产业行情，参照敏感性检验结果，在基准情景的基础上，分别设定了煤价下挫情景和产能调控情景，各情景具体参数设定见表 7.4。

表 7.4　外部扰动情景设计

情景代码	外部扰动情景	情景描述	情景相关参数设定
BS	基准情景	以 2017 年煤炭价格 405 作为基准情景，以后年份保持 405 不变；以 2017 年限产 0.5 亿吨作为基准情景，以后保持 0.5 不变	煤炭价格 = WITH LOOKUP (Time, ([(2018, 405) - (2025, 384.75)], (2018, 405), (2025, 405))); 限产政策 = WITH LOOKUP (Time, ([(2018, 0.5) - (2025, 0.5)], (2018, 0.5), (2019, 0.5)))
R_1	煤价下挫	以 2017 年煤炭价格作为基准情景，以后年份逐年下跌 5%	煤炭价格 = WITH LOOKUP (Time, ([(2018, 268.685) - (2025, 384.75)], (2018, 384.75), (2019, 365.513), (2020, 347.237), (2021, 329.875), (2022, 313.381), (2023, 297.712), (2024, 282.827), (2025, 268.685)))
R_2	产能调控	以 2017 年限产 0.5 亿吨作为基准情景，以后逐年增加 10%	限产政策 = WITH LOOKUP (Time, ([(2018, 0.55) - (2025, 1.07)], (2018, 0.55), (2019, 0.61), (2020, 0.67), (2021, 0.73), (2022, 0.81), (2023, 0.89), (2024, 0.97), (2025, 0.643)))

煤价下挫情景(R_1)。在 2008 年金融危机和宏观经济调整等多重因素的影响下，煤炭价格经历了由大涨到大跌的巨幅变化。据中国煤炭市场网显示，2008—2011 年，鄂尔多斯市煤炭价格持续攀升，并于 2011 年 11 月至高点(5500 大卡电煤坑口价为 475~480 元/吨；6000 大卡动力块煤坑口价为 525~530 元/吨)，此后，煤炭价格开始震荡下跌，于 2015 年 12 月至低点(5500 大卡电煤坑口价为 130~140 元/吨；6000 大卡动力块煤坑口价为 285~300 元/吨)，2011—2015 年平均跌幅高达 58.1%。随后，受产能调控政策等因素的影响，2016 年 7 月至 11 月，煤炭价格开始迅速上涨，5500 大卡电煤坑口价由 175~195 元/吨增至 390~410 元/吨，涨幅 116%；6000 大卡动力煤坑口价由 250~270 元/吨增至 430~450，涨幅 69.2%。此后，煤炭价格一直保持在高位震荡。但受到宏观经济和大气治理压力等因素的影响，煤炭产业目前处于供需双弱局面，煤价仍持续受到下行压力，

截至 2019 年 1 月 4 日，鄂尔多斯市 5500 大卡电煤坑口为价 330～340 元/吨；6000 大卡动力块煤坑口价为 445～455 元/吨，较之前煤价有不同程度下跌。在此背景下，本书预计未来鄂尔多斯市煤炭价格仍在此区间徘徊，并可能出现小幅下跌。据此，我们以 2017 年为基准情景，并设计了煤价下跌情景(煤炭价格逐年下跌 5%)。

产能调控情景(R_2)。煤炭行业陷入产能过剩困境的根本原因在于供需失衡。2001 年以来随着中国经济的高速发展和煤炭价格的不断升高，大量社会资本涌入煤炭产业，煤炭产能持续增长。然而，2013 年以来，在中国经济增速放缓、能源消费强度降低、环境约束加强等多重因素影响下(Yang & Wu，2016)，中国煤炭产业供过于求矛盾日益凸显，产能过剩问题日益严重(Tang & Peng，2017)。据中国煤炭工业协会估计，2017 年全国煤炭总产能约 56 亿吨，煤炭产量仅为 34.45 亿吨，产能利用率不足 62%，远低于 79%～83%的合理区间(寇宗来等，2017)。为此，中国政府近年来制定了一系列政策措施以化解过剩产能，其中 2016 年国家发改委发布的《煤炭工业发展“十三五”规划》明确提出了到 2020 年退出煤炭产能 8 亿吨的总目标。2017 年内蒙古经信委(经济和信息化委员会)印发《内蒙古自治区煤炭工业转型发展行动计划(2017—2020 年)》，提出到 2020 年，内蒙古煤矿数量控制在 550 处以内、产能 13 亿吨左右，安全高效产能占比达到 90%。据此，本书以 2017 年为基准情景，设计了各种外部扰动下产能调控情景(限产政策逐年增加 10%)。

7.3.2 生计脆弱性降低策略情景设计

本书根据政府相关文件和降低生计脆弱性的相关文献，参照第 4 章产能调控下矿工生计脆弱性响应机理和第 6 章各煤炭城市生计脆弱性评估结果，从企业福利和社会保障等角度设立了 5 种降低矿工生计脆弱性策略情景，具体参数如表 7.5 所示。

表 7.5　降低策略情景设计

情景代码	降低策略情景	情景描述	情景相关参数设定
S_1	降低企业税率	以 2017 年税率 0.17 作为基准情景，以后年份改为 0.13	税率=0.13；
S_2	降低企业费率	以 2017 年职工五险一金单位缴费比例 0.374 作为基准情景，以后年份改为 0.334；以 2017 年社会保障支出比重 0.0115 为基准情景，以后年份改为 0.0121	职工五险一金单位缴费比例=0.334；社会保障支出比重 = WITH LOOKUP (Time，([(2018，0.0121)-(2025，0.0121)]，(2018，0.0121)，(2025，0.0121)))
S_3	发展生活性服务业	以 2017 年非煤二产固定资产投资比例 0.51 作为基准情景，以后非煤二产固定资产投资比例逐年下降 5%	非煤二产固定资产投资比例 = WITH LOOKUP (Time，([(2018，0.338)-(2025，0.485)]，(2018，0.485)，(2025，0.338)))
S_4	增强金融服务水平	以 2017 年金融投入比例 0.024 作为基准情景，以后逐年增加 15%	金融投入比重 = WITH LOOKUP (Time，([(2018，0.027)-(2025，0.827)]，(2018，0.027)，(2025，0.0827)))
S_5	提升科教服务水平	以 2017 年科技投入比例 0.0005 作为基准情景，以后逐年增加 45.4%；以 2017 年教育投入比例 0.013 作为基准情景，以后逐年增加 5.5%	科技投入比重 = WITH LOOKUP (Time，([(2018，0.0007)-(2025，0.01)]，(2018，0.0007)，(2025，0.01)))；教育投入比重 = WITH LOOKUP (Time，([(2018，0.0137)-(2025，0.02)]，(2018，0.0137)，(2025，0.02)))

情景 1：降低企业税率(S_1)。降低企业税率能够快速增加煤炭企业利润，稳定矿工的生境条件。近几年，我国通过“营改增”改革等举措，平均每年为企业减税降费 1 万亿元。2019 年 3 月国务院《政府工作报告》指出，深化增值税改革，将制造业等行业现行 16%的税率降至 13%，普惠性减税与结构性减税并举，从而完善增值税制度，减轻市场主体税负，激发市场活力，进一步稳定了矿工生境条件。据此，本书设定了情景 1，主要涉及参数为税率。

情景 2：降低企业费率(S_2)。社会保障制度具有收入分配再调节的功能，能够有效缓解和缩小矿工的收入不平等状况。然而过高的企业保险缴费比例会增加企业成本负担，进而影响企业利润。因此，政府在提升社会保障水平的同时需要考虑到企业的负担。2019 年 3 月《政府工作报告》提出，我国要明显降低企业社保缴费负担，下调城镇职工基本养老保险单位缴费比例，各地可降至 16%。据此，本书设定了情景 2，主要涉及参数为职工五险一金单位缴费比例和社会保障支出比重。

情景 3：发展生活性服务业（S_3）。服务业的发展为减贫、就业、社会福利等领域做出巨大贡献，也为农业、工业等其他领域提供支持。其中，餐饮、住宿、家政等居民生活服务业是保障和改善民生的重要行业，对稳增长、调结构、促就业等具有重要意义。生活性服务业的发展既可以提高矿工的生活水平，又能够为矿工提供潜在就业岗位，大大降低了外部经济冲击下矿工失业的风险。据此，本书设定了情景 3，主要涉及参数为非煤二产固定资产投资比例和生活性服务业固定资产投资比例。

情景 4：增强金融服务水平（S_4）。一方面金融业的发展能够有效服务于实体经济，缓解煤炭企业资金流转的压力，促进产业健康发展；另一方面金融业的发展能够助推脱贫、支撑创新创业，改善矿工收入结构，降低矿工生计脆弱性。2016 年 1 月鄂尔多斯市《政府工作报告》中明确指出，到 2020 年，鄂尔多斯市金融和文化产业产值比重提高到 5%以上。据此，本书设定了情景 4，主要涉及参数为金融投入比重。

情景 5：提升科教服务水平（S_5）。科技和教育的发展一方面能够促进企业创新，降低生产成本，提高产品的质量及附加值；另一方面能够提高矿工文化素质，增强劳动效率。2016 年，鄂尔多斯政府印发《鄂尔多斯市教育事业“十三五”发展规划》和《鄂尔多斯市科技创新“十三五”发展规划》，并提出“全社会研究与试验发展（R&D）经费占生产总值比重达到 2.0%，地方财政科技投入占地方公共财政支出比重达到 1.5%以上。”的基本目标。据此，本书设计了情景 5，主要涉及参数为科技投入比重和教育投入比重。

7.4 仿真结果及讨论

7.4.1 历史仿真结果及分析

本书根据 Vensim Dss 6.4e 对 2007—2017 年数据进行仿真，利用 Matlab 9.0 将所得生计脆弱性表征指标的数据进行标准化处理，并计算出 ORLVI，具体结果如表 7.6 和图 7.7 所示。结果显示，2007—2017 年鄂尔多斯市矿工生计脆弱性呈现出先降后升再降的波动性特征，整体脆弱性水平相对较高。其中，2007—2013 年鄂尔多斯市矿工生计脆弱性水平整体呈下降趋势，并于 2013 年达到低点，ORLVI 值仅为 0.355。随后矿工生计脆弱性有所上升，并于 2015 年达到高点后逐渐下降，但截至 2017 年，矿工生计脆弱性水平仍高于 2013 年，ORLVI 值为 0.363。

此外，矿工生计脆弱性水平与煤炭价格密切相关，整体呈现反向态势，这说明煤炭价格下跌会对矿工生计产生显著负效应。根据前文分析可知，我国煤炭价格呈现先升后降的趋势，2007 年以来，煤炭价格持续攀升，煤炭产业利润大幅提升，矿工的生境条件相对稳定。加之政府在教育、医疗和社会保障方面的支撑，矿工生计脆弱性整体下降。然而 2012 年煤炭市场形势逆转，从 2011 年至 2015 年，鄂尔多斯的煤炭价格跌幅高达 58.1%，煤炭产业绩效急剧下滑，随之带来的是矿工生境条件的急剧恶化。一方面，矿工工资性收入大幅下跌，企业福利大幅缩减，甚至出现企业拖欠工资的现象；另一方面，国家的产能调控政策使得部分煤矿停产甚至关闭，导致大量矿工被迫休假或失业。2015 年后，随着国家煤炭产业政策效果的逐渐显现，煤炭价格开始回升，煤炭产业的发展也相对稳定，矿工生计脆弱性开始回降。

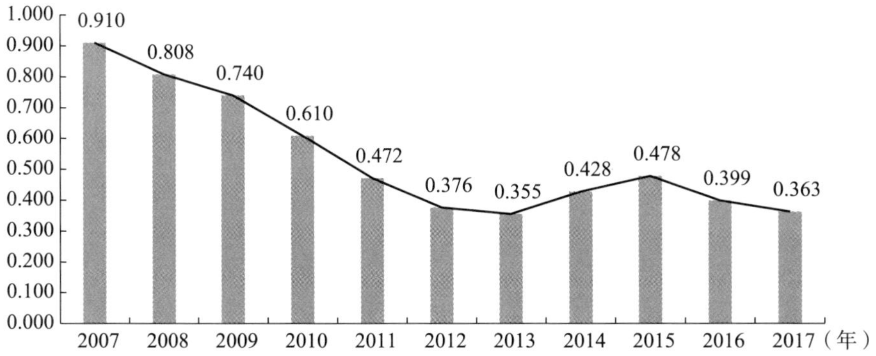

图 7.7　2007—2017 年鄂尔多斯市矿工生计脆弱性趋势图

表 7.6　基准情景仿真结果

年份	2007	2008	2009	2010	2011	2012	2013	2014	2015	2016	2017
X_1	0. 862	0. 559	0. 497	0. 271	0. 000	0. 004	0. 199	0. 443	0. 651	0. 419	0. 336
X_2	1. 000	0. 786	0. 615	0. 388	0. 132	0. 045	0. 077	0. 176	0. 296	0. 189	0. 126
X_3	0. 637	0. 887	0. 906	0. 912	1. 000	0. 977	0. 860	0. 808	0. 675	0. 741	0. 744
X_4	1. 000	0. 933	0. 791	0. 663	0. 564	0. 475	0. 317	0. 516	0. 471	0. 355	0. 304
X_5	1. 000	0. 857	0. 753	0. 606	0. 478	0. 387	0. 319	0. 287	0. 321	0. 271	0. 224
X_6	1. 000	0. 881	0. 746	0. 467	0. 060	0. 090	0. 000	0. 639	0. 662	0. 629	0. 597
X_7	1. 000	0. 971	0. 886	0. 777	0. 684	0. 604	0. 555	0. 509	0. 468	0. 431	0. 407
X_8	1. 000	0. 987	0. 969	0. 946	0. 907	0. 862	0. 811	0. 757	0. 708	0. 663	0. 617
X_9	1. 000	0. 849	0. 773	0. 583	0. 379	0. 260	0. 265	0. 231	0. 281	0. 247	0. 194
X_{10}	1. 000	0. 805	0. 678	0. 513	0. 379	0. 292	0. 225	0. 199	0. 238	0. 195	0. 155
X_{11}	0. 644	0. 534	0. 621	0. 592	1. 000	0. 710	0. 974	0. 920	0. 869	0. 509	0. 439
X_{12}	0. 000	0. 034	0. 066	0. 129	0. 217	0. 295	0. 336	0. 368	0. 315	0. 392	0. 463
X_{13}	1. 000	0. 908	0. 840	0. 702	0. 497	0. 313	0. 228	0. 241	0. 363	0. 247	0. 237
X_{14}	1. 000	0. 998	0. 982	0. 942	0. 889	0. 831	0. 789	0. 746	0. 704	0. 664	0. 636
X_{15}	0. 808	0. 926	0. 952	0. 970	0. 999	1. 000	0. 980	0. 917	0. 794	0. 809	0. 781
X_{16}	1. 000	0. 954	0. 921	0. 852	0. 750	0. 659	0. 617	0. 623	0. 684	0. 626	0. 621
X_{17}	0. 976	1. 000	0. 906	0. 802	0. 626	0. 359	0. 184	0. 158	0. 258	0. 315	0. 270
ORLVI	0. 910	0. 808	0. 740	0. 610	0. 472	0. 376	0. 355	0. 428	0. 478	0. 399	0. 363

7.4.2 外部扰动仿真结果及分析

根据外部扰动情景中相关参数的设定，本书对鄂尔多斯市矿工生计脆弱性进行仿真，基准情景、煤价下挫和产能调控情景的仿真结果如表 7.7 和图 7.8 所示。我们可以得到如下结论：首先，尽管煤价下挫和产能调控能够倒逼区域产业结构和矿工生计资本结构优化，但总体而言，都会对矿工生计带来显著负面影响，并且这种趋势随时间逐渐加深。2018 年，煤炭下挫和产能调控情景下的生计脆弱性水平较基准情景分别上浮 6.8%和 1.5%；2025 年上浮比例扩大到 116.9%和 38.5%。其次，与产能调控情景相比，煤价下挫情景下矿工生计脆弱性涨幅较大。与基准情景相比，煤价下挫和产能调控情景 2018—2025 年平均涨幅分别为 54.1%和 15.9%。此外，煤价下挫情境下矿工生计脆弱性逐年升高，2025 年生计脆弱性较 2018 年上浮 12.0%。

为进一步揭示外部扰动对生计脆弱性的内在影响，本书分别计算了煤价下挫和产能调控情景下，17 个生计脆弱性表征指标较基准情景的波动幅度，结果如表 7.8、表 7.9 和图 7.9 所示。我们可以看到，与基准情景相比，除 X_3、X_{11}和 X_{15}外，其余指标在煤价下挫情境下出现不同程度的下降。X_1、X_{12}、X_{13}和 X_{16}跌幅较为明显，其中以 X_1 跌幅最为显著(2025 年跌幅 85.7%)。这说明，煤价下跌会导致煤炭产业利润总额、矿工工资收入、工业固体废弃物排放量和企业教育经费投入大幅降低。这主要是由于煤炭产业利润总额与煤炭价格息息相关，煤价下跌会直接导致利润下滑，进而会直接影响矿工的工资收入和企业福利，而与之相反地，煤炭产业的利润下滑会导致社会固定资产投资涌入第三产业，从而带动第三产业发展，减少工业固体废弃物的排放。与煤价下挫情景类似，产能调控情境下，除 X_3 和 X_{15}外，其余指标出现不同程度下降。不同的是，由于限产情景下煤炭产量大幅减少，从而导致工业烟粉尘排放量降低。

表 7.7 2018—2025 年外部扰动情景仿真结果

年份	2018	2019	2020	2021	2022	2023	2024	2025
BS	0.334	0.310	0.287	0.266	0.245	0.224	0.204	0.184
R_1	0.357	0.361	0.368	0.375	0.383	0.390	0.395	0.400
R_2	0.339	0.322	0.307	0.293	0.283	0.272	0.263	0.255

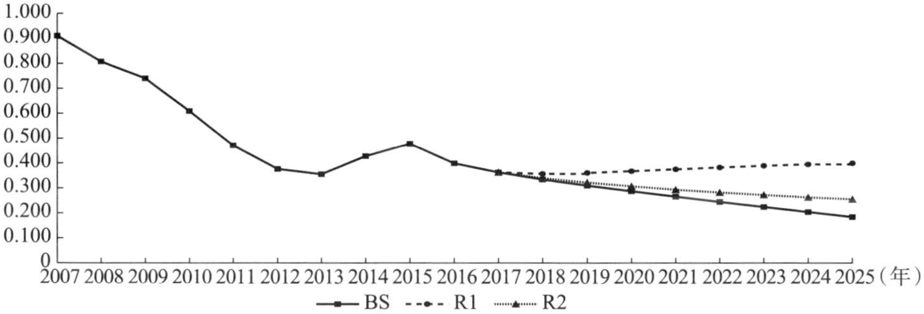

图 7.8 外部扰动情境下鄂尔多斯市矿工生计脆弱性变化情况

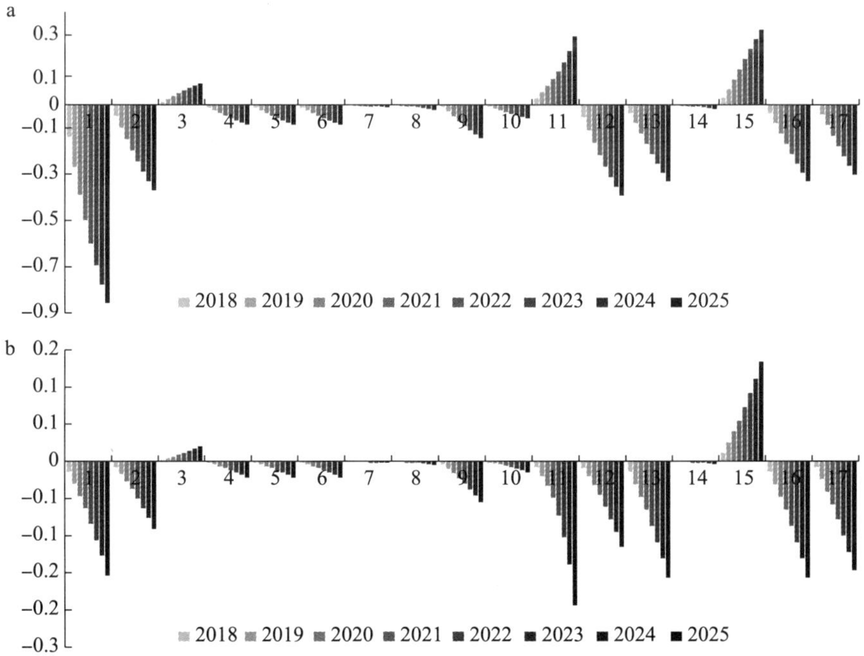

图 7.9 外部扰动情境下各分项指标波动幅度

(a)价格下挫情景，(b)产能调控情景

表 7.8　基于煤价下挫的外部扰动情境下各分项指标波动幅度

年份	2018	2019	2020	2021	2022	2023	2024	2025
X_1	−0. 140	−0. 269	−0. 389	−0. 499	−0. 600	−0. 693	−0. 778	−0. 857
X_2	−0. 048	−0. 099	−0. 149	−0. 198	−0. 245	−0. 289	−0. 331	−0. 370
X_3	0. 012	0. 025	0. 038	0. 051	0. 062	0. 073	0. 083	0. 092
X_4	−0. 012	−0. 024	−0. 035	−0. 047	−0. 058	−0. 068	−0. 077	−0. 086
X_5	−0. 012	−0. 024	−0. 035	−0. 047	−0. 058	−0. 068	−0. 077	−0. 086
X_6	−0. 012	−0. 024	−0. 035	−0. 047	−0. 058	−0. 068	−0. 077	−0. 086
X_7	0. 000	0. 000	−0. 001	−0. 002	−0. 004	−0. 006	−0. 008	−0. 011
X_8	0. 000	−0. 001	−0. 003	−0. 006	−0. 010	−0. 013	−0. 018	−0. 022
X_9	−0. 008	−0. 028	−0. 050	−0. 071	−0. 091	−0. 110	−0. 128	−0. 144
X_{10}	−0. 008	−0. 016	−0. 024	−0. 031	−0. 039	−0. 046	−0. 052	−0. 058
X_{11}	0. 029	0. 056	0. 083	0. 112	0. 145	0. 184	0. 232	0. 295
X_{12}	−0. 053	−0. 109	−0. 165	−0. 218	−0. 268	−0. 313	−0. 355	−0. 393
X_{13}	−0. 036	−0. 079	−0. 124	−0. 170	−0. 214	−0. 256	−0. 295	−0. 331
X_{14}	0. 000	−0. 001	−0. 002	−0. 004	−0. 007	−0. 010	−0. 014	−0. 018
X_{15}	0. 030	0. 067	0. 109	0. 153	0. 197	0. 241	0. 283	0. 323
X_{16}	−0. 036	−0. 079	−0. 124	−0. 170	−0. 214	−0. 256	−0. 295	−0. 331
X_{17}	0. 000	−0. 041	−0. 087	−0. 134	−0. 180	−0. 223	−0. 265	−0. 303

表 7.9　基于产能调控的外部扰动情境下各分项指标波动幅度

年份	2018	2019	2020	2021	2022	2023	2024	2025
X_1	−0. 014	−0. 030	−0. 047	−0. 063	−0. 084	−0. 106	−0. 127	−0. 154
X_2	−0. 008	−0. 017	−0. 027	−0. 037	−0. 050	−0. 063	−0. 076	−0. 091
X_3	0. 002	0. 004	0. 006	0. 009	0. 011	0. 014	0. 017	0. 020
X_4	−0. 002	−0. 004	−0. 007	−0. 009	−0. 012	−0. 015	−0. 018	−0. 022
X_5	−0. 002	−0. 004	−0. 007	−0. 009	−0. 012	−0. 015	−0. 018	−0. 022
X_6	−0. 002	−0. 004	−0. 007	−0. 009	−0. 012	−0. 015	−0. 018	−0. 022
X_7	0. 000	0. 000	0. 000	0. 000	−0. 001	−0. 001	−0. 002	−0. 002

续表

年份	2018	2019	2020	2021	2022	2023	2024	2025
X_8	0.000	0.000	−0.001	−0.001	−0.002	−0.003	−0.004	−0.005
X_9	−0.004	−0.010	−0.016	−0.023	−0.030	−0.038	−0.046	−0.055
X_{10}	−0.001	−0.003	−0.004	−0.006	−0.008	−0.010	−0.012	−0.015
X_{11}	−0.008	−0.020	−0.033	−0.049	−0.073	−0.102	−0.139	−0.194
X_{12}	−0.009	−0.020	−0.032	−0.045	−0.061	−0.078	−0.095	−0.115
X_{13}	−0.014	−0.031	−0.048	−0.065	−0.087	−0.109	−0.131	−0.157
X_{14}	0.000	0.000	0.000	−0.001	−0.001	−0.002	−0.003	−0.004
X_{15}	0.011	0.025	0.040	0.054	0.073	0.092	0.111	0.134
X_{16}	−0.014	−0.031	−0.048	−0.065	−0.087	−0.109	−0.131	−0.157
X_{17}	−0.008	−0.024	−0.041	−0.058	−0.078	−0.100	−0.122	−0.147

7.4.3 降低策略仿真结果及分析

根据降低策略情景中相关参数的设定，本书对鄂尔多斯市矿工生计脆弱性进行仿真，基于煤价下挫和产能调控情景的降低策略仿真结果如表 7.10、表 7.11 和图 7.10 所示。我们可以得到如下结论：从整体上来看，无论是在煤价下挫还是产能调控情境下，降低策略均会在一定程度上降低矿工的生计脆弱性水平。其中，S_3、S_4 和 S_5 降低策略的效果均比较显著，但三者的具体表现存在一定差异。在政策实行前期，S_3 对生计脆弱性的降低效果明显优于 S_4 和 S_5，但随着时间的推移，从 2024 年开始，S_4 和 S_5 的实施效果开始反超 S_3。这主要是因为科教和金融服务水平的提升需要一定时间的积累。同时也说明，科教水平和金融服务水平对矿工生计脆弱性的降低具有长期效应。而 S_1 和 S_2 的效果相对不明显，但在政策实施之初，2008—2020 年，与其他策略相比，S_1 对生计脆弱性的降低效果是最为显著的，然而随着时间的推移其实施效果在逐渐降低。

表 7.10　基于价格下挫情景的降低策略仿真结果

年份	R_1	S_1	S_2	S_3	S_4	S_5
2018	0.357	0.355	0.357	0.357	0.357	0.357
2019	0.361	0.359	0.361	0.360	0.361	0.361
2020	0.368	0.366	0.367	0.365	0.367	0.366
2021	0.375	0.373	0.375	0.370	0.373	0.372
2022	0.383	0.381	0.382	0.375	0.378	0.377
2023	0.390	0.388	0.388	0.379	0.381	0.380
2024	0.395	0.393	0.394	0.382	0.382	0.381
2025	0.400	0.398	0.398	0.384	0.381	0.379

表 7.11　基于产能调控情景的降低策略仿真结果

年份	R_2	S_1	S_2	S_3	S_4	S_5
2018	0.339	0.338	0.339	0.339	0.339	0.339
2019	0.322	0.320	0.322	0.321	0.322	0.321
2020	0.307	0.305	0.307	0.304	0.306	0.305
2021	0.293	0.291	0.293	0.287	0.291	0.290
2022	0.283	0.280	0.282	0.273	0.277	0.277
2023	0.272	0.270	0.271	0.260	0.263	0.263
2024	0.263	0.260	0.262	0.247	0.247	0.248
2025	0.255	0.252	0.254	0.236	0.232	0.233

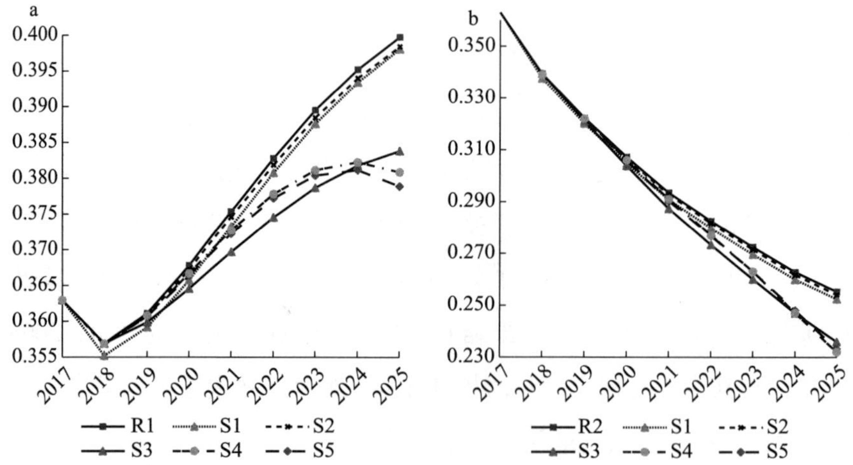

图 7.10　矿工生计脆弱性水平变化情况
(a)基于煤价下挫情景，(b)基于产能调控情景

在此基础上，本书将仿真时间分为两个时间段：2018—2021 年和 2022—2025 年，以进一步讨论各降低策略对矿工生计脆弱性的综合影响，具体仿真结果如图 7.11 所示。根据图 7.11(a)可知，在煤价下挫情境下，S_1降低矿工生计脆弱性的累积效果是递减的，2022—2025 年的累积效果较 2018—2021 年降低了 0.001；而其他降低策略的累积效应均为递增的，其中 S_5的递增效果最为明显，2022—2025 年的累积效果较 2018—2021 年增长了 0.045。分阶段来看，2018—2021 年，S_3的实施效果最好，其累积效果为 0.01；而 2022—2025 年，S_5的实施效果最好，其累积效果为 0.05。根据图 7.11(b)可知，在产能调控情境下，各降低策略的累积效果都是递增的，其中 S_4的递增效果最为明显，2022—2025 年的累积效果较 2018—2021 年增长了 0.05。分阶段来看，无论是 2018—2021 年还是 2022—2025 年，S_3的实施效果均是最好的，其累积效果分别为 0.011 和 0.057。

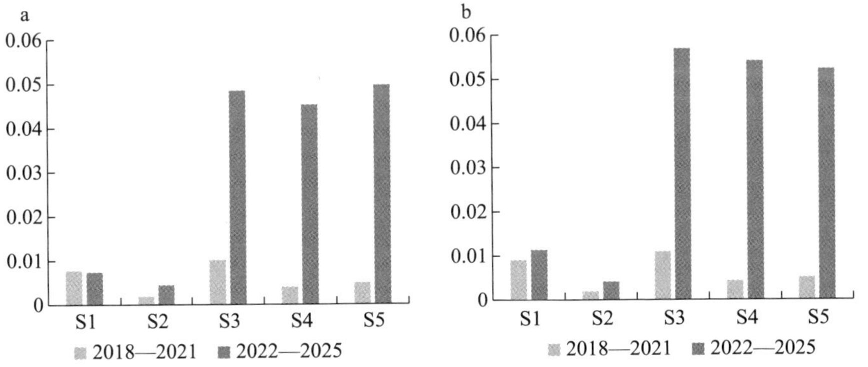

图 7.11　降低策略对生计脆弱性的分阶段累积效应(a)煤价下挫情景，(b)产能调控情景

7.4.4　降低策略的影响路径分析

为进一步揭示不同策略实施效果存在差异的内在原因，本书计算了各降低策略情境下 17 个生计脆弱性表征指标的波动幅度，即降低策略情境下各分项指标得分较价格下挫(产能调控)情景下各分项指标得分的上浮或下跌比例。结果表明，不同策略对矿工生计的影响路径不同，而这正是导致

上述各项策略效果和效应差异的主要原因。具体体现在以下两点：

首先，不同策略对各分项指标的作用效果不同。表 7.12、表 7.13 和图 7.12 显示了降低策略在各分项指标上的累积波动幅度。结果显示，S_1 和 S_2 对 X_1 影响显著；S_3 对 X_3、X_{11} 和 X_{12} 影响显著；S_4 对 X_1、X_7、X_{14} 和 X_{15} 影响显著；S_5 对 X_1、X_8 和 X_{11} 影响显著。这表明，降低企业税率和费率能够显著提高煤炭企业盈利能力；发展生活性服务业能够优化地区产业结构、改善环境质量；增强金融投入能够有效改善矿工收入结构、提高金融服务水平，但同时也会对煤炭产业生产经营产生负面影响；科教投入能够在增加企业盈利的同时，提高科教服务水平并改善区域环境质量。值得注意的是，提高金融服务水平会降低煤炭产业利润总额，但仍对降低矿工生计脆弱性具有显著正效应。这是由于，虽然在煤价下挫和产能调控情境下，更多的资金流入煤炭产业将加剧煤炭市场的供需失衡，不利于煤炭产业的生产经营活动。但金融投入的增加，使得金融服务水平和矿工非工资性收入得到显著提升，优化了矿工生计资本的结构，因此，从整体上来说对降低矿工生计脆弱性是有利的。

其次，不同策略对各分项指标作用效果的累积效应不同。以煤价下挫情境下 S_1 为例。图 7.13 显示了煤价下挫情景下 S_1 降低策略对各分项指标的影响。我们可以发现：S_1 对 X_1 影响最为显著，对 X_2、X_3、X_9、X_{11}、X_{12}、X_{13}、X_{14}、X_{15}、X_{16}和 X_{17}这 9 个指标影响较为显著，而对剩余指标影响不显著。就显著和较为显著的指标而言，实施效应逐渐增强的指标有 X_1 和 X_{11}，其 8 年的波动幅度依次增加；而其余 8 项指标的实施效应随着时间的推移，由逐渐增加向逐渐降低转变。以 X_{13}为例，从 2018 年至 2023 年，其增长幅度由零增至 0.36%，但 2023 年之后，幅度开始逐年下跌，2025 年的增长幅度降低为 0.35%。这一现象说明，降低税率对矿工工资性收入的影响前期效应较大，但随着时间的推移，其实施效果将逐渐衰减。也正是因为大部分指标后期效应呈现衰减趋势，煤价下挫情境下 S_1降低矿工生计脆弱性的累积效果是递减的。

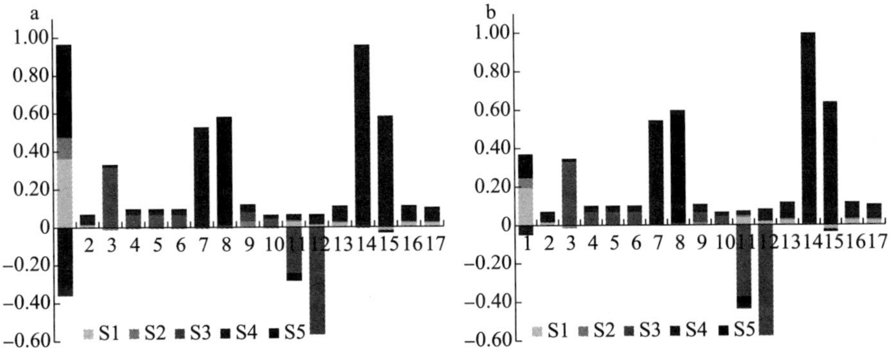

图 7.12 降低策略分指标累积波动幅度基于
(a)煤价下挫情景，(b)产能调控情景

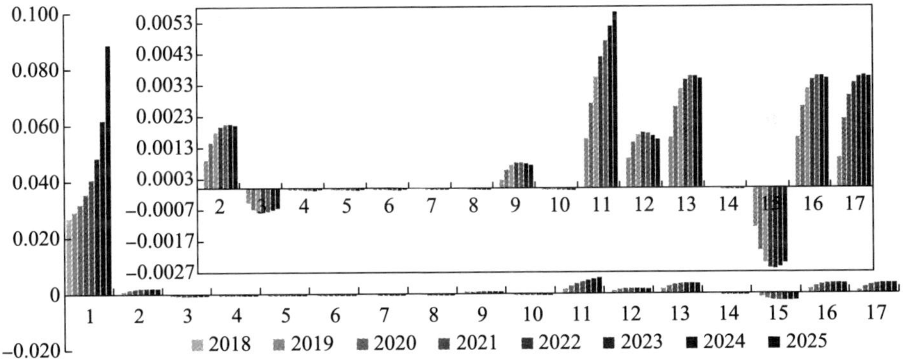

图 7.13 基于煤价下挫情景的 S_1 降低策略下各分项指标波动幅度

表 7.12 基于煤价下挫的各降低策略分项指标波动幅度

分项指标	S_1	S_2	S_3	S_4	S_5
X_1	0. 36277	0. 10895	0. 00548	−0. 35969	0. 48892
X_2	0. 01228	0. 00351	0. 00039	0. 04358	0. 00422
X_3	−0. 00477	−0. 00136	0. 31478	0. 00475	0. 01127
X_4	−0. 00019	−0. 00006	0. 06581	0. 01897	0. 01269
X_5	−0. 00019	−0. 00006	0. 06581	0. 01897	0. 01270
X_6	−0. 00018	−0. 00005	0. 06582	0. 01898	0. 01270
X_7	−0. 00002	−0. 00001	0. 00416	0. 51516	0. 00054

续表

分项指标	S_1	S_2	S_3	S_4	S_5
X_8	-0.00003	-0.00001	0.00928	0.00190	0.56979
X_9	0.00471	0.02517	0.05038	0.02888	0.01115
X_{10}	-0.00012	-0.00004	0.04374	0.01263	0.00845
X_{11}	0.02750	0.00792	-0.24470	0.03253	-0.03992
X_{12}	0.01079	0.00308	-0.56723	0.04062	0.00655
X_{13}	0.02141	0.00613	0.00067	0.07577	0.00731
X_{14}	-0.00002	-0.00001	0.00715	0.94314	0.00093
X_{15}	-0.01582	-0.00453	0.00463	0.57716	-0.00452
X_{16}	0.02142	0.00614	0.00068	0.07577	0.00731
X_{17}	0.02008	0.00574	0.00056	0.06306	0.00607

表 7-13　基于产能调控的各降低策略分项指标波动幅度

分项指标	S_1	S_2	S_3	S_4	S_5
X_1	0.19463	0.05070	0.00171	-0.04935	0.12274
X_2	0.01424	0.00371	0.00039	0.04324	0.00411
X_3	-0.00628	-0.00164	0.32983	0.00399	0.01236
X_4	0.00041	0.00011	0.06789	0.02070	0.01265
X_5	0.00041	0.00011	0.06789	0.02071	0.01265
X_6	0.00041	0.00011	0.06788	0.02070	0.01265
X_7	0.00003	0.00001	0.00439	0.53308	0.00056
X_8	0.00006	0.00002	0.00971	0.00206	0.58543
X_9	0.00630	0.00914	0.05084	0.03117	0.01097
X_{10}	0.00027	0.00007	0.04512	0.01377	0.00842
X_{11}	0.03856	0.01005	-0.37401	0.02490	-0.06312
X_{12}	0.01620	0.00421	-0.57726	0.05419	0.00778
X_{13}	0.02538	0.00661	0.00069	0.07735	0.00732
X_{14}	0.00005	0.00002	0.00757	0.98073	0.00097

续表

分项指标	S_1	S_2	S_3	S_4	S_5
X_{15}	-0. 01937	-0. 00506	0. 00517	0. 63359	-0. 00476
X_{16}	0. 02538	0. 00662	0. 00069	0. 07735	0. 00733
X_{17}	0. 02349	0. 00612	0. 00055	0. 06329	0. 00599

7.5 本章小结

本章以中国最大的煤炭城市鄂尔多斯市为研究对象，利用复杂系统动力学方法构建了包含煤炭产业、其他产业、社会支撑和矿工个体 4 个子系统的矿工生计脆弱性仿真模型，并在不同外部扰动情景和降低策略情景下，对矿工生计脆弱性演变规律进行模拟仿真；在此基础上，结合煤炭城市矿工生计状况的特殊性，提出产能调控下降低矿工生计脆弱性的对策建议。主要结论如下：

第一，从历史仿真结果来看，2007—2017 年鄂尔多斯市矿工生计脆弱性呈现出先降后升再降的波动性特征，整体脆弱性水平相对较高。此外，矿工生计脆弱性水平与煤炭价格密切相关，整体呈现反向态势，这说明煤炭价格下跌会对矿工生计产生显著负效应。

第二，尽管煤价下挫和产能调控能够倒逼区域产业结构和矿工生计资本结构优化，但总体而言，都会对矿工生计带来显著负面影响，并且这种趋势随时间逐渐加深。此外，相较于产能调控情景，煤价下挫对矿工生计的负面影响更大，会导致矿工生计脆弱性逐年升高。

第三，不同矿工生计脆弱性降低策略的总体效果和累积效应存在显著差异。具体而言，相较于降低企业税率和费率，发展生活性服务业、增强金融服务水平和提升科教水平对生计脆弱性的降低效果更为显著。降低企业税率虽然可以在短期内快速降低矿工生计脆弱性，但是其有效性却呈递减趋势，而其他降低策略的累积效应则呈递增趋势。

第四，不同策略对矿工生计的影响路径不同，这也是导致上述各项策略效果和效应差异的主要原因。降低企业税率和费率能够显著提高煤炭企业盈利能力；发展生活性服务业能够优化地区产业结构、改善环境质量；增强金融服务水平能够有效改善矿工收入结构，但同时也会对煤炭产业生产经营产生负面影响；提升科教服务水平能够在增加企业盈利的同时，改善区域环境质量。

8 矿工可持续生计水平提升的对策建议

通过对矿工生计脆弱性测度和降低策略的研究可知，影响矿工生计脆弱性水平的因素复杂多变，既有来自外部的宏观经济波动风险，又会受到煤炭城市内部经济社会环境影响，煤炭企业的经营状况和矿工自身的资本拥有量也构成了生计脆弱性的关键变量。正是如此，降低矿工生计脆弱性，实现矿工生计稳步提升存在诸多困难。基于此，本书根据煤炭城市矿工生计状况的特殊性，结合生计脆弱性测度和降低策略分析结果，以提升矿工生计资本为核心探索降低矿工生计脆弱性的有效途径，从国家、区域、企业、矿工四个层面提出了矿工生计保障的对策建议。

8.1 基本目标和基本原则

(1)基本目标与内涵

要探索降低矿工生计脆弱性的有效途径，首先必须明确降低矿工生计脆弱性的基本目标与内涵。根据第4章中矿工生计脆弱性响应机理分析可知，矿工生计脆弱性主要体现在暴露度、敏感性和适应力三大维度，外部经济波动风险、生境条件敏感性、社会层面恢复力和个体层面适应性四大方面，其中，个体层面的生计资本构成了矿工生计脆弱性的关键内核，有效提高矿工生计资本拥有量，优化矿工生计资本结构成为降低矿工生计脆弱性的关键。因此，降低矿工生计脆弱性的目标就是降低外部经济波动风险和矿工生境条件敏感性，提高社会层面的恢复力和个体层面的适应性，从而增加矿工生计资本拥有量，优化生计资本结构，提升矿工生计能力，最终实现矿工生计可持续。

(2)基本原则与思路

原则是人们在进行社会实践活动或处理某类事务时必须遵循的基本准则，经济波动下，降低矿工生计脆弱性的基本原则，就是在降低矿工生计脆弱性整个过程中，采取措施时必须要遵循的基本准则。总结起来，这些基本原则主要有四个方面。第一，立足我国发展实际。我国处于向低碳发展和高质量发展转变的重要战略机遇期，全球气候治理持续推进、新冠肺炎疫情肆虐、逆全球化思潮涌动、地缘政治冲突加剧，经济下行压力持续加大，未来供给侧结构性改革依旧是发展主线。选择降低矿工生计脆弱性的有效途径必须清晰地认识到这一国情为煤炭企业和矿工带来的挑战与机遇。第二，坚持以人为本原则。探寻降低矿工生计脆弱性途径时，要以矿工为中心，保护矿工的基本利益，倾听矿工的利益诉求，要关注矿工的生存发展状况，注重矿工发展能力的培养，为矿工的发展创造有利条件与机会。第三，坚持可持续原则。降低矿工生计脆弱性不是一蹴而就的，生计水平的提升不是简单地增加矿工的收入和给予一次性补贴，而是真正提升矿工生计能力，增强矿工应对外部风险的适应力，因此降低矿工生计脆弱性的政策措施要关注矿工的生计资本和生计策略，增强矿工的可持续生计。第四，坚持个别突破和多层共进原则。矿工生计问题错综复杂，我们要具体问题具体分析，抓主要矛盾，着重率先解决困扰和限制矿工生计的关键性问题。同时，在降低矿工生计脆弱性的过程中，要综合考虑各种因素，既要加强顶层设计和整体规划，也要有具体措施和进度安排。把制度、体制机制、公共政策和具体措施相结合，从各个层面整体推进，逐渐解决造成矿工生计脆弱性的根本问题，从而标本兼治，最终降低矿工生计脆弱性，实现生计可持续。

8.2 对策建议与实现路径

考虑上述基本目标和基本原则，结合经济波动风险、生境条件敏感性、社会层面恢复力和个体层面适应性，本书以矿工经济、社会、人力和自然资本为核心，基于中央政府、地方政府、煤炭企业和矿工个体等不同视角，探讨经济波动下降低矿工生计脆弱性的对策建议。首先，针对矿工生计的现实状况，设立矿工生计脆弱性评估及诊断机制，定期进行脆弱性评估。其次，立足矿工生计资本从各个维度达到降低经济波动风险和生境条件敏感性，提高社会层面恢复力和个体层面适应性，最终实现降低矿工生计脆弱性的目标。

8.2.1 国家层面

(1)建立科学评估体系，定期进行生计脆弱性评估与诊断

煤炭城市矿工生计脆弱性是一个需要长期关注，持续改进的问题，因而应该建立科学的评估体系、定期进行生计脆弱性评估及诊断，及时监测矿工生计脆弱性程度，从而及时了解矿工生计现状，解决矿工生计问题，提高矿工生计水平，避免问题累积激化社会矛盾。在了解矿工生计脆弱性整体水平的同时，需要进一步审视各维度和各指标背后数据的演化规律，及时发现异常波动指标，进而了解矿工生计问题的关键要素，及时明晰各类生计政策的实施效果。只有抓住问题的主要矛盾，有针对性地改善矿工生计最为关键和严重的问题，才能真正降低矿工生计脆弱性，实现矿工生计可持续。

(2)推动煤炭行业有序平稳转型，提高可持续发展能力

矿工生计脆弱性与煤炭行业发展息息相关。在产能调控的宏观背景下，减量给煤炭行业带来了诸多不利影响。近年来，煤炭行业偿债能力、运营能力、盈利能力、成长能力总体上均低于过去20年的平均水平。煤炭

行业转型成为其可持续发展、矿工可持续发展的必由之路。首先，积极引导煤炭行业意识到转型的必要性。煤炭行业必须勇敢地迎接挑战，走出“市场好时无心转型，市场差时无力转型”的怪圈，坚定不移地走好转型发展之路。其次，加大煤炭行业创新激励力度。以科技创新促进转型升级，以转型升级推动科学发展，才是破解煤炭行业发展面临的深层次矛盾的根本途径。最后，对煤炭行业转型升级进行政策支持。减碳控煤背景下的社会投资者、金融机构显然偏好于更具发展前景的新兴产业，而政策关注的重点也往往是新兴产业的发展，但新兴行业发展与传统高耗能行业退出是一个硬币的两个方面，政策也要重视受到转型冲击的煤炭行业可持续发展。

(3)制定精准且公平的煤炭去产能方案，从源头降低对生计的影响

建立全面、真实反映煤炭产能过剩规模发展趋势的预测机制，为产能调控提供精准的数据支撑。从实践来看，由于部门分治和属地管理的行政体制导致的“数据孤岛”，政府部门难以掌握全面的信息，预测存在较大的偏差。政府应综合利用国家统计局、发改委、海关、人社等部门数据，打破“数据孤岛”，并依托大数据、云计算、物联网等技术，全面收集煤炭产能相关信息，建立精准的煤炭产能过剩预测机制，为去产能提供精准的数据支撑，也为市场主体投资提供一定的理性指导。煤炭去产能势必对矿工脆弱性产生影响，为从源头降低其对矿工生计脆弱性影响，政府有关部门有必要根据资源、公平、环保、效益等多个条件和多维目标，基于不同的利益主体视角，协同各个利益相关者的利益关系，建立兼顾地区差异的公平科学的去产能分配方案。同时可以建立跨省去产能配额交易的市场体系，允许不同省份之间对去产能指标配额进行交易，弱化定量配置的原则，并确保合理的价格机制，让市场来主导资源的配置。

(4)着力推进简政减税降费，切实降低煤炭企业经营负担

实行降低增值税和企业社保缴费比例政策能够有效减轻煤炭企业负担，降低矿工生境条件敏感性。降低策略分析结果显示，降低增值税税率

和企业社保缴费比例，能够在短时间内增加煤炭企业利润总额，抑制矿工生境条件敏感性，进而降低矿工生计脆弱性。因此，中央政府应该充分考虑煤炭行业生产经营的特殊性，根据煤炭行业和相关工业现有生产水平，合理制定煤炭产业增值税政策，健全煤炭企业社保缴费政策。第一，降低煤炭产业税率标准，将煤炭产业增值税税率下调至13%甚至11%；扩大煤炭增值税抵扣范围，考虑到煤炭企业生产经营的特殊性和税负过重的现状，对搬迁支出、探矿权价款、采矿权价款、水资源补偿费、矿山环境治理保证金、土地塌陷补偿费等准予进项税抵扣。第二，降低煤炭企业社保缴费比例，下调基本养老、失业和工伤保险单位缴费比例，降低企业生产经营负担。根据降低策略仿真结果和中国人力资源和社会保障部发布的相关文件，职工五险一金单位缴费比例要下降至0.334，以减轻企业经营负担，妥善分流和安置矿工，显著降低矿工生计脆弱性。

(5)深化社会保障制度改革，设立矿工专项困难补助基金

社会保障制度具有收入分配再调节的功能。经济波动下矿工作为一个脆弱性群体，其生计的提升存在诸多障碍，因此应在煤炭城市建立统一的社会保障体系，特别是加大对一线煤矿工人的政策倾斜，通过完善公平的社会保障制度来缓解矿工的收入不平等状况。第一，保障矿工基本医疗卫生服务，针对煤炭行业职业病(如尘肺病等)给予医疗补贴，进一步减轻大病患者、困难矿工医疗负担。第二，加快推进养老保险制度改革，提高矿工养老保险服务水平。第三，贯彻落实煤炭行业特殊工种(如一线采掘工、矸石山翻车工、扒矸工等)提前退休制度，但由于养老保险金与缴费年限和数额相关，建议国家对提前退休的矿工适当提升养老金发放金额。第四，针对矿工群体，尤其是一线煤矿工人实行住房补贴制度，解决矿工基本住房需求。第五，适当提高矿工低保、专项救助等标准，加强困难矿工生计保障，特别是针对去产能过程中导致的下岗和临时待岗矿工，政府应设立专项困难补助基金，保障矿工基本生活水平。

(6)坚持实施稳健货币政策，引导金融支持实体经济发展

制定合理的货币金融政策能够有效防控金融风险，激发市场主体活力。实证结果显示，提升金融投入，重视金融发展，对降低矿工生计脆弱性效果明显。因此，政府应该进一步深化金融改革，让金融更好地支持实体经济的发展。一方面，建议政府完善货币信贷投放机制，使煤炭企业能够以更快捷、更优惠的渠道获取金融贷款，鼓励通过中长期贷款和信用贷款的形式加强金融机构和煤炭企业的长期稳定合作，从而为煤炭产业转型提供充足的资金支持，缓解煤炭企业去产能过程中遇到的资金困难问题。另一方面，必须要完善监测预警机制，防范金融风险。长期稳定的合作一定是建立在严格的监测预警基础之上的，只有同时规范金融和煤炭产业的发展，实现金融和煤炭产业政策的协同，才能促进行业间的良性互动。因此，建议加强政府、金融业与煤炭产业的密切配合，及时对煤炭市场发展变化进行预测分析并发布风险预警提示。此外，对煤炭行业的金融贷款要坚持"有扶有控"原则，加大对技术先进的优质产能的政策支持力度，降低企业运营成本，提高企业绩效；而对于高污染、高消耗的落后产能，金融机构应帮助其有序退出，并为煤炭行业去产能分流人员提供一定的就业创业贷款支持。

(7)优化金融体系结构，加快开拓普惠金融崭新局面

2013年，我国将发展普惠金融列入"十三五"规划。普惠金融(Inclusive Finance)也称包容性金融，旨在为全社会所有阶层和群体，尤其是偏远地区的弱势群体提供全方位的金融服务，使人们能够以合理的价格，便捷的方式平等地获取金融贷款，有助于实现社会公平。不同于财政补贴和社会救助，普惠金融是以市场为导向的金融服务，它可以激发人们的灵感和创业动力，提供更多实现生计多样化的机会。因此，建议在煤炭城市大力发展普惠金融，通过设立专门的银行采取无担保、无抵押的贷款制度，为矿工提供金融服务，可以在很大程度上增加矿工的非工资性收入，优化矿工生计资本。此外，普惠金融的实施能够为大众创业、万众创新提供金融支

持，从而拓展矿工生计策略，降低矿工潜在失业风险，也可以在很大程度上增强矿工的社会参与性。尤其针对去产能分流人员，普惠金融的实施可以帮助他们弥补收入断层，并依靠金融服务探寻新的生计出路。

8.2.2 区域层面

(1)构建煤炭产业生态系统，提升煤炭城市产业多样性

在经济下行压力下，煤炭产业结构调整和优化升级任务依然艰巨。任何一个孤立的产业都很难形成竞争优势，通过煤电一体化和打造产业共生系统，能够提升煤炭城市产业多样性和应对经济波动冲击的能力，进而降低生境条件的敏感性。2014 年，为了改善煤炭低端产业链结构，鄂尔多斯市依托地区独特的煤炭资源优势和互联网技术，建立起煤炭网络分销系统，致力于运用信息技术改造传统煤炭产业链流通环节，提升了煤炭行业的整体效率，大大增强了产业应对外部风险的能力。因此，地方政府应该根据城市实际情况，大力推动煤炭产业生态系统的建设。通过打通供应链环节，解决行业中存在的行业窗口、集中采购及物流配送问题，通过线上线下结合，汇集海量客户资源，将煤炭产业链条无限放大，形成一个集煤炭、物流、互联网和金融于一体的完整生态闭环，为资金紧缺的煤炭企业提供油料供应、矿用设备租赁、土石方工程、票据流通等一站式电商服务。

(2)兴办煤炭城市职业教育，建设健全矿工职业发展机制

从上文分析可知，一方面，科技教育的投入能够大幅降低煤炭产业生产成本，促进煤炭产业升级转型，能够有效降低矿工生境条件的敏感性；另一方面，社会科教的投入能够大幅提升矿工的职业技能水平和技术创新能力，增加作为生计核心要素的人力资本，使矿工能够在外部经济波动风险下有足够的抵御能力，从而在很大程度上降低矿工生计脆弱性，实现生计水平的持续增长。因此，建议政府注重煤炭产业矿工的长期职业发展，加快现代职业教育改革。通过职业教育培训和再教育的形式，解决煤炭产

业高技能人才短缺的现状。同时，支持社会力量兴办职业教育，加快产教融合实训基地建设，培养煤炭产业发展急需的各类技术技能人才，也让矿工拥有一技之长，大力提高其人力资本，提高矿工应对外部风险的适应能力。此外，增加企业内部的教育经费支出，加强企业内部的职业技能培训，提高矿工的劳动技能水平。

(3)开展再就业培训，实现煤炭产业富余劳动力平稳转移

就业是矿工生计可持续的基本保障，一份稳定的工作不仅给矿工带来持续性收入，而且为他们提供了一个与外界进行知识信息交流的窗口，从而构成矿工生活必需的社会网络和人际关系。然而由于矿工很大程度上依赖于煤炭企业，在经济下行压力下，矿工就业的稳定性遭受了极大的破坏。据中国人力资源和社会保障部统计，化解过剩产能将造成130万的煤炭工人下岗，大量因去产能而下岗的矿工再就业面临特殊的困难，从而导致严重的贫困问题。在这一背景下，加强对待业和失业矿工的就业帮扶至关重要。首先，政府应加大矿工再就业引导，对招用再就业矿工的各类企业，三年内给予定额税费减免。其次，建议政府针对去产能分流人员进行专门的技能提升和转岗就业培训，提高矿工的再就业能力。最后，大力发展生活性服务业，为矿工提供更多的潜在就业岗位。实证结果显示，生活性服务业的发展能够在很大程度上降低矿工生计的脆弱性。事实上，生活性服务业，尤其是居民生活服务业，对于消灭矿工在日常生活中经济上的不平等现象、增加劳动者的真正自由时间、保证物质福利增长等具有重要作用。

(4)加大地方环境监管力度，鼓励煤炭企业清洁技术研发

在改革创新环境治理方式的过程中，要加强政府的监管职责，将环境空气质量和大气污染防治重点任务完成情况与领导干部的升迁挂钩。在监管过程中，要从源头治理，加快煤炭行业达标排放改造，同时也要重视企业合理诉求，对煤炭企业提供必要的帮扶指导，并加大对资源综合利用、环境保护、节能节水、安全设备的优惠政策。目前，我国对节能环保、安

全设备抵免税的优惠政策，主要是针对安全监测设备，设备范围较小、价值较低，根据煤炭行业生产经营的特殊性，建议将液压支架、采煤机等价值较大的设备纳入抵免范围，[①] 扩大对节能环保、安全设备抵免税额范围，让企业真正享受到优惠政策，从而带动煤炭企业清洁技术研发热情。兖矿集团抓住国家推广应用清洁煤炭的政策机遇和“军民融合”国家战略，积极研发具有自主知识产权的核心技术，分别从前端、中端和后端实现关键技术突破，并加快建设煤炭高效清洁利用示范基地，推动了煤炭清洁化利用。建议政府引导其他煤炭企业学习借鉴“兖矿模式”，加大科技创新投入，尽快实现企业清洁转型。

8.2.3 企业层面

(1)转变生产经营方式，大力助推产学研一体化建设

煤炭企业作为科技创新的主体，要加强科技创新意识，加大科技研发投入。兖矿集团抓住新一轮科技革命和产业变革新机遇，实施创新驱动战略，开展关键技术攻关和示范项目建设，建井开采技术、煤炭转化、高效清洁利用、大数据信息化四项核心关键技术创新取得突破，大幅节俭了成本开支，提高了企业的盈利能力，被誉为“兖矿模式”。因此，煤炭企业应该积极学习借鉴兖矿科技创新的经验，加大科技研发力度。第一，实施关键技术创新，在建井开采、煤炭转化、清洁利用等方面进行科技创新；第二，利用信息技术打造煤炭企业大数据平台，增强企业内部技术沟通水平；第三，大力助推煤炭城市产学研一体化建设，搭建创新服务平台，集成社会、企业、学校等各方资源优势，共同助力煤炭产业转型升级。

(2)重视矿工安全教育，降低安全事故发生概率

煤矿安全生产是企业管理的重要内容，也是企业健康发展的重要基础，它不仅关系到企业的改革发展，而且直接关系到矿工群众的生命财产安全以及社会的和谐稳定。煤矿主要工作是井矿开采，常与瓦斯、煤尘、

---

① 中国矿业报网(http://www.zgkyb.com/)。

水、火等要素相伴，这决定了煤炭企业生产条件和矿工作业环境的极端复杂性和高度危险性。据国家煤矿安全监察局统计，2017 年全国煤矿共发生事故 219 起，死亡 375 人；2018 年全国煤矿共发生事故 224 起，死亡 333 人。煤矿的安全生产与矿工的生命和利益息息相关，降低事故发生率是保障矿工生命安全的重中之重。为此，在煤炭生产经营过程中，要加强生产安全管理，强化安全生产主体责任，将具体的责任落实到各个环节、岗位和个人，加强煤矿安全生产监管力度；以人为本，重视矿工安全教育培训，杜绝违规违章操作，最大限度地保障矿工生命安全。

(3)重视矿工职业卫生教育，提高矿工健康素质

矿工在煤炭生产过程中受到粉尘、噪声、有毒气体、高温环境、电离辐射等多种健康威胁，面临着尘肺、噪声聋、氮氧化合物中毒、中暑等多种职业病的危害。中国煤矿尘肺病防治基金会理事长黄毅指出，尘肺病死亡率高达 22.04%，煤矿尘肺病死亡人数远大于煤矿生产安全事故。这些潜在的职业病不仅增加了矿工家庭医疗支出，而且透支了矿工人力资本，大大增加了矿工生计脆弱性风险。因此，职业卫生教育与矿工生计息息相关，在源头防控职业病至关重要。为此，煤矿企业需要提高对矿工职业卫生教育的重视程度，切实提高矿工人力资本。首先，煤矿企业要树立人文主义精神和以人为本的思想，充分将员工健康利益摆在首要地位，多措并举推进企业对员工的职业卫生教育；其次，积极加强矿工对职业卫生教育重要性的认知，提高矿工对职业卫生教育的认同感，培养矿工自我保护意识。

(4)提升矿井机械化自动化水平，改善矿工作业环境

据国家卫生计生委统计，2014 年报告的职业病病例中，煤炭开采和洗选业共占全国报告职业病例数的 38%。不利的工作环境为矿工的身心带来巨大负面影响，世界卫生组织发布的《世界卫生统计》(2015 年)指出煤矿工人的平均寿命低至 58 岁。这主要是由于矿工作业现场经常与噪音和高音为伴，且存在粉尘、氢氧化钠和酸雾等大量有害污染物，从而对矿工身体

健康造成很大的负面影响。随着开采深度增加，煤矿井下高温也越来越严重，目前全国采深在1000米以上的矿井已有10多处，采深大于600米的矿井产量占总产量的30%以上。高温环境会影响人的中枢神经，导致精神恍惚、疲劳等症状，不仅给矿工身体健康带来极大危害，还会诱发煤矿安全事故。因此，营造一个舒适安全的工作环境对矿工至关重要。煤炭企业应该加强煤矿质量标准化基础工作，提高机械化、自动化水平，改善矿工作业环境，减轻矿工高强度体力劳动。

(5)建立健全工会基层组织，大力保障矿工企业合法权益

煤炭企业工会组织不仅能够保障煤炭企业合理运营，更能够关注矿工的真实利益，集中反映矿工的利益诉求，是矿工合法权益的代表者和维护者，对于提升矿工生计水平有着重要意义。然而，目前煤炭企业工会存在如组织化程度较低等问题，使工会组织缺乏凝聚力，为此，建议煤炭企业从制度和关系等层面加强工会建设。第一，保障矿工的知情权和参与权，保护矿工的合法权益不会受到损害。第二，健全矿工利益诉求的表达机制，及时掌握矿工的工作、生活情况和思想动态，由于工作环境和工作性质等原因，矿工的消极情绪严重，不仅影响劳动生产效率，更会对矿工的身心健康带来不良影响，企业工会应重视这一问题，积极与矿工进行沟通，加强矿工思想教育和心理辅导。第三，开展企业文化体育活动，加强矿工的社会参与度，增加矿工的社会参与感与企业归属感。

8.2.4 矿工层面

(1)提高职业安全和卫生意识，保护自身安全和健康

煤矿职工在生产过程中，不可避免地会接触到危险因素。调查问卷结果显示，约40%的矿工认为自己健康状态处于一般及以下水平，约15%的矿工患有一种或多种职业病。然而，一些矿工安全、卫生意识薄弱，对煤矿安全隐患、职业疾病的严重性缺乏认知，甚至对危害习以为常，或者在事故发生后不懂得保护自己，容易造成无法挽回的伤害。因此，矿工要加

强职业安全和卫生意识，提升自身安全和健康水平。矿工应掌握生产环境中的潜在危害及防护措施，学会如何预防事故，在发生事故时懂得保护自己。同时掌握职业病防治的法律、法规和规章制度，自觉遵守有关规定，正确使用和维护个人防护用品，树立及时报告职业病危害事故的意识，确保自身安全和健康。

(2)积极转变就业观念，把握市场劳动力需求

煤矿矿工受文化观念、教育程度、生活环境的影响，对社会转型认知不足，进而对再就业认知产生偏差。调查问卷结果显示，超60%的矿工认为目前就业机会比5年前下降。矿工普遍对企业有较大的依赖性，“等靠要”思想严重，认为自己就业竞争力弱，不愿意主动出击寻找新的就业机会。矿工要正确认识煤炭去产能的大趋势，积极转变就业观念，敢于竞争就业。同时，矿工也要积极了解市场劳动力需求，将自身优势和市场需求结合起来，通过提高与市场需求匹配性来提升自己的就业竞争力。

(3)培育自强意识，主动寻求就业指导和培训

矿工需要加强自身能力以提高就业竞争力，以应对低碳转型和经济下行的复杂局势。解决矿工生计脆弱性问题，建设其自身生计可持续能力是关键。矿工应清晰地意识到只有自强才可以发展可持续生计能力。同时，矿工也要自己主动寻求就业指导和就业培训。调查问卷结果显示，矿工遇到困难时，多依赖于亲缘关系，较少寻求外部组织、机构的帮助。因此，矿工与政府实施的就业优惠政策间存在很大的信息差。矿工应积极主动去了解这些政策，并通过这些政策的支持努力提升自己就业竞争能力。

参 考 文 献

[1]蔡晶晶，吴希．乡村旅游对农户生计脆弱性影响评价——基于社会—生态耦合分析视角[J]．农业现代化研究，2018，39(4)：654-664.

[2]荼娜，邬建国，于润冰．可持续发展研究的学科动向[J]．生态学报，2013，33(9)：2637-2644.

[3]陈慧远．土石坝有限元分析[M]．南京：河海大学出版社，1989.

[4]陈宇秦．社会资本理论的解释力及其困境[J]．安康学院学报，2006，18(5)：23-25.

[5]曹颖琦．产能均衡动态监测及失衡风险预警研究[D]．北京：中央财经大学，2019.

[6]樊纲，王小鲁，马光荣．中国市场化进程对经济增长的贡献[J]．经济研究，2011(9)：4-16.

[7]冯东梅，王森，翟翠霞．中国煤炭产业产能利用率估算与影响因素实证研究[J]．统计与信息论坛，2015，30(12)：48-55.

[8]冯茹．我国农户生计可持续能力评价研究[D]．大连：大连理工大学，2015.

[9]谷雨，王青．新时期不同类型农户生计脆弱性研究——以重庆市合川区为例[J]．湖北农业科学，2013，52(7)：1715-1720.

[10]何仁伟，刘邵权，陈国阶，等．中国农户可持续生计研究进展及趋向[J]．地理科学进展，2013，32(4)：657-670.

[11]侯方宇，杨瑞龙．新型政商关系、产业政策与投资“潮涌现象”治

理[J]. 中国工业经济，2018(05)：62-79.

[12]侯佳宁. 深度开放对中国制造业升级的影响研究[D]. 武汉：湖北大学，2019.

[13]黄建毅，马丽，李鹤，苏飞. 国外脆弱性理论模型与评估框架研究评述[J]. 地域研究与开发，2012，31(5)：1-5.

[14]黄娜. 近二十年来国内水利工程移民生计研究综述[J]. 铜仁学院学报，2012，(5)：26-29.

[15]寇宗来，刘学悦，刘瑾. 产业政策导致了产能过剩吗？——基于中国工业行业的经验研究[J]. 复旦学报(社会科学版)，2017，5：148-161.

[16]李小芳. 农村人力资本流失对湖南农村的负面影响[J]. 广西农学报，2010，25(6)：61-63.

[17]李永忠，董凌峰，吴真玮. 基于系统动力学的政务信息共享博弈分析[J]. 电子科技大学学报(社会科学版)，2017，19(1)：39-42.

[18]励汀郁，谭淑豪. 制度变迁背景下牧户的生计脆弱性——基于"脆弱性—恢复力"分析框架[J]. 中国农村观察，2018(3)：19-34.

[19]林芹，郭东强. 企业网络舆情传播的系统动力学仿真研究——基于传播主体特性[J]. 情报科学，2017(4)：57-63+70.

[20]刘进，甘淑，吕杰，等. 基于GIS和ANN的农户生计脆弱性的空间模拟分析[J]. 山地学报，2012，30(5)：622-627.

[21]刘伟，徐洁，黎洁. 陕南易地扶贫搬迁农户生计脆弱性研究[J]. 资源科学，2018，40(10)：2002-2014.

[22]刘瑶. 我国居民工资的所有制差异研究[J]. 数量经济技术经济研究，2012，29(11)：85-101.

[23]马刚. 煤炭城市工业经济系统应对能源价格冲击的政策模拟研究[D]. 徐州：中国矿业大学，2017.

[24]钱家欢. 土工原理与计算[M]. 北京：中国水利水电出版社，1996.

[25]任颋，茹璟，尹潇霖．所有制性质、制度环境与企业跨区域市场进入战略选择[J]．南开管理评论，2015，18(02)：51-63.

[26]世界银行．2000/2001 年世界发展报告[R]．北京：中国财政经济出版社，2001.

[27]苏芳，徐中民，尚海洋．可持续生计分析研究综述[J]．地球科学进展，2009，24(1)：61-69.

[28]苏飞，储毓婷，张平宇．我国典型旅游城市经济脆弱性及障碍因素分析[J]．经济地理，2013b，33(12)：190-194.

[29]苏飞，马莉莎，庞凌峰，等．杭州市农民工生计脆弱性特征与对策[J]．地理科学进展，2013a，32(3)：389-399.

[30]苏飞，应蓉蓉，李博．生计脆弱性研究热点与前沿的可视化[J]．地理科学，2016，36(7)：1073-1080.

[31]谭灵芝，王国友．气候变化对干旱区家庭生计脆弱性影响的空间分析——以新疆于田绿洲为例[J]．中国人口科学，2012(2)：67-77+112.

[32]唐丽霞，李小云，左停．社会排斥、脆弱性和可持续生计：贫困的三种分析框架及比较[J]．贵州社会科学，2010(12)：4-10.

[33]汪超，刘涛．生计脆弱性：何以为及何以能——来自中国农村进城务工女性的实践调查[J]．苏州大学学报(哲学社会科学版)，2017，38(5)：47-54.

[34]王德鲁，毛锦琦，宋学锋，等．数据特征驱动的火电产能过剩分解集成预测模型[J]．系统工程理论与实践，2021，41(03)：727-743.

[35]王国良．读舒尔茨《人力资本投资》的启示与反思[J]．咸阳师范学院学报，2010，25(6)：106-109.

[36]王海春．可持续生计资本对牧民收入影响研究[D]．呼和浩特：内蒙古农业大学，2017.

[37]韦惠兰，罗万云．精准扶贫视角下农户生计脆弱性及影响因素分析——基于甘肃省贫困地区的实证调查[J]．河南师范大学学报(哲学社会

科学版)，2018，45(2)：65-71.

[38]魏凌．农户生计脆弱性及影响因素研究[D]．郑州：河南财经政法大学，2017.

[39]伍艳．贫困地区农户生计脆弱性的测度——基于秦巴山片区的实证分析[J]．西南民族大学学报(人文社科版)，2015，36(5)：128-133.

[40]徐洁，李树茁，吴正，等．农村老年人家庭养老脆弱性评估——基于安徽农村地区的实证研究[J]．人口研究，2019，43(1)：91-101.

[41]徐君，李贵芳．资源型城市脆弱性的 AHV 模型及演化耦合作用分析[J]．资源开发与市场，2017，33(8)：899-904.

[42]徐甜友．北京市交通政策影响的系统动力学研究[D]．北京：北京交通大学，2014.

[43]许晚晴，赵连荣．乡镇煤矿劳动关系博弈的政府策略选择[J]．中国劳动关系学院学报，2013，27(03)：29-34.

[44]薛琰如，张海亮，邹平．所有制差异、套利动机与对外直接投资区位决策——基于矿产资源型国有企业的分析[J]．经济评论，2016(02)：137-150.

[45]阎建忠，喻鸥，吴莹莹，等．青藏高原东部样带农牧民生计脆弱性评估[J]．地理科学，2011，31(7)：858-867.

[46]杨光，刘秀华，陈美西，等．农户生计脆弱性研究——以三峡库区沿江村为例[J]．农业与技术，2014，34(9)：217-219.

[47]曾群，魏雁滨．失业与社会排斥：一个分析框架[J]．社会学研究，2004(3)：11-20.

[48]张文修．粗糙集理论与方法[M]．北京：科学出版社，2001.

[49]张言方．我国煤炭产能过剩的形成机理及调控对策研究[D]．徐州：中国矿业大学，2014.

[50]张哲晰，穆月英．城镇居民恩格尔系数降速趋缓成因研究——基于 LES-LA/AIDS 两阶段模型的实证[J]．华南理工大学学报(社会科学

版），2016，18(3)：16-27.

[51]赵宝福，黄振国．中国煤炭产业产能利用率估算与演变特征研究[J]．统计与信息论坛，2014，29(09)：15-20.

[52]赵立娟．灌溉管理改革背景下农户生计脆弱性评估[J]．干旱区地理，2014，37(5)：1055-1064.

[53]赵雪雁，刘春芳，王学良，等．干旱区内陆河流域农户生计对生态退化的脆弱性评价——以石羊河中下游为例[J]．生态学报，2016，36(13)：4141-4151.

[54]郑建萍．煤炭城市产业生态系统脆弱性评估模型及应用[D]．徐州：中国矿业大学，2017.

[55]郑莹莹．我国煤炭企业国际化经营战略研究[J]．煤炭经济研究，2021，41(02)：75-81.

[56]钟永光，贾晓菁，钱颖．系统动力学[M]．北京：科学出版社，2013.

[57]周荣，姚德利，刘鹏．煤炭行业上市公司财务分析——以中国中煤能源股份有限公司为例[J]．重庆第二师范学院学报，2019，32(05)：32-36+47.

[58]Adger W N. Vulnerability[J]. Global Environmental Change，2006，16(3)：268-281.

[59]Ahn S，Lim G C，Kim S H，et al. Analysis of stock prices of mining business[J]. Physica A：Statistical Mechanics and its Applications，2011，390(12)：2340-2349.

[60] Alam，Monirul G M. Livelihood Cycle and Vulnerability of Rural Households to Climate Change and Hazards in Bangladesh[J]. Environmental Management，2017，59(5)：777-791.

[61]Albino V，Fraccascia L，Giannoccaro I. Exploring the role of contracts to support the emergence of self-organized industrial symbiosis networks：an

agent-based simulation study[J]. Journal of Cleaner Production, 2015, 112: 4353-4366.

[62] Andrews-Speed P, Ma G, Shao B J. Economic responses to the closure of small-scale coal mines in Chongqing, China[J]. Resources Policy, 2005, 30(1): 39-54.

[63] Arfa C, Leleu H, Goaïed M, et al. Measuring the capacity utilization of public district hospitals in tunisia[J]. International Journal of Health Policy and Management, 2017, 6(1): 9-18.

[64] Athalya B, Yee G A. Capitals and Capabilities: A Framework for Analyzing Peasant Viability, Rural Livelihoods and Poverty[J]. World Development, 1999, 27(12): 2021-2044.

[65] Barry C, David D, Oliver D. Rural planning in developing countries: Supporting natural resource management and sustainable livelihoods[J]. Book Reviews/Journal of Rural Studies, 2004, 20: 373-386.

[66] Baumeister R F, Dewall C N, Ciarocco N J, et al. Social Exclusion Impairs Self-Regulation[J]. Journal of Personality and Social Psychology, 2005, 88(4): 589-604.

[67] Becker J, Furu P, Singo J, et al. Determinants of health and health needs assessment of artisanal and small-scale gold miners in Kadoma, Zimbabwe: A mixed method approach[J]. Environmental Research, 2021, 197: 111081.

[68] Bergerson J, Lave L. The long-term life cycle private and external costs of high coal usage in the US[J]. Energy Policy, 2007, 35(12): 6225-6234.

[69] Bergmeir C, Hyndman R J, Benitez J M. Bagging exponential smoothing methods using STL decomposition and Box-Cox transformation[J]. International Journal of Forecasting, 2016, 32(2): 303-312.

[70] Block S, Webb P. The dynamics of livelihood diversification in post-famine Ethiopia[J]. Food Policy, 2001, 26(4): 333-350.

[71] Brans J P, Mareschal B. Promethee Methods[J]. Multiple Criteria Decision Analysis State of the Art Surveys, 2005, 78: 163-186.

[72] Carney D. Implementing a Sustainable Livelihood Approach[M]. London: Department for International Development, 1998: 52-69.

[73] Castella J C, Lestrelin G, Hett C, et al. Effects of Landscape Segregation on Livelihood Vulnerability: Moving From Extensive Shifting Cultivation to Rotational Agriculture and Natural Forests in Northern Laos[J]. Human Ecology, 2013, 41(1): 63-76.

[74] Chambers, Robert. In Search of Professionalism, Bureaucracy and Sustainable Livelihoods for the 21st Century[J]. Ids Bulletin, 1991, 22(4): 5-11.

[75] Chambers, Robert. Poverty and livelihoods: whose reality counts? [J]. Environment and Urbanization, 1995, 7(1): 173-204.

[76] Chen F, Wang J, Deng Y. Road safety risk evaluation by means of improved entropy TOPSIS-RSR[J]. Safety Science, 2015, 79: 39-54.

[77] Chen L, Jia G. Environmental efficiency analysis of China's regional industry: a data envelopment analysis (DEA) based approach[J]. Journal of Cleaner Production, 2017, 142: 846-853.

[78] Chen X, Cheng Q, Hao Y, et al. GDP growth incentives and earnings management: evidence from China[J]. Review of Accounting Studies, 2020, 25(3): 1002-1039.

[79] Cheong T S, Wu Y. Convergence and transitional dynamics of China's industrial output: a county-level study using a new framework of distribution dynamics analysis[J]. China Economic Review, 2018, 48: 125-138.

[80] Cherni J A, Dyner I, Henao F, et al. Energy supply for sustainable rural livelihoods. A multi-criteria decision-support system[J]. Energy Policy, 2007, 35(3): 1493-1504.

[81] Coleman, James S. Social Capital in the Creation of Human Capital [J]. American Journal of Sociology, 1988, 94: 95-120.

[82] Cutter S L. Vulnerability to environmental hazards [J]. Progress in Human Geography, 1996, 20(4): 529-539.

[83] Dagdeviren H. Structural constraints and excess capacity: An international comparison of manufacturing firms [J]. Development Policy Review, 2016, 34(5): 623-641.

[84] Davidson C, Deneckere R. Excess capacity and collusion[J]. International Economic Review, 1990, 31(3)521-541.

[85] DFID. Sustainable Livelihoods Guidance Sheets [M]. London: Department for International Development, 2000: 68-125.

[86] Ding Z, He L, Feng C, et al. The impact of coal price fluctuations on China's economic output[J]. Applied Economics, 2016, 48(24): 2225-2237.

[87] Ebi K L, Kovats R S, Menne B. An Approach for Assessing Human Health Vulnerability and Public Health Interventions to Adapt to Climate Change [J]. Environmental Health Perspectives, 2006, 114(12): 1930-1934.

[88] Ellis F. Rural Livelihoods and Diversity in Development Countries[M]. New York: Oxford University Press, 2000: 26-78.

[89] Fan J, Liang Y, Tao A, et al. Energy policies for sustainable livelihoods and sustainable development of poor areas in China[J]. Energy policy, 2011, 39(3): 1200-1212.

[90] Fenton A, Paavola J, Tallontire A. The Role of Microfinance in Household Livelihood Adaptation in Satkhira District, Southwest Bangladesh[J]. World Development, 2017, 92: 192-202.

[91] Franken Berger TD, Maxwell M. Operationalizing Household Livelihood Security: A Holistic Approach for Addressing Poverty and Vulnerability [R]. CARE, 2000.

[92]Gerlitz J Y, Macchi M, Brooks N, et al. The Multidimensional Livelihood Vulnerability Index－an instrument to measure livelihood vulnerability to change in the Hindu Kush Himalayas[J]. Climate & Development, 2017, 9(2): 124–140.

[93]Greene, W. H. Econometric Analysis[M]. 7th ed NJ: Prentice Hall Press, 2011.

[94]Greenblatt R E. Oscillatory dynamics of investment and capacity utilization[J]. Physica A: Statistical Mechanics and its Applications, 2017, 456: 486–493.

[95]Hafezalkotob A, Hafezalkotob A. Interval target–based VIKOR method supported on interval distance and preference degree for machine selection[J]. Engineering Applications of Artificial Intelligence, 2017, 57: 184–196.

[96]Hahn M B, Riederer A M, Foster S O. The Livelihood Vulnerability Index: A pragmatic approach to assessing risks from climate variability and change—A case study in Mozambique[J]. Global Environmental Change, 2009, 19(1): 74–88.

[97]Han S, Chen H, Long R, et al. Peak coal in China: a literature review[J]. Resources, Conservation and Recycling, 2018, 129: 293–306.

[98]He X, Li S. Status and future tasks of coal mining safety in China[J]. Safety Science, 2012, 50(4): 894–898.

[99]Hilson G. ‘Once a miner, always a miner’: poverty and livelihood diversification in Akwatia, Ghana[J]. Journal of Rural Studies, 2010, 26(3): 296–307.

[100]House J S, Landis D U R. Structures and Processes of Social Support[J]. Annual Review of Sociology, 1988, 14: 293–318.

[101]Hu K, Lu Y, Shi C. Feature ranking in rough sets[J]. AI communications, 2003, 16(1): 41–50.

[102] Hua X, Yan J, Zhang Y. Evaluating the role of livelihood assets in suitable livelihood strategies: Protocol for anti-poverty policy in the Eastern Tibetan Plateau, China[J]. Ecological Indicators, 2017, 78: 62-74.

[103] Huang X, Huang X, He Y, et al. Assessment of livelihood vulnerability of land-lost farmers inurbanfringes: A case study of Xi'an, China[J]. Habitat International, 2017, 59: 1-9.

[104] Huong N T L, Yao S, Fahad S. Assessing household livelihood vulnerability to climate change: The case of Northwest Vietnam[J]. Human and Ecological Risk Assessment: An International Journal, 2018: 1-19.

[105] Hylleberg S. Tests for seasonal unit roots general to specific or specific to general? [J]. Journal of Econometrics, 1995, 69(1): 5-25.

[106] Janssen M A, Schoon M L, Ke W, et al. Scholarly networks on resilience, vulnerability and adaptation within the human dimensions of global environmental change[J]. Ecology & Society, 2007, 16(3): 240-252.

[107] Jia R, Nie H. Decentralization, collusion and coalmine deaths[J]. Review of Economics and Statistics, 2017, 99(1): 105-118.

[108] Karagiannis R. A system-of-equations two-stage DEA approach for explaining capacity utilization and technical efficiency[J]. Annals of Operations Research, 2015, 227(1): 25-43.

[109] Kavouridis K, Koukouzas N. Coal and sustainable energy supply challenges and barriers[J]. Energy Policy, 2008, 36(2): 693-703.

[110] Klein L R, Preston R S. Some new results in the measurement of capacity utilization[J]. The American Economic Review, 1967, 57(1): 34-58.

[111] Korhonen J, Malmborg F V, Strachan P A, et al. Management and Policy Aspects of Industrial Ecology: An Emerging Research Agenda[J]. IEEE Engineering Management Review, 2004, 13(5): 289-305.

[112] Kou Z L, Liu X Y, Liu J. Do industrial policies lead to excess ca-

pacity? An empirical evidence from China[J]. Fu Dan Xue Bao, 2017, (5): 148-161.

[113] Kuznets S. National Income: A Summary of Findings[J]. NBER Books, 1946, 67(3): 338-339.

[114]Laney A S, Attfield M D. Examination of potential sources of bias in the US Coal Workers' Health Surveillance Program[J]. American Journal of Public Health, 2014, 104(1): 165-70.

[115]Lasse Krantz. The Sustainable Livelihood Approach to Poverty Reduction [M]. Swedish International Development Cooperation Agency, 2001: 42-98.

[116]Leach M, Mearns R, ScoonesI. Environmental entitlements: Dynamic sand in stitutions incommunity-based natural resource management[J]. World Development, 1999, 27(2): 225-247.

[117]Li H, Long R, Chen H. Economic transition policies in Chinese resource-based cities: An overview of government efforts[J]. Energy Policy, 2013, 55: 251-260.

[118]Li J, Hu S. History and future of the coal and coal chemical industry in China[J]. Resources Conservation & Recycling, 2017, 124: 13-24.

[119]Lin B Q, Liu J H. Estimating coal production peak and trends of coal imports in China[J]. Energy Policy, 2010, 38(01): 512-519.

[120]Liu M, Chen M, He G. The origin and prospect of billion-ton coal production capacity in China[J]. Resources, Conservation and Recycling, 2017, 125: 70-85.

[121]Long R, Chen H, Li H, et al. Selecting alternative industries for Chinese resource cities based on intra-and inter-regional comparative advantages [J]. Energy Policy, 2013, 57: 82-88.

[122]Mahdi, Shivakoti G P, Schmidt-Vogt D. Livelihood Change and Livelihood Sustainability in the Uplands of Lembang Subwatershed, West Suma-

tra, Indonesia, in a Changing Natural Resource Management Context[J]. Environmental Management, 2009, 43(1): 84-99.

[123]Marshall N A, Stokes C J, Webb N P, et al. Social vulnerability to climate change in primary producers: A typology approach[J]. Agriculture, Ecosystems & Environment, 2014, 186: 86-93.

[124]Mathis S, Koscianski J. Excess capacity as a barrier to entry in the US titanium industry[J]. International Journal of Industrial Organization, 1997, 15(2): 263-281.

[125]Matson P, Luers A, McCullough E. Exploring Vulnerability in the Yaqui Valley Human Environment System[M]. Seeds of Sustainability. Island Press/Center for Resource Economics, 2012: 83-92.

[126]Mkodzongi G, Spiegel S J. Mobility, temporary migration and changing livelihoods in Zimbabwe's artisanal mining sector[J]. The Extractive Industries and Society, 2020, 7(3).

[127]Montaña E, Diaz H P, Hurlbert M. Development, local livelihoods, and vulnerabilities to global environmental change in the South American Dry Andes[J]. Regional Environmental Change, 2016: 1-14.

[128]Moran C J, Lodhia S, Kunz N C, et al. Sustainability in mining, minerals and energy: new processes, pathways and human interactions for a cautiously optimistic future[J]. Journal of Cleaner Production, 2014, 84: 1-15.

[129]Morse S, Mcnamara N, Acholo M. Sustainable livelihood approach: A critique of theory and practice[J]. Springer, 2013, 189: 1-68.

[130]Moser C O N. The asset vulnerability framework: Reassessing urban poverty reduction strategies[J]. World Development, 1998, 26(1): 1-19.

[131]Moutinho V, Madaleno M, Robaina M. The economic and environmental efficiency assessment in EU cross-country: Evidence from DEA and quantile regression approach[J]. Ecological Indicators, 2017, 78: 85-97.

[132] Mulligan R F. The multifractal character of capacity utilization over the business cycle：An application of Hurst signature analysis[J]. The Quarterly Review of Economics and Finance，2017，63：147-152.

[133] Niu D，Ji Z，Li W，et al. Research and application of a hybrid model for mid-term power demand forecasting based on secondary decomposition and interval optimization[J]. Energy，2021，234：121145.

[134] Oberlack C，Tejada L，Messerli P，et al. Sustainable livelihoods in the global land rush? Archetypes of livelihood vulnerability and sustainability potentials[J]. Global Environmental Change，2016，41：153-171.

[135] Pedersen A F，Nielsen J S，Friis C，et al. Mineral exhaustion and its livelihood implications for artisanal and small-scale miners[J]. Environmental Science & Policy，2021，119(1)：34-43.

[136] Petare K J，Nayak J，Jaini V，et al. Livelihood System Assessment and Planning for Poverty Alleviation：A Case of Rainfed Agriculture in Jharkhand [J]. Current Science，2016，110(9)：1773-1783.

[137] Peter Castro. Maxwell School of Citizenship and Public Affairs Syracuse. Sustainable Livelihoods Analysis：An Introduction[M]. New York：Cornell Universities Press，2002：35-60.

[138] Pindyck R S. Irreversible investment，capacity choice，and the value of the firm[J]. NBER，1986.

[139] Pirard R，Irland L C. Missing links between timber scarcity and industrial overcapacity：Lessons from the Indonesian Pulp and Paper expansion [J]. Forest Policy & Economics，2007，9(08)：1056-1070.

[140] Polsky C，Neff R，Yarnal B. Building comparable global change vulnerability assessments：The vulnerability scoping diagram[J]. Global Environmental Change，2007，17(3-4)：472-485.

[141] Qiu F，Tong L，Jiang M. Adaptability assessment of industrial eco-

logical system of mining cities in Northeast China[J]. Geographical Research, 2011, 30(3): 243-255.

[142] Raguseo E, Vitari C, Pigni F. Profiting from big data analytics: The moderating roles of industry concentration and firm size[J]. International Journal of Production Economics, 2020, 229: 107758.

[143] Rahman S A, Jacobsen J B, Healey J R, et al. Finding alternatives to swidden agriculture: does agroforestry improve livelihood options and reduce pressure on existing forest? [J]. Agroforestry Systems, 2017, 91(1): 185-199.

[144] Ray S C. Nonparametric measures of scale economies and capacity utilization: An application to US manufacturing[J]. European Journal of Operational Research, 2015, 245: 602-611.

[145] Recanati F, Castelletti A, Dotelli G, et al. Trading off natural resources and rural livelihoods. A framework for sustainability assessment of small-scale food production in water-limited regions [J]. Advances in Water Resources, 2017, 110: 484-493.

[146] Reed M S, Podesta G, Fazey I, et al. Combining analytical frameworks to assess livelihood vulnerability to climate change and analyse adaptation options[J]. Ecological Economics, 2013, 94(Complete): 66-77.

[147] Romer, Paul M. Increasing Returns and Long-Run Growth [J]. Journal of Political Economy, 1986, 94(5): 1002-1037.

[148] Safdar I. Industry competition and fundamental analysis[J]. Journal of Accounting Literature, 2016, 37: 36-54.

[149] Scoones. Sustainable livelihood: A Framework for Analysis[R]. IDS Working Paper 72. Brighton: IDS, 1998.

[150] Sennaroglu B, Varlik Celebi G. A military airport location selection by AHP integrated PROMETHEE and VIKOR methods[J]. Transportation Research Part D: Transport and Environment, 2018, 59: 160-173.

[151] Serebrenik, A., Brand, M. V. D. Theil index for aggregation of software metrics values[C]. IEEE International Conference on Software Maintenance. IEEE Computer Society, 2010, 1-9.

[152]Shah K U, Dulal H B, Johnson C, et al. Understanding livelihood vulnerability to climate change: Applying the livelihood vulnerability index in Trinidad and Tobago[J]. Geoforum, 2013, 47(4): 125-137.

[153] Silver H. Social Exclusion and Social Solidarity: Three Paradigms [J]. International Labour Review, 1994, 133(5): 531-578.

[154]Simane B, Zaitchik B F, Foltz J D. Agroecosystem specific climate vulnerability analysis: application of the livelihood vulnerability index to a tropical highland region [J]. Mitigation and Adaptation Strategies for Global Change, 2016, 21(1): 39-65.

[155] Singh P K, Nair A. Livelihood vulnerability assessment to climate variability and change using fuzzy cognitive mapping approach [J]. Climatic Change, 2014, 127(3-4): 475-491.

[156] Sinha S, Lipton M. Damaging Fluctuations, Risk and Poverty: A Review, Background Paper for the World Development Report[R], Poverty Research Unit, University of Sussex, 1999.

[157]Skowron, A., Rauszer, C. The Discernibility Matrices and Functions in Information Systems[J]. 1992, 11: 331-362.

[158] Smit B, Wandel J. Adaptation, adaptive capacity and vulnerability [J]. Global Environmental Change, 2006, 16(3): 282-292.

[159]Smith H E, Hudson M D, Schreckenberg K. Livelihood diversification: The role of charcoal production in southern Malawi[J]. Energy for Sustainable Development, 2017, 36: 22-36.

[160]Song Z, Niu D, Xiao X. Focus on the current competitiveness of coal industry in China: Has the depression time gone? [J]. Resources Policy, 2017,

51：172-182.

[161]Stefan Dercon, Vulnerability to Poverty: A Framework for Policy Analysis[R]. DFID working paper, 2001.

[162]Sun C, Yuan X, Xu M. The public perceptions and willingness to pay: from the perspective of the smog crisis in China[J]. Journal of Cleaner Production, 2016b, 112: 1635-1644.

[163]Sun C, Yuan X, Yao X. Social acceptance towards the air pollution in China: Evidence from public's willingness to pay for smog mitigation[J]. Energy Policy, 2016a, 92: 313-324.

[164]Sun C, Zhang F, Xu M. Investigation of pollution haven hypothesis for China: An ARDL approach with breakpoint unit root tests[J]. Journal of Cleaner Production, 2017, 161: 153-164.

[165]Sun, S., Anwar, S. R&D status and the performance of domestic firms in China's coal mining industry[J]. Energy Policy, 2015, 79: 99-103.

[166]Tang E, Peng C. A macro-and microeconomic analysis of coal production in China[J]. Resources Policy, 2017, 51: 234-242.

[167]Tittonell P. Livelihood strategies, resilience and transformability in African agroecosystems[J]. Agricultural Systems, 2014, 126(3): 3-14.

[168]Tjoe, Yenny. Measuring the livelihood vulnerability index of a dry region in Indonesia[J]. World Journal of Science, Technology and Sustainable Development, 2016, 13(4): 250-274.

[169]Townsend P. Deprivation[J]. Journal of Social Policy, 1987, 16(2): 125-146.

[170]Turner B L, Kasperson R E, Matson P A, et al. A Framework for Vulnerability Analysis in Sustainability Science[J]. Proceedings of the National Academy of Sciences of the United States of America, 2003, 100(14): 8074-8079.

[171]Twenge J, Baumeister R, Dewall C, et al. Social exclusion decreases

prosocial behavior[J]. Journal of Personality and Social Psychology, 2007, 92(1): 56-66.

[172]Wang C, Zhang Y, Yang Y, et al. Assessment of sustainable livelihoods of different farmers in hilly red soil erosion areas of southern China[J]. Ecological Indicators, 2016, 64: 123-131.

[173]Wang D, Ma G, Song X, et al. Energy price slump and policy response in the coal-chemical industry district: A case study of Ordos with a system dynamics model[J]. Energy Policy, 2017b, 104: 325-339.

[174]Wang D, Nie R, Long R, et al. Scenario prediction of China's coal production capacity based on system dynamics model[J]. Resources, Conservation and Recycling, 2018, 129: 432-442.

[175]Wang D, Xue X, Wang Y. Overcapacity Risk of China's Coal Power Industry: A Comprehensive Assessment and Driving Factors[J]. Sustainability, 2021b, 13.

[176]Wang D, Zheng J, Song X, et al. Assessing industrial ecosystem vulnerability in the coal mining area under economic fluctuations[J]. Journal of Cleaner Production, 2017a, 142: 4019-4031.

[177]Wang J, Feng L, Davidsson S, et al. Chinese coal supply and future production outlooks[J]. Energy, 2013, 60(7): 204-214.

[178]Wang Y, Wang D, X Shi. Exploring the dilemma of overcapacity governance in China's coal industry: A tripartite evolutionary game model[J]. Resources Policy, 2021a, 71(1): 102000.

[179]Watts M J, Bohle H G. Hunger, famine and the space of vulnerability[J]. Geojournal, 1993, 30(2): 117-125.

[180]Xia X, Chen B, Wu X, et al. Coal use for world economy: Provision and transfer network by multi-region input-output analysis[J]. Journal of Cleaner Production, 2016, 143: 125-144.

[181] Xu F, Liu J, Lin S, et al. A VIKOR-based approach for assessing the service performance of electric vehicle sharing programs: A case study in Beijing[J]. Journal of Cleaner Production, 2017, 148: 254-267.

[182] Yang Q, Wu H. Overcapacity, central government regulation and local government's responses[J]. World Econ, 2016, 11: 126-146.

[183] Zeng L, Wang B, Fan L, et al. Analyzing sustainability of Chinese mining cities using an association rule mining approach[J]. Resources Policy, 2016, 49: 394-404.

[184] Zhang J, Fu M, Geng Y, et al. Energy saving and emission reduction: A project of coal-resource integration in Shanxi Province, China[J]. Energy Policy, 2011, 39(6): 3029-3032.

[185] Zhang Y, Nie R, Shi R, et al. Measuring the capacity utilization of the coal sector and its decoupling with economic growth in China's supply-side reform[J]. Resources, Conservation and Recycling, 2018, 129: 314-325.

[186] Zhang Y, Zhang M, Liu Y, et al., Enterprise investment, local government intervention and coal overcapacity: The case of China[J]. Energy Policy, 2017, 101: 162-169.

[187] Zhao X C, Han K Y, Gao Y Y, et al. Effects of shift work on sleep and cognitive function among male miners[J]. Psychiatry Research, 2021, 297: 113716.

[188] Zhu Q, Zhang F, Liu S, et al. A hybrid VMD-BiGRU model for rubber futures time series forecasting[J]. Applied Soft Computing, 2019, 84: 105739.

附录

附录 1 矿工生计调查问卷

第一部分：基本情况

1. 您所在的地区（省份）________

2. 您所在单位的性质为？

A. 国有重点煤矿　　B. 地方重点煤矿

C. 乡镇煤矿　　D. 私营煤矿

3. 您工作所在的矿井属于？

A. 大型矿井（生产能力年 120 万吨及以上）

B. 中型矿井（生产能力年 45~90 万吨）

C. 小型矿井（生产能力年 30 万吨以下）

D. 不清楚或不区分

4. 您的性别？

A. 男　　B. 女

5. 请问您的年龄？

A. 18~25　　B. 26~35

C. 36~45　　D. 46~55

E. 56 及以上

6. 目前您的户口是？

A. 农业户口　　B. 非农业户口

7. 请问您的文化水平?

A. 小学及以下　　B. 初中

C. 高中或中专　　D. 本科或大专

E. 研究生及以上

8. 您的婚姻状况是?

A. 未婚　　B. 已婚，另一半为矿工

C. 已婚，另一半不为矿工

9. 请问您家有几口人?

A. 1~3　　B. 4~6

C. 7 人及以上

10. 请问您家有劳动能力的人数?（指年龄在 16~60 岁，具有劳动能力的人数，包括未达到劳动年龄或超过 60 岁但实际参加劳动的人数，不包括在校学生）

A. 1 人　　B. 2 人

C. 3 人　　D. 4 人及以上

11. 家中孩子数量?

A. 无　　B. 1 个

C. 2 个　　D. 3 个及以上

12. 家中有无老人?

A. 无

B. 有，且老人有独立生活能力

C. 有，且老人无独立生活能力

13. 有无兄弟姐妹?

A. 有　　B. 无

14. 您的工作岗位为?

A. 一线员工　　B. 基层管理人员

C. 中层管理人员

第二部分：自然资本

15. 您家庭人均拥有的耕地面积多少亩？

A. 0 亩　　B. 0~1 亩

C. 1~3 亩　　D. 3~4 亩

E. 4 亩以上

16. 您的班次为？

A. 白班　　B. 夜班

C. 2 班倒　　D. 3 班 2 倒

E. 4 班 3 倒　　F. 其他

17. 您每天平均工作多少小时？

A. 8 小时及以下　　B. 8~10 小时

C. 10~12 小时　　D. 12~14 小时

E. 14 小时以上

18. 您每月平均休息多少天？

A. 8 天以上　　B. 7~8 天

C. 5~6 天　　D. 3~4 天

E. 2 天及以下

第三部分：经济资本（物质资本+金融资本）

19. 您住房类型为？

A. 租住　　B. 自建

C. 商品房（目前无贷款或贷款小于 20 万）

D. 商品房（贷款大于 20 万）

E. 单位提供

20. 您家的人均住房面积？

A. 10 平方米以下　　B. 10~20 平方米

C. 20~40 平方米　　D. 40~50 平方米

E. 50 平方米以上

21. 您家庭的收入来源？（可多选）

A. 工资　　B. 个体经营

C. 本地散工　　D. 外出打工

E. 财产收入（包括租金、利息、理财、投资收入等）

22. 请问您的家庭年总收入多少？

A. 0~3 万　　B. 3~6 万

C. 6~10 万　　D. 10~15 万

E. 15 万以上

23. 您家的存款数？

A. 5 万以下　　B. 5~10 万

C. 10 以上

24. 您能否从银行贷到款？

A. 能　　B. 不能

C. 不了解，不清楚

第四部分　人力资本

25. 您的工龄为？

A. 3 年以下　　B. 3~9 年

C. 10 年及以上

26. 您觉得自己的身体健康状况？

A. 很健康　　B. 较健康

C. 一般　　D. 较差

E. 很差

27. 您是否患有职业病？（可多选）

A. 否　　B. 尘肺

C. 职业性放射性疾病

D. 生物因素职业病（炭疽等）

E. 职业性皮肤病（皮炎）

F. 职业性眼病(化学性眼部烧伤及眼炎)

G. 职业性耳鼻喉口腔疾病

H. 职业性肿瘤

28. 您是否接受过技能培训?

A. 每年小于 2 次　　B. 每年 3~4 次

C. 每年 5~6 次　　D. 每年 7~8 次

E. 每年 8 次以上

29. 您觉得通过一定培训学习您能胜任其他岗位或其他行业岗位吗?

A. 非常同意　　B. 基本同意

C. 不确定　　D. 不太同意

E. 非常不同意

第五部分　社会资本

30. 当您遇到经济困难时，最有可能对您提供经济帮助的途径是?（可多选）

A. 家人　　B. 亲戚

C. 朋友　　D. 同事

E. 邻居　　F. 政府机构

G. 志愿团体　　H. 银行、财务机构

31. 您是否有亲朋好友在以下单位任职?（可多选）

A. 机关事业单位　　B. 医疗卫生单位

C. 教育单位　　D. 个体工商

32. 您在矿区与邻居的交往程度?

A. 频繁来往　　B. 经常来往

C. 较少来往　　D. 偶尔来往

E. 不来往

33. 您可以享受以下哪些福利?（可多选）

A. 病假工资　　B. 带薪休假

C. 医疗保险　　D. 养老保险

E. 工伤保险　　F. 失业保险

G. 住房公积金

H. 其他(例如商业保险、企业年金等)

第六部分　煤炭产能调控的影响

34. 最近5年您觉得您的就业机会/就业能力有所变化吗?

A. 大幅下降　　B. 有所下降

C. 不变　　D. 有所提高

E. 大幅提高

35. 您觉得您的可支配收入比5年前如何?

A. 比5年前多很多　　B. 比5年前多一些

C. 跟5年前比基本不变　　D. 比5年前少一些

E. 比5年前少很多

36. 您觉得您家庭经济压力比5年前如何?

A. 比5年前压力大很多

B. 比5年前压力大一些

C. 跟5年前基本不变

D. 比5年前压力小一些

E. 比5年前压力小很多

37. 您觉得您目前的生活质量(生活满意度)与5年前相比如何?

A. 大幅提高　　B. 有所提高

C. 不变　　D. 有所下降

E. 大幅下降

38. 您最近5年每年都能得到相对稳定的收入?

A. 非常稳定　　B. 很稳定

C. 一般　　D. 不稳定

E. 很不稳定